普通高等院校网络传播系列教材

网络传播概论

◎丛书主编　吴廷俊

◎屠忠俊　主编

www.
.com
@

WUHAN UNIVERSITY PRESS
武汉大学出版社

普通高等院校网络传播系列教材

丛书主编　吴廷俊

内容提要

这是一部对进入新世纪以来的网络传播的新情况、新问题进行鸟瞰和梳理，探索作出新概括、新评述，乃至构建新的理论框架的网络传播专著。

本书阐述了作为电子计算机技术与现代通信网络技术的结合物的多媒体网络——因特网的崛起、特性和影响；对网络传播的各种类型作了传播学理的说明；对网络传播的传受双方进行了深入的分析；对各种网络传播行业进行了学理和实务的解读。

本书对网络传播的核心问题——网络舆论问题——进行重点剖析，特别探讨了网络舆论最重要的载体——BBS 的议题特征和议题建构，并结合新兴的健康传播领域，阐述了网络传播的社会功能。

本书对传统传播理论的五个子系统——认知与行为理论、相互作用理论、结构与功能理论、解释学理论、批判理论——进行了精当的考察，梳理了它们的基本框架，说明了它们的学术逻辑，并分别用于观照网络传播这一全新的传播现象，指出它们为网络传播研究提供的概念、命题、方法、思路，为网络新闻传播研究的深入及拓展绘制了一幅学术地图。

目 录

第一章
网络传播技术与网络传播媒体

第一节　人类历史上的传播技术革命

在传播学研究中，传播技术是较新的研究领域。近几十年，传播技术逐渐被研究者所重视，并在学界达成初步共识：传播科技的发展促进传播水平的提高和传播观念的变革。人类传播活动的发展取决于人类传播媒介的发展。传播技术是传播媒介的发展的主要驱动因素之一。每一次传播科技革命都会使媒介的信息承载能力和信息传播能力得到巨大的提升，甚至伴随新兴媒介出现。

为了分析传播科技对人类传播行为发展的贡献，我们来探讨对人类传播历史影响最为重大的几次传播科技革命。

最原始的传播活动是人的自我传播。原始人的传播活动处于非常原始的状态，光与火的运用是他们的主要传播方式。

巴甫洛夫曾经说过："没有东西可以比语言更能使我们成为人类。"① 从猿到人的转变过程长达几百万年。在如此漫长的时期里，语言的产生是人与猿的分界线。语言从劳动中产生，与劳动技艺、劳动工具一起发展。语言也是一种传播技术，它为人类传播活动带来根本性的革命，划时代的革命。语言媒介的出现标志着人类感知、反映、接收、传递、交流、处理信息的能力有了质的

① 邵培仁：《传播学导论》，浙江大学出版社 1997 年版，第 71 页。

飞跃，使人们的经验、观念、认知成果、意义体认的传播更直接、更迅速、更明了，可供传播的内容不断丰富。语言使人类传播在时间上的持续、空间上的扩展、方式上的多样、方法上的精巧、表达上的准确等各方面有了决定性的突破。

受发声器官、听觉器官的物理结构和生理功能的限制，言语行为满足不了人类交流信息的进一步需求。口头传播在时间持续和空间扩展方面有着天然的局限。人类进而利用图画和符号的形式把生产、生活中需要留存、交换的经验、观念、认知成果、意义体认记录下来，随着人们交往圈子的扩大，在无数次的使用中，确定了记号和符号的固定形式，这样，文字就产生了。文字的发明是人类传播历史上的一大创举。有了文字，才有了可以确认的人类历史。言语文字化的过程，是信息由被无定型的声音组合承载转变为被定型的文字载体承载的过程，是信息载体和传播手段的革命。

文字是一种记载信息的符号。文字产生以后，用什么材料、什么方法把文字符号录存于可长久保留的载体上的问题就接踵产生。最初的文字载体是石头、动物骨头、贝壳，后来发展为竹简、金属器皿、丝帛，这些材料本身或经加工后具有了适合于录入文字的形式后，价值较高，在其上录入文字要掌握专门的技艺，花费较大的成本和较多的时间。造纸术的发明，为人类传播提供了一种便于书写、记录、保存和传递的文字载体，是一个极大的进步。

手工录入文字，即使是在纸张上书写，也是十分繁重的事务，这就限制了传播的信息容量、时效性。造纸术发明后，大量、高速地复制纸质文献的问题便自然而然地提了出来，于是就有了印刷术的发明。与造纸术一样，印刷术是中国人对人类文明的伟大贡献。印刷术传入欧洲后，又有新的发展。造纸术和印刷术的发明是世界文明史的新曙光，它使人类社会组织和生活方式发生了翻天覆地的变化。

造纸术和印刷术的产生与发展导致报纸媒介的出现。报纸是最早的一种传播新闻信息的大众传播媒介，人类传播行为由此进入大众传播时代。

电报、电话技术的发明是人类利用“电”来传递信息的创举。电报、电话把相隔千里万里的人联系在一起，使人类在克服交流信息的时空障碍方面大大前进了一步。电报、电话的发明和应用使语言信息、文字信息电子化，是人类传播史上的又一次革命。

电子技术的进一步发展导致无线电技术的产生，1907 年，美国物理学家，被称为“无线电之父”的福雷斯特成功研制出了三极管。三极管的研制成功使声音附载于电波传输成为可能。最初研制成功的三极管是电子三极管，体积比较大，价格比较昂贵，使用寿命也很短，限制了无线电技术的商业化速度。

20世纪40年代，美国贝尔实验室成功研制了晶体管。晶体管取代电子管成为无线电技术的主要元件。晶体管体积小，价格相对便宜，使用寿命长，使无线电产品进入千家万户，广播媒介飞速普及。

无线电技术与光电技术结合，导致电视的发明。电视技术使人们不但能够听到声音，还能看到画面。目前，电视已经成为几大传媒中影响最大的媒体。

电子计算机的出现是第五次信息革命的标志。计算机技术与网络技术结合，在更大程度上突破了时空界限，能在瞬息之间把人们所要了解的信息从万里重洋之外调至手头使用，能把存贮在作为人的外脑的电子计算机数据库内的历史信息随时按需要检索出来。电子计算机应用是信息记载、存储、传播以及数字化、程序化分析加工处理的极大进步，“在一定程度上物化并放大了人脑的功能”①。

网络技术使计算机在传播领域中如虎添翼、大展雄风。网络化的现代通信技术是最新一次信息革命的第二个方面的标志。电子计算机、现代通信技术使人类传播活动的形式、内容、范围不断出新，将人类社会推进到信息时代。

宽带多媒体技术是信息综合处理手段的新进步。它包括了卫星通信、光纤通信、数字交换、移动通信等新技术。宽带多媒体技术在更高水平上实现了信息传输的高速化、数字化、无线化，使全球范围的信息高速公路得以建成，使人类社会有了全新的网络化环境。

从以上对历次传播革命的分析中，我们可以清楚发现，人类的每一次传播革命都是传播技术发展的结果，传播技术越进步，人类文明越进步。

第二节　计算机与数字化

1983年美国《时代周刊》第一期选出来的1982年的“时代风云人物”是一台计算机。计算机从诞生到现在只有60年的历史，却给人类社会带来了划

① 吴廷俊主编:《科技发展与传播革命》，华中科技大学出版社2001年版，第166页。

时代的冲击。从最初的4位单片机到现在千兆个人电脑，计算机功能演进的速度可以用“令人瞠目结舌”来形容，其影响深入经济、政治、文化各领域，使社会发生深刻变革，彻底改变了人们的生活、工作方式。人们对关于人机象棋大战的报道记忆犹新：机器人深蓝（Deep Blue）是由两个中央处理器（CPU）所组成的并行计算机（两块CPU同时处理一个问题可以大大加快运算速度），它之所以敢于向人类象棋冠军挑战，是因为它有很高的运算速度，极大的硬盘储存和完善的软件包。计算机“智慧”挑战人类是计算机技术高速发展的必然结果。

一、计算机技术的发展历程

按照麦克鲁汉的理论，媒介是对人体感知功能的延伸。计算机的研发思想源自对人类脑力劳动的解放。早期的计算器械可以算是计算机的祖先。最早从事计算器械研究的是法国数学家、物理学家帕斯卡（Pascal，1623～1662）。儿时的帕斯卡就立志设计计算器械，1642年，19岁的帕斯卡研制出世界上第一台能够进行简单加减运算的机械。帕斯卡得出结论：人的思维虽然是自动的，但是某些思维过程其实与机械过程没有什么差别。这台机械虽然笨拙，却为人类科技的又一次伟大革命奠定了基础。其后近三百年，人类在计算辅助设备领域取得了一系列的成就，但是这些成就主要局限于机械式计算设备的改善。

19世纪末期，科学技术进入了电气电子时代。1884年，美国工程师海尔曼·霍勒里斯（H. Hollerith，1860～1929）为了应付繁重的人口统计工作，对手动机械计算器进行了改进，使用一些电磁继电器代替部分机械元件，制造出了世界上第一台电子计算器。1941年，德国工程师肯拉德·苏泽（K. Zuse，1910～1995）造出了一台全部采用继电器、完全程序控制的机电式计算器。随后，人们把目光集中到性能大大优于继电器的三极真空电子管上，希望利用电子管来设计制造计算器。笔者用的称呼是“计算器”，而不是“计算机”，这是因为这些辅助计算器械只停留在简单的数字运算上，没有真正具有作为“计算机”的某种“智能”。

图灵（Alan Turing，1912～1954）是公认的现代计算机设计思想的创始人。1936年，24岁的图灵发表了著名的关于“理想计算机”的论文，这种新的计算机模型被人们称为图灵机。当时，他提出图灵机的理论并不是为了研制某种具体的计算机，而是为了解决一个关于计算机的数理逻辑问题——如何给“可计算性”（即哪些问题是可计算的，哪些问题是不可计算的）这一概念下一个严格的数学定义。通过不断探索，图灵证明了一个很重要的定理：存在一种理想计算机，它能够模拟任意给定的计算机，这种能够模拟任意给定的计算机的机器就是“通用机”。这一现代计算机的数学模型认为凡可计算的函数都可以用计算机计算。这一模型明确规定了计算机的本质。图灵在不考虑硬件的情况下，严格描述了计算机的逻辑构造，特别是首先提出把程序和数据都以数码的形式存储在纸带上，即“存储程序”的概念。可以说在世界上第一台计算机诞生5年以前，图灵已经从理论上证明了它的可能性。图灵为电子计算机的产生奠定了基本的理论基础。

第二次世界大战期间，社会的迫切需要和政府部门的参与大大推动了计算机的发展，特别是军方扮演了极为重要的角色。据说，由冯·诺依曼机参与研制的英国军方用来破译密码的专用电子计算机COLOSSUS是世界上第一台电子计算机，但由于属于军事机密，其详细情况未公布，所以并不为人所知。现在公认的第一台电子计算机ENIAC是美国军方用来解决战争期间精确控制弹道的大量而紧迫的计算任务而研制的。1943年，美国国防部组织了由约翰·莫克利（J. W. Mauchly，1907～1980）和埃克特（J. P. Echert，1919～）领导的计算机研制小组。研究小组由一些思想活跃的年轻科学家组成。经过两年多的努力，花费了数百万美元，1945年12月15日，“电子数值积分计算机”（Electronic Numerical Integrator and Computer，简称ENIAC）试制成功。这台被认为世界上第一台计算机的机器于1946年2月15日正式投入使用，为人类计算工具带来了划时代的革命。这台巨型机使用了18 000个电子管、70 000个电阻，重达30吨，占地167平方米，功率达150kw。在硬件技术方面，ENIAC采用电子线路进行算术运算、逻辑运算，速度比机电式计算器快上千倍。ENIAC的诞生标志着人类真正进入计算机时代。ENIAC的缺陷在于，存储器采用十进制，容量很小；计算程序需要外插，准备运算程序的时间花费很多，大大影响了运算速度。

随后，人们试图在总结ENIAC经验的基础上，研制一台新的计算机ED-VAC（离散变量自动电子计算机），著名数学家冯·诺依曼为此起草了长达101页的设计报告初稿。这一方案规定，计算机由五大部分组成：运算器CA、逻辑控制器CC、存贮器M、输入I和输出O。并描述了这五部分各自的职能和相互关系。最重要的两点改进是：把十进制改为二进制，更加适合电子元件的特点；运用图灵的“存储程序”方式。程序和各种数据都以二进制码表示，一起放入存储器，当计算机运行时，依次以很高的速度从存储器中取出指令，逐一执行，完成全部计算任务的各项操作。“存储程序”使全部运算成为真正的自动过程。这一草案的发表标志着电子计算机时代的真正开始。直到20世纪80年代，几乎所有的计算机都采用冯·诺依曼的构想，都被称为“冯·诺依曼机”。

在1945年的“101草案”的基础上，1946年冯·诺依曼与其他人合作发表了更完善的设计报告“电子计算机装置逻辑结构初探”，标志着计算机史上一个稳定的研究传统的形成。1952年，第一台EDVAC计算机研制成功。冯·诺依曼被公认为现代计算机的早期奠基人之一。

按照计算机软、硬件技术水平，计算机的发展可以分为五个时期。

1946～1958年，以ENIAC为代表的电子管计算机为第一代计算机。电子管计算机使用大量电子管，不但体积大、运算速度低、耗能多、故障率极高，而且价格昂贵。这一代计算机使用起来很不方便，为解出一个问题所编制的程序十分复杂，而且平均稳定运行时间只有几个小时。这一代计算机只在重要部门或科学研究部门使用，主要用于科学计算。

1959～1964年，随着半导体材料的出现，第二代计算机发展起来。第二代计算机全部采用晶体管作为电子器件。这一代计算机采用晶体管作基本逻辑电路，电磁芯为存储器。第一代计算机以中央处理器（CPU）为中心，第二代计算机改为以存储器为中心。第二代计算机外设开始使用磁盘，软件系统从使用机器语言改为使用程序设计语言，如ALGOL语言、FORTRANMAT语言和COBOL语言。第二代计算机运算速度比第一代计算机的运算速度提高了近百倍，每秒可达几十万次到上百万次，体积缩小到原来的几十分之一，不仅用于科学计算，还用于数据处理、事务处理及工业控制。我国于1964年制成第一台晶体管计算机，运行速度为50 000次每秒。

1965～1970年，出现第三代电子计算机。第三代电子计算机的主要特点是采用中、小规模集成电路作基本逻辑电路；外部设备的种类增加、开始与通信线路结合；发展和普及了操作系统；会话语言如BASIC、APL得到广泛使用。第三代电子计算机运算速度达到每秒几百万次到几千万次。这一代计算机不仅用于科学计算，还用于文字处理、企业管理。计算机技术与通信技术相结合的信息管理系统，被广泛用于生产管理、交通管理、情报检索。

第四代电子计算机于20世纪70年代初开始研制，指的是采用大规模集成电路（LSI）和超大规模集成电路（VLSI）为主要电子器件的计算机。这一代计算机运算速度超过亿次；硬件结构普遍使用了半导体存储系统；软件系统也有飞速发展。我国于1975年开始研制大规模集成电路，1983年研制成功亿次巨型计算机，1993年10亿次银河巨型机投入使用。

第四代计算机的另一个重要分支是以大规模、超大规模集成电路为基础的微处理器和微型计算机。微型计算机也称微电脑（微机）。1971年美国INTEL公司试制成功第一台微型电子计算机。按结构特点及性能，微型计算机可分为4位、8位、12位、16位、32位等类型。目前使用的微型计算机大多是32位机，一些高性能的微型计算机已经开始使用64位技术。

就硬件而言，计算机已经经历了电子管、晶体管、大规模集成电路、超大规模集成电路的四代进化。第五代计算机是什么样子，现在还是一个问号——可能是超导计算器件构成的计算机，也可能是光学计算器件构成的计算机，也可能是量子计算器件构成的电子计算机，也可能是生物计算器件构成的计算机……总之，会有一种新器件取代今天的大规模集成电路。第五代电子计算机目前正在开发、研制，并逐步投入使用。它把信息采集、存储、处理、通信和人工智能结合在一起，具有形式推理、联想、学习和解释能力，是集芯片制作技术、存储技术、计算机辅助设计、并行处理、软件、视屏显示系统和声音识别技术于一身的“智能”型电子计算机。第五代计算机的系统结构将突破传统的冯·诺依曼机概念，实现高度的并行处理。

计算机技术的发展是应用驱动的。从1946年第一台电子计算机出现，到20世纪50年代，计算机主要服务于军事应用，包括弹道计算和与军事相关其他运筹计算。当时计算机非常昂贵，能用得起的单位很少。20世纪60年代后，计算机的成本越来越低，除军事单位外，很多政府部门、科研机构，甚至一些比较有实力的公司也开始使用计算机进行事务管理和课题研究。1980年左右，因特尔的四位CPU微处理器研制成功，1982年出现个人计算机。成本快速下降，使计算机很快进入一般公司和家庭。20世纪90年代开始，很多商业事务和家庭信息处理使用了计算机，同时计算机向两极分化，即微型化和巨型化：一极是微、小、廉，以进入家庭为目的；另一极是高、大、全，用于复杂繁难的军事、科学计算。微型化代表了计算机技术的普及方向，PC机的发展水平成为国家和社会信息化水平的重要指标。巨型化代表了计算机的提高方向，拥有像“深蓝”那样的高性能巨型计算机，是一个国家信息技术领先的重要标志。目前，计算机开发商的研究热点主要集中于多媒体微型计算机。可以设想，有一天，我们佩戴的手表就是一台高性能的微型计算机。国家科技战略尤其是军事科技战略的重点则放在巨型计算机上，特别是巨型计算机的中央处理器技术，更是衡量国家科技实力和军事威慑力的重要标志。

计算机的发展也是由数学和物理学的学科内在逻辑及实际进展推动的。物理学以受控实验为主要研究手段，物理学家对物质世界的奥秘的探索越来越深入，实验数据的处理也越来越烦杂，离开了计算机，几乎无所措手足。数学对空间形式和数量关系规律的认识越来越深入，不仅是人类深化对自然界认识的手段，而且是人类深化对人类社会和人类自身认识的手段。在巨大性和复杂性方面，人类社会和人类自身的系统较自然系统有过之而无不及，相关信息的处理，离开了计算机，同样几乎无所措手足。物理学家和数学家的研究成果又是研制处理复杂数据和巨量信息的计算机的基础。计算机发展历史上主要的发明创造都是由物理学家和数学家完成的。

现在计算机的体系结构是冯·诺依曼奠定的，冯·诺依曼本人是一个物理学家，第一代电子计算机根据他的思想设计。他提出，作为一台电子计算机，应该有运算装置、存储装置、外设和输入、输出装置，构架为一个完整的系统。按照这种想法设计的计算机叫冯·诺依曼机，现有的PC机都是冯·诺依曼机。

计算机的理论基础是有限状态自动机理论，这一理论的提出者图灵是一个英国的数学家。他在20世纪30年代提出该理论。电子计算机有可能按照冯·诺依曼结构和冯·诺依曼程序设计的方法进行计算的前提是有限状态自动机的出现。

Mark－I软件的编写者，COBOL的发明家，bug概念的提出者霍珀是一个数学家。她另一个贡献是发明将年份用两位数表示，当时，这项发明给计算机节省了大量的成本，同时也带来了1998年开始困扰人类的千年虫问题，耗费了大量金钱。

平台的开放性对强化计算机的生命力至关重要。20世纪80年代与IBM公司齐名的王安公司倒闭破产，原因就是王安公司采取封闭的、不兼容的、不开放的策略，其拳头产品打字机、字处理机与微机不兼容。第二个例子是苹果机，20 世纪 80 年代最风靡的机器是苹果机。苹果公司在整个软件发展史上作出过非常重要的贡献，但是其封闭性导致其市场份额急剧减少。与前面两个公司不同，IBM 在发展战略上持开放心态。它一发现苹果微机发展对它造成非常大的威胁，就采取一个对苹果具有毁灭性作用的策略——设计一款计算机，把这款计算机的技术参数公开，任何公司都可以据之生产与其兼容的器件。平台开放使 IBM 公司走出困境，长盛不衰。IBM 的开放策略还造就了软件巨人“微软”。微软的平台是一个开放的典范，“微软”操作系统向下可支持各家产品、各家芯片，向上可支持各种应用。

计算机的发展也是一个从非智能化向智能化的进化过程。人类对计算机的喜爱主要源自于计算机超强的类似于人脑的能力。早期的计算机只能按照人类的指示完成较简单的计算功能。现在的计算机已经可以在复杂的软件系统的指挥下，帮助人们完成某些智能工作。早期的计算机，输入信息靠穿孔纸带，后来发展到靠键盘、鼠标，人机交互越来越方便。现在，又出现语音、手写输入，人机交互接近人际交往的自然方式。以前的计算机没有办法听懂人说什么，没有办法看出人在干什么，没有办法与人进行语言交流，更没有办法进行思考和判断。现在的计算机，已经初步具有一些智能——能看、能听、能说、能思考，建立和谐的人机交互环境已是可望可及的事情。人类生产、生活水平不断提高，需要计算机执行操作的工作领域越来越多。人们希望计算机能够“主动”完成工作，这就是智能计算机技术不断发展的原因。

有人担心，一旦计算机真的“智能”起来，是否有反过来控制、统治人类的可能。这种担心是完全没有必要的，计算机“智能”是人编制的程序的控制能力的表现，即使计算机自行具有程序编制能力，它自行编制程序的过程也要由人编制程序来启动和控制，故不可能对人类构成实质性的威胁。

计算机发展的另外一个趋势是个性化。最初的计算机体积巨大，后来，计算机变得小巧起来，可以由普通人个人拥有，可以放在桌子上，放进提包里，甚至随身携带。个性化的硬件配置、个性化的软件设计、个性化的信息储存使计算机越来越带有个性色彩，能够记忆“主人”的爱好、习惯，甚至能够理解“主人”的心愿、意图。

与人类传播行为和社会传播现象关系特别密切的计算机技术发展趋势是网络化和全媒体化。

计算机和现代通信技术的结合是网络技术的主流。分布式网络系统，使计算机的网络协同运行成为可能，一台计算机无法承担的信息处理任务，可以由网络上的多台计算机共同完成。近二三十年里，网络从出现到普及，发挥了神奇的作用，产生了深远的影响。国民通过计算机网络快速获取信息的能力和共享资源的程度，是一个国家经济发展和社会进步的重要影响因素。网络的发展将在网络部分进行说明。

多媒体是当前计算机开发和研究的热点问题。由于多媒体技术将信息以数字、文字、声音、图形、图像、视频等形式处理、呈现，极大地丰富了人机互动时的感受。全媒体技术乃至虚拟现实技术是计算机多媒体技术进一步发展的方向。

二、数字与信息

信息要由符号承载。计算机技术使人们进入符号数字化、信息数字化的时代。尼葛洛庞蒂的《数字化生存》一书，描述了人类已经开始的数字化生活并大胆预测了将要来到的数字化世界。

20 世纪 90 年代，先进的计算机技术不仅解决了文字数字化的难题，而且解决了比文字更加复杂的声音、图像、视频符号数字化的难题。数字、语言、声音、图像、影像等不同的符号或符号集合，都可以用二进制数字来表达，并且可以相互转换。报纸、广播、电视、杂志、电影等传统大众媒介在信息承载符号的表达形式上的差异消失了。数字技术改变了媒介生态，带来大众传播事业的革命。

数字技术是与模拟技术相对应的一种新兴技术，指的是用 0 和 1 的二进制数字表示、处理信息的技术。在计算机中，一位二进制数字具有 1 比特（bit）的信息量。利用二进制数字表示、处理信息的历史可以追溯到我国古老的典籍《周易》中的爻、卦体系。

《数字化生存》一书中，尼葛洛庞蒂对数字比特的定义是——比特是一种存在的状态：开、关；上、下；对、错；黑、白；出、入等。

出于实用的目的，我们把比特定义为——“1”或“0”。

这种二进制数字逻辑简单，易于处理。

只有数字化后的数据才能被计算机处理。与模拟信号相比，数字信号在存储、检索、传送、压缩等方面具有明显的优势。用简单的“0”和“1”来表达人类所能感知的各种形式的信息符号，使人类对信息的传播和接收方式发生根本性的变革。

传播的基本要素是信息，信息的承载者是数据，数字化的数据对于信息传播来说有两方面的意义：

一是把以往的模拟信号转化为数字信号，输入计算机或其他数字设备进行处理和传播。目前被广泛使用的电脑编辑软件“飞腾”、电视制作软件“Premiere”都具有这种将模拟信号转化为数字信号的功能，可以通过键盘、语音、手写板向计算机输入文字；可以通过扫描仪向计算机输入图片；可以通过声音采集卡和视频采集卡向计算机输入声音和视频信号。

二是向受众提供接收信息的多样化选择模式。通过例如网络新闻以及数字视频等数字媒体，受众可以直接接收数字信息；数字信息也可以转化为模拟信号或传统符号后再被受众接收，例如经过数字化编辑的报纸。

复变函数理论是模拟/数字转换的数学理论基础。技术人员在复变函数的理论基础上，使用相应的软硬件技术，将连续的模拟信号转换为离散的数字信号，或者进行反向转换。相对于传统的模拟信号，数字信号具有抗干扰性好、可压缩、载体形式多等显著优势；其中，优越的可压缩性能是数字信号被广泛应用的关键。

所谓压缩，是指在尽量不影响数字信号所携带的信息的前提下，通过一定的数学算法，将原本较大的数据量转化为较少的数据量。压缩大致可以分为两类：无损压缩和有损压缩。信息论的奠基人申农把数据看作信息和冗余的组合。无损压缩的主要目的是减小或者消除数据中的冗余度，不伤及数据中的信息量。这种压缩是可逆过程，也就是说，通过一定的算法，原来的数据可以得到恢复。有损压缩利用人类视觉、听觉特性，在不影响人们接收信息的前提下，尽可能减小数据中的冗余，有时不惜伤害数据中的信息量，达到减少数据量的目的。由于损失了数据中的部分信息，有损压缩是不可逆的过程。

数字信号的压缩使传播效率得到大幅度提高。传播效率指的是在信道带宽不变的情况下，单位时间内传播的信息量。模拟数据基本上是不可压缩的。视频数据数据量相当大；其实，其中包含了大量无用的数据，传播这样的数据的传播效率必然相对低。经过模数转换后，对数字信号可以进行压缩，通过选择不同的压缩方法，可以达到不同的压缩目标，这样就大幅度提高了传播效率。

数字技术的发展已经深入传播事业的各个方面。就大众传播而言，主要表现为信息采集与传播的数字化；信息处理与管理的数字化；信息接收的多媒体化。

1. 信息采集与传播数字化

到采集一手材料的新闻采访现场，你会发现，拿笔的记者少了，提笔记本电脑的记者多了；拿模拟相机的记者少了，拿数码相机的记者多了；用模拟摄像机的记者少了，用数字摄像设备的记者多了。新闻信息的采集已经基本上转变为数字化操作。二手材料的获取，也越来越多地采用数字化手段。以往，新闻媒体转载其他媒体的稿件，需要翻阅其他媒体大量的作品。计算机普及后，尤其是计算机网络普及后，通过网上搜索，计算机处理，新闻媒体转载其他媒体的稿件的操作变得十分简便（由此涉及的知识产权问题是另外性质的问题，此处暂不作说明）。

新闻采集数字化伴随着新闻传播数字化。数字化的文稿、图片、声音、视频，无论是在媒体内部，还是在媒体与受众之间，都部分或全部实现了数字化传播。

在媒体内部，数字化采集的新闻信息，在记者与编辑、部门与部门、本媒体与外媒体之间，以数字信号的形式传输。如：报社的记者与编辑，通过网络数据库传递、修改稿件，进行相关的意见沟通。

媒体与受众之间的数字化传播，对全数字运作的网络媒体来说，固不待言；即使是传统媒体，也纷纷建立自己的网络平台，实现了与受众的网上互动。目前，宽带数据广播业务正在全国普及，人们普遍在网上实时“点播”自己喜欢的节目，实时发表自己的评论的日子不会太远了。

2. 信息处理与管理数字化

目前，报纸编辑选稿、改稿、审定、排版、签发等一整套编辑业务均在计算机上完成，数字化的非线性编辑设备更是后期制作广播电视节目的不可或缺的设备。可以说，绝大部分新闻媒体的处理信息的方式、水平与效率，都有赖于相应的数字技术的发展。数字制作技术已经成为一个行业。数字节目制作能带来丰厚的资金回报。

由于数字技术被广泛运用于大众传媒的各个环节，大众传媒的采编系统成为一个集先进的计算机平台与软件系统于一体的大型网络系统。数字化的信息资源通过这个大型的网络系统被接收、整理、传输、查询，不仅信息处理实现了数字化，而且信息管理也实现了数字化。

相对于模拟信息而言，对数字化的信息可以较容易地实现有序化地存储与管理。对管理工作来说，有序化是数字信息最突出的优点。模拟信息的存储多半表现为大量资料载体的物理堆积，整理、检索困难，从而使新闻资料转化为实际的新闻生产力也比较困难。利用磁盘或光盘等物理质量几乎可以不计的数字化信息载体，可以大量、有序地存储新闻资料，可以“所想即所得”地整理、检索、使用，从而大大提高了新闻生产力。

3. 信息接收多媒体化

报纸的读者、广播的听众、电视的观众接触的媒体符号实际上都可以转化为“0”和“1”的集合。在使用多媒体技术的计算机和网络的冲击下，传统媒介实行自我变革，其共同特点是多媒体化，而多媒体化又表现为在线的数字化生存。印刷媒体越来越注意适应“读图时代”的受众接收习惯，广播电视媒体越来越注意提升自己在被印刷媒体培育了想像及思辨能力的受众心目中的品位水准，除了向自身融入“他者”媒体的表现要素外，它们都选择了“上网”作为自己发展为多媒体的社会综合信息服务平台的必由之路。

数字化重塑传播媒介，再造传播生态，是传播事业发展的主导方向与主要动力。可以说，数字与信息的结合是人类传播史上的伟大变革。

第三节　因特网的崛起

一、引言：从游戏转型看网络功能

计算机技术不断发展，计算机运算和处理能力飞速提高，人们对计算机的认识随之发生变化。通过计算机游戏的发展历程，可以考察人们应用计算机的观念的转变。观察时点选在1996年和2000年；1996年前，网络在中国的普及程度低下；1996～2000年是计算机网络，尤其是因特网在中国飞速发展的几年；2001年后，中国的网络受众资源迅速成长，成为因特网新的经济增长点。

表1-1　　**计算机游戏的发展历程**

时　间	主要流行的游戏
1996年前	“三国”系列战略游戏、“金庸群侠传”等单机RPG游戏
1996～2000年	“帝国时代”、“星际争霸”、“三角洲”、“反恐精英”等

续表

时　间	主要流行的游戏
2001 年至今	"联众世界"、"传奇"、"天龙八部"网络版、"仙剑奇侠传"网络版等

从上表可以看出，1996 年以前，流行的计算机游戏主要采用人机互动模式，其主要特征是计算机按照设计者预先设定的程序来响应玩家的操作。游戏用户对计算机的要求集中于高性能的计算和处理能力。

单机版的计算机游戏不断出新，人们对计算机的计算和处理能力的要求也不断提升。1996 年，因特网开始进入中国人的生活，"网络"概念开始在中国普及。人们对计算机游戏的要求发生了转变。计算机软件技术发展迅速，但软件对事件的处理是形式化的，不可能像人一样思维，像人一样处理全新的事件。这时候，传统的人机对战已难以满足用户挑战自我与角色扮演的要求，大部分的计算机游戏玩家不再愿意仅仅限于与计算机玩游戏，他们要以人为游戏中的互动对象。于是，出现了以"帝国时代"、"星际争霸"为代表的即时战略类游戏和以"三角洲"、"反恐精英"为代表的第一人称视角的战斗类游戏。这些游戏的共同特征是能够支持多人同时参与，参与者的竞争对手不是电脑而是"他人"，游戏过程及结果具有更多的不可预见性。很短时间里，这类游戏被广泛接受，成为计算机游戏玩家的普遍爱好。在 1996～2000 年，由于中国的因特网用户数量还不大，游戏玩家玩网络游戏的天地还多半局限于小范围的局域网，参加游戏的人数往往十分有限。但是，应该说这一时期的游戏玩家应用计算机的观念已发生转变。他们不是把计算机当做数据计算、信息处理的工具，而是当做兼具信息（游戏信息）交换功能与数据计算（游戏操作）功能的媒介性工具或者工具性媒介。

2001 年以后，因特网的应用在中国已经十分普遍，成千万，上万万的个人计算机广泛联入因特网，共同成为因特网上声气相通的结点。网络化使计算机成为一种多功能的通信媒介。网络成为计算机用户的虚拟社会。他们将自己的生活场景设定在网络上，在网络游戏中感受自己的存在。计算机单机状况如何，不再是人们注意的事项；游戏时的在线连接状况才是用户关注的问题。计算机真正的价值在于网络化以后所具有的结构化存储海量信息和实时互动的沟通交流功能。计算机不仅像人们以前预测的那样，是人类大脑的延伸，更是人与人之间的“主体间性”关系的延伸，是信息时代的社会粘结剂，是信息社会的人际交往媒介。

二、因特网的起源

网络的出现并没有一个标志性的事件。最先提出计算机网络需求并实施计算机网络开发的是美国军方，本书从军事家的网络梦想来开始对网络传播技术发展史的叙述。

网络的出现与“二战”期间盟军的战略，与冷战时期的紧张军事对峙，与令人谈虎色变的核打击后的大破坏、大灾难息息相关。“二战”期间，盟国科学家进行了被称为行动研究（O. R）的分析系统研究，该研究把系统工程的数学模型方法运用于军事计划的制定与评估。行动研究的一个课题是用数理统计的方法研究反潜战术，优选设置爆炸装置的海水深度，提高对德国潜艇的杀伤力。二次世界大战后，美国军事计划人员把注意力转向冷战对手——主要是前苏联，也包括中国。O. R 的项目被承包给一些大学和非盈利公司，如：由宾西法尼亚州费城的富兰克林研究所主管的海军分析中心，由马里兰州巴尔的摩的霍普金斯大学主管、由陆军支持的作战研究局，空军的主要咨询机构——兰德公司。国防部设立 O. R 管理机构——高级天空项目局（ARPA），负责发放研究经费。

ARPA 的首要任务是关注被战争计划人员称为 C3 的指挥、控制和通信项目的研究。国防部不仅在五角大楼，而且还计划在野战战场上使用计算机。当时，计算机极为笨重，故障率高，不适宜于在战场使用。ARPA 想借助通信装置将战场信息向设置在司令部的计算机传输。这样的信号传输，要动用有线、无线、卫星等各类通信装置。当时，计算机的主要功能还是计算，而不是通信。

军方战争计划的需求与计算机科学家的研究兴趣的契合，带动了提高计算机通信功能的研究。五角大楼要求兰德公司分析在一场核大战后，如何进行军事通信（电话通信及数据无线电通信）。分析表明，依靠当时的模拟通信网络，不能保证核破坏后通信畅通。兰德公司提出，要建立一种网络，该网络能够绕过故障，确保通信；在这个网络系统里，没有特定的指挥中心和控制枢纽，具有“连通性的多余度”（所谓“连通性的多余度”指的是：当一条链路被破坏以后，其他完好的链路可重新恢复由这条链路实现的连通），任何部分遭到攻击后，幸存部分可重新建立联系；其关键技术是P. S（封装交换）结构。

巴兰在兰德公司从事P. S的基础研究，其研究报告中的许多内容是保密的。美国国家物理实验室的戴维斯独立提出同样的总体构造思想，并提出通信组件的“包”的概念。其余研究人员也对丰富P. S结构的思路作出了贡献。

ARPA对此项研究十分重视，由计算机科学家利克利德领导的指挥和控制研究处直接过问此项研究。为支持此项研究，ARPA提供资金建立实验性计算机网络。ARPA官员希望，该网络除就假定的第三次世界大战中的军事通信网络的潜力进行试验外，还可演示使用计算机远程指挥野战战场的可行性。该网络还可使散布各地的研究人员分享在那个时代极为有限的计算机资源，这样，国防部就不必为每个合同单位购买计算机装置。1968年，ARPA建立了一个可扩充网络，连接从事ARPA下达的研究项目的4个网点单位：加州大学洛杉矶分校、圣巴巴拉分校、斯坦福研究所、盐湖城犹他大学。

ARPA网络的建设合同被麻省的一家研究公司（BBN）得到，这家研究公司和麻省理工学院有密切关系。1969年8月、10月，BBN分别成功提交其研发的通信软件。在11月的演示中，交换数据成功，第一个长途P. S网成功运作。1969年底，4个结点实现联网。

正是这个时候，后来被《纽约时报》称为“因特网之父”的文顿·瑟夫开始发挥重要作用。1943年，文顿·瑟夫生于康涅狄格州的纽黑文。他就读于斯坦福大学的数学系，并在斯坦福大学获得计算机科学硕士和博士学位。1969年，时为研究生的瑟夫在斯坦福大学网络测定中心工作，观测新的4个结点的ARPA网络的运作情况。他与麻省理工学院的数学教授、当时在BBN工作的罗伯特·卡恩合作开发了一套称为“协议”的软件，能使不同型号的计算机在信息包的大小和计算机的时钟速度有差别的情况下交换“信息包”。1973年，传输控制协议（TCP）和因特网协议（IP）出台。

网络协议的出现是网络技术发展史上的重要事件。TCP的作用是使信息分散装入信息包，在网上传输，并重新汇聚、组合整装。IP的作用是通过不同结点，甚至不同网络传输信息包。1977年，瑟夫离开斯坦福去ARPA，专门从事不同类型的互联方式的研究。他在沿着旧金山湾的高速公路上，尝试用一台计算机从一辆厢式汽车发出信息；这些信息通过无线电、卫星和有线网络，跨越150~400km传输；在整个传输过程中，信息毫无损失。这次实验表明，计算机能够向战场发送和从战场接收信息。

瑟夫患有先天性严重弱听，从 14 岁开始戴助听器。然而就是这一个半残疾人所创造的 TCP/IP 使网络通信系统成为现实。20 世纪 80 年代中期，ARPA 网、国家科学基金的 NSF 网、北卡罗来纳大学研究生建立的 USE 网等计算机网络在 TCP/IP 的基础上互联，形成起初称为 ARPA 网，后又简称因特网的互联网。此时的 ARPA 网一分为二，与军方通信有关部分成为军事网络；计算机研究人员不仅在实际上，而且在名义上接管了 ARPA 网的其余部分。1990 年，ARPA 网关闭，互联网继续存在并发展，各种联结上互联网的网络都采用 TCP/IP 体系结构。

从 1990 年到现在，是因特网发展极为迅速的时期。网络技术成为现代科技发展的前沿。网络技术的发展有这么几个特点：带宽不断扩展，路径为宽带有线—无线—宽带无线，网络接口日益人性化。

网络带宽的不断扩展首先是网络用户飞速增长的必然要求。我们可以拿城市道路建设的过程来比喻网络带宽的发展。当城市规模不大的时候，道路规模相应较小；随着城市规模扩大，道路交通压力越来越大，原有的道路系统无法保持畅通，需要对道路进行改建或扩建。同样，网络用户不断扩大必然导致网络带宽不足。另一方面，单个用户对网络带宽的需求量也在变化。拿国内非常流行的网络聊天服务腾讯 QQ 来说：最初的腾讯 QQ 只具备文字聊天功能，用户也只使用文字聊天功能，随着人们对因特网应用的扩展，纯文字聊天已经不能满足网络用户的要求，于是出现了语音聊天服务，在语音聊天的基础上，进而出现视频聊天服务。单位时间的视频文件数据量大于语音文件的数据量，单位时间输入计算机的语音文件数据量又大于单位时间输入计算机的文本文件数据量；于是，单个用户对因特网带宽的需求也在不断提升。以上两个方面因素的共同作用，使不断扩展网络带宽成为网络基础设施建设的首要任务。

人们总是希望在活动空间中自由自在地实现意义交流和信息交换，这就要摆脱物理线路的束缚。人们不满足于普通座机，首选手机作为通信工具；人们也不满足于有线计算机网络，渴望在移动中自由实现对因特网的链接。笔记本电脑（便携式电脑）的出现为移动互联创造了基本条件，此外，还需要开发通过无线电波连接网络的技术。

在有线窄带网络中，使用电话线路以及调制解调器来实现网络终端与网络的链接。有的网络运营商进而想到利用无线通信工具和无线调制解调器实现无线上网的服务。这个时期的无线网络称为窄带无线网络。

利用手机拨号上网，费用太高，一般人无法承受。高成本阻碍无线网络互联的发展。于是，人们把目光转向无线宽带上网技术，无线网卡及迅驰技术应运而生。无线网卡和迅驰技术的普及大大降低了无线网络的使用成本，大大提高了无线网络的网络信道带宽，成为网络技术发展的新亮点。

网络是物理器件组成的系统，网络接口在很大程度上决定了人们使用网络的深度和广度。网络接口朝人性化方向不断发展。这种人性化主要表现在：网络操作系统的人性化、网络应用软件的人性化、网络服务功能的人性化。

三、因特网在中国

从20世纪90年代初开始，因特网技术的发展在世界范围内进入全盛时期，发展最快的是以美国为代表的欧美地区，其次是日本。中国在因特网的建设和运用领域的起步较晚，但发展极为迅速。

中国的因特网发展，大致可以分为三个阶段。

第一阶段：1986～1993年。

这一阶段，与因特网的链接依靠拨号线路与电子邮件技术。1986年，北京市计算机应用技术研究所实施的国际联网项目——中国学术网（Chinese Academic Network，简称CANET）启动，其合作伙伴是德国卡尔斯鲁厄大学（University of Karlsruhe）。一年后的1987年9月，CANET在北京计算机应用技术研究所内正式建成中国第一个国际因特网电子邮件结点，并于9月14日发出中国第一封电子邮件："Across the Great Wall we can reach every corner in the world.（越过长城，走向世界）"，揭开了中国人使用因特网的序幕。这封电子邮件通过意大利公用分组网ITAPAC设在北京的PAD机，经由意大利ITAPAC和德国DATEX－P分组网，实现与德国卡尔斯鲁厄大学的连接，通信速率为300bps。1988年初，中国建成第一个自行研发的X.25分组交换网CNPAC，建设初期，可以覆盖北京、上海、广州、沈阳、西安、武汉、成都、南京、深圳等城市。随后，中国各大研究机构和高等学府开始对网络进行研究。鉴于CNPAC分组数据交换网不能很好满足计算机通信及数据交换的需求，1991年6月，中国科学院高能物理研究所确定租用国际卫星信道建立与美国SLAC国家实验室的64kbps专线连接，1993年3月2日正式开通，同时运行DECnet协议与各地连通。此后不久，高能所获准进口CISCO路由器，转为运行TCP/IP

协议，联入国际互联网，这一事件标志着中国正式融入因特网大家庭。1994年4月20日，中国被正式认可为拥有因特网的国家，我国因特网的发展进入第二阶段。

第二阶段：1994～1995年。

这是我国教育科研网络高速发展的阶段。通过对TCP/IP协议的使用，我国各种计算机网络均可实现因特网的主要功能。1995年，中科院高能所将国际通信卫星专线改为海底电缆，通过日本，接入因特网。同时，中科院、清华大学、北京大学的校园网组成NCFC网（The National Computing and Networking Facility of China），设立中国最高域名（CN）服务器。此后，我国又建成中国教育与科研网（CERNET：China，Education and Research Network）。该网通过128kbps专线与美国的因特网主服务器连通。北京化工大学开通一条通过日本进入因特网的64kbps专线。这一时期，各地研究所和高等学校出现了一股网络化浪潮，实现百所、百校联网。1995年5月，国家邮电部开通中国公用因特网络，即CHINANET，作为公共商用网向公众开放，提供各项因特网服务。至此，中国因特网发展进入了第三阶段。

第三阶段：1996年至今。

这是因特网在中国发展的高潮阶段，即商业化阶段。国际互联接口不断增加，出口带宽日益扩展，各地的网络服务商（ICP）如雨后春笋般蓬勃兴起。1997年11月，中国互联网络信息中心（CNNIC）发布第一次《中国因特网络发展状况统计报告》：截至1997年10月31日，中国共有上网计算机29.9万台，上网用户数62万，CN下注册的域名4 066个，WWW站点约1 500个，国际出口带宽25.408M。截至2006年1月17日，CNNIC共发布了十七次中国因特网调查报告，据最新的报告显示，我国上网用户总数为1.11亿。

四、因特网媒体的全球化发展

如果把新闻产品看作商品，那么这种商品的销售与其他商品的销售有着显著的区别，它表现出二重销售特性。一般商品的生产者总是以高于成本的价格来出售商品，这样才能获得利润。新闻产品却可能以低于成本的价格出售，而且，这种奇特的出售方式还照样能使新闻机构获得利润。① 这种利润的来源就

① 屠忠俊主编：《新闻事业管理》，武汉大学出版社2001年版，第11页。

是所谓的新闻产品的二次销售——向广告主销售发布广告的空间或时间。因特网媒体也具有二重销售特性。

最初，因特网网站主要依靠风险投资商提供运营资金，风险投资从因特网网站的运营中并不能获得什么利润，只是企图吸引网民眼球，将网站包装上市，在股市上炒作其股票，取得高额回报。这种方式显然不可能普遍地、持久地运作下去，因特网网站必须具有造血功能，必须建立稳定的赢利模式。因特网网站真正确立媒体的地位，在媒体世界占据一个生态位，是在它开展广告经营，借助广告发布业务取得赢利之后的事情。

1994 年 10 月 14 日，美国《热线杂志》（hotwired）在其网络版 www.hotwired.com 上发布了以 AT&T 等 14 家企业为广告主的网络广告，此举开辟了网络成为媒体的途径，使因特网开始从通信工具演变为新的传播媒介。1998 年 5 月，联合国秘书长在联合国新闻委员会年会上正式提出，因特网已经成为继报刊、广播、电视之后的第四媒体。其实，发展互联网络的初衷是满足军事需要，而不是开发新的大众传播媒介；互联网发展的非预期性与电话颇为相似。

20 世纪后期，因特网的发展和影响，超越了地区或部门的界限，甚至打破了国家领土疆域的划分。没有人能控制网络的发展速度，也没有人能限制因特网影响的深度与广度。因特网是全球化浪潮推动下的产物，又是全球化浪潮强大的造势引擎。2004 年 5 月，全球登记网站数量已经超过 5 000 万个，因特网的全球人口覆盖率逐渐赶超传统媒体。可以满怀信心地断言，在 21 世纪的媒介生态中，因特网将占据强势地位，就媒介形态的发展而言，21 世纪是第四媒体的世纪。①

第四节　因特网的特性与影响

一、因特网的特性

第四媒体的崛起不是偶然的，而是遵循人类传播发展的技术逻辑的。作为

① 陈燕主编：《超越时空——媒介科技史论》，河北大学出版社 2002 年版，第 231 页。

一种全新的媒体，与以往的传媒相比较，因特网不仅在技术层面上的“比特与原子”之分方面，而且在传播学、心理学、社会学层面上的下述一些方面具有革命性的特征：

（一）交互性

交互性是网络媒体最具代表性、最具影响力的特征。网络传播的终端是计算机，计算机中存储的是数字化的数据。在上一节中，我们探讨过，电脑处理起数字化的数据来十分容易，在人与网络，人与人之间的信息传送和反馈中，网络是一个很好的交互平台。

传统的大众传媒以点对面的单向线性传播为主要传播方式。单向传播方式在非人际交往传播的历史上延续近5 000年，几次重大的传播革命都没有打破非人际交往传播的单向性特征，受众在传播中始终处于“你登我读”、“你播我看”的被动地位，信息的传送具有明显的实时性特征，而且传播过程的发生、延续及传送态势完全由传者决定，受众没有选择的权利，也没有参与的自由。

网络传播打破传者决定的单向模式。网络信息的传播和接收的异步性颠覆了传统的传播模式，实现了非线性传播。我们可以随时从网络下载，或者向网络上传信息；下载操作与信息浏览操作不需要同时进行，完全可以先把信息下载，再在合适的、方便的时候浏览。联网之后，网民不再是被动接收信息，而是主动检索信息，甚至自主发送信息，网络上，传者和受者的身份界限已十分模糊。

（二）开放性

开放性是因特网的另一个显著特征。面向全球开放的因特网对用户类型不作要求，允许用户在连接其他网络的同时与因特网建立连接。因特网还向物理网络提供者和网络服务提供者开放。只要遵循网际协议，就可以无阻碍地接入因特网，成为因特网上的服务器或客户，成为因特网新的组成部分；各种类型的服务器及配置其上的网络服务系统可以不受限制地进入网络，使因特网具有无限扩张的势头。这种无限扩张的网络系统实现了人类传播的空前自由，实现了"AS WE WANT COMMUNE"，"随愿随联"。①

网络建构的"赛博空间"，使得传统意义的国界在信息传播方面失去了作用，在给我们带来大量机遇的同时，也带来一些风险。不同国家、不同民族和不同宗教信仰之间的沟通限制已被大大消解，网上传播内容实现了空前的多元化，促进了人类文化之间的交流，缩小了各种文化之间的矛盾和隔阂，但又助长了强势文化的霸权，使弱势文化边缘化。

（三）弱控制性

全面开放的因特网不被任何个人和组织所拥有。

世界范围内的大多数传统媒介大体可以分作两类：政府所有的和财团、个人所有的。无论是政府还是财团、个人，必然要求自己所拥有的媒介站在自己的立场上讲话，为自己在公众面前树立积极正面的形象。在媒介控制者的影响下，传统媒介或多或少地成为占统治地位的意识形态的工具，与统治者合谋，至少是顺应统治者，是传统媒介默守的规则。传统媒介控制者的地域性使传统媒介表现出较强的地域特征。

因特网不属于哪个公司、财团，也不属于哪个国家，无法为因特网上的信息传播预设一个特定的立场。当然，不是说某一个因特网媒体没有由自己的控制者规定的立场，由自己的文化传统决定的价值观念，因为作为一个经济实体的单个网站必然受到其所有者对其运营的控制。但是，就整个网络来说，网络是全球网民进行信息沟通的媒介平台，其媒介生态、传播图景、舆论态势，是任何政府、财团、个人所无法控制的。

因特网的普及为大众提供了发言的机会，任何用户都可以自由发布自己的信息，都可以自由选择和分享网络上丰富、广泛的信息，这种传播方式改变了传统的传播话语权分配，使得话语权实现了空前的普及。只要你拥有可以连接因特网的条件，你就可以在网上发布自己的信息。西方曾经有一幅漫画，一条狗敲击着电脑键盘，扭头对旁边另一条羡慕地望着它的狗说："在因特网上，没有人知道你是一条狗。"传统媒介领域明显的传强受弱关系，在网络媒介领域几乎消失，网络从技术上给予网民话语权。这种话语权在实现时具有包容

① 屠忠俊、吴廷俊：《网络新闻传播导论》，华中科技大学出版社2002年版，第96页。

性。这里所说的包容性，主要指传播内容的包容性。网络上的信息传受特性，因地域、宗教、民族、文化的不同而有巨大的差异，网络的包容性使这些差异性得以保留和传播。

二、因特网的影响

因特网的上述特性，使其在社会的各个方面发挥了巨大的影响。

（一）因特网对教育的影响

与美国国会大厦相距一步之遥，有一个“网络学校”；学校里没有老师，也没有学生，只有一台美国数码机器公司出品的VAX400电脑。利用光学纤维和先进的因特网，学校为那些渴望获得高等教育却又由于种种原因未能进入正规学校接受高等教育的人，提供了崭新形式的远距离课程教育。

通过因特网进行双向交互式远距离教育，学生学习时间可减少40%，经费可节约30%，而学到的知识却可增加30%。网络化的远程教育将成为21世纪全民教育与终身教育的主渠道。

基于网络传播技术平台的社会化教育是教育发展的新生长点。在网上，学校成为一种传播社区。从20世纪末到现在，世界范围内掀起了网络化教育的高潮，各级教学机构纷纷推出自己的网校。其中高等学校的网络学院是网校中发展最为迅速的分支。高等学校的网络学院出现的原因有两方面：第一，可以满足在高考中未能取得优异成绩的学子继续深造的要求，避免他们以低学历状态进入社会；第二，网络学院是高等学校的主要经济支柱之一。网络学院，尤其是远程网络学院的兴办，大大扩张了高等教育的辐射范围，使重点高校的资源被社会广泛共享。

因特网传播模式改变传统的教学模式、传播方式和师生互动方式，甚至可能从根本上改变目前的教育体制。下面我们从两个方面来探讨网络传播对教育的影响，即网络传播的技术平台对教育过程的影响，以及基于网络传播技术平台的教育社会化。

网络的虚拟空间，为跨越时空的学习者提供了自由开放的学习空间。从传播的角度，网络化学习可图示如下（见图1-1）：

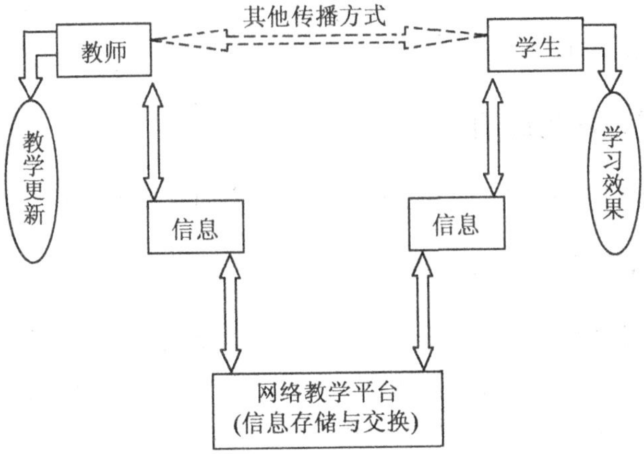

图 1-1　网络传播环境下的学习过程①

网络化的教学环境是一种师生平等的双向传播环境。在传统教学过程中，一对多的组织传播是主要模式，教师按照众多传播对象的平均特性来安排教学课程。在课堂上教师拥有绝对的权威。这种权威很大程度来源于教师与学生的面对面。在网络化的课堂上，学生自主权大幅度提高，教师和学生之间的关系趋于平等。这种虚拟的教学关系带来教学过程中感情交流缺失的问题。授课老师面对的是冷冰冰的计算机，听课学生面对的是二维空间的视频画面，师生间的感情难以沟通；不过，由于没有面对面时的种种顾忌，双方的沟通倒可以更为坦率、更能直奔主题。

(二) 因特网对世界经济的影响

网络经济已经从传统经济中独立出来，成为一种新的经济范式（如表1-2）。世界经济正处在以网络经济为代表的新时代的开端。

全球化对企业的影响无处不在。激烈的竞争迫使企业降低成本和价格。基于因特网的电子商务迅速发展。因特网成为降低成本、提高经济效益的重要

---

① 刘慧芬、阳化冰：《多重互动的网络学习社区研究》，《首届新媒体与传播革新论坛论文集》，2004 年 11 月，第 133 页。

手段。

表 1-2　　网络经济范式与工业经济范式对比①

	工业经济	网络经济
技术	以福特生产线为代表的大量生产技术	信息技术，批量定制生产技术，柔性生产技术等迅速发展
管理	科学管理；管理工作专业化	知识管理，虚拟企业，模块化生产系统
交易	生产者和消费者信息不对称，由于流通过程中的中介层次过多，交易费用很高	经济活动中由空间、时间隔离造成的成本耗费大幅降低，交易费用降低，经济活动的效率提高
核心经济资源	资本、劳动力	知识和信息
经济关系	正向经济，向顾客提供大量生产的低价产品，消费者选择余地相对较小	逆向经济，向顾客提供低价的定制产品，消费者直接定购个性化产品
虚拟经济和实体经济的关系	虚拟经济对实体经济虽有重要影响，但全球发达国家股票资产总值小于全球国民生产总值	虚拟经济把实体经济抛到后面，全球发达国家股票总值超过全球国民生产总值
经济增长机制	“收益递减”机制	“收益递增”机制

信息通过网络可在极短时间内传送，空间距离不再是设置公司、工厂的制约因素。为节约营销成本，越来越多的企业把营销体系搬上因特网。从降低成本中获利的是消费者。

网民可以在网上极为方便地对价格、质量进行对比，对企业进行对比，商业信息不对称态势发生明显变化；不再像传统市场那样，卖方拥有绝对制信息权。博弈均衡使企业理性地将产品价格降低到相当的程度，并对产品性能作出

① 参见顾新建、徐向宏、陈子辰：《网络化制造范式和我国网络化制造战略》，《中国工业经济》2000 年第 1 期。

详细说明。市场越来越贴近消费者，转变为买方市场。因特网把主动权从卖者身上转移到买者身上，消费者通过网络同生产商洽谈价格的现象越来越普遍。在美国，同样的商品，通过因特网销售的价格，平均比传统市场价低13%。

具体来说，网络经济有如下特征：

1. 交易费用大大降低

传统市场中的交易费用很高。香港经济学家张五常估计，香港的国民生产总值中，交易费用达到70%左右。在因特网上进行交易活动，企业接触供应商的成本较低，还可以通过与产业价值链上其他参与者的流程整合来进一步降低交易成本；消费者可与生产者直接交易，避开流通的无序和中介层次。在电子商务活动中，因特网具有时空压缩效应，空间和时间隔离造成的成本能大幅度降低。

2. “全天候”运作

每周5天，每天8小时工作制，是世界上大多数国家通行的劳动制度，网络却是每周7天，每天24小时的市场。如果到亚马逊网上书店去买书，不管白天黑夜，不管周日周末，都不会吃闭门羹。网络市场“7天24小时制”的制度改革，意义非同寻常。

3. 无形资产的商业价值提升

无形资产在网络经济的环境下的经济价值可以从两个方面来解释。首先，信息产业的兴起及其与全球资本市场的结合使信息和技术的价值被广泛认可，企业在网络经济活动中的信息存量、增量及信息处理能力，企业核心技术的占有情况将决定企业的生存和发展。其次，人力资源在企业中，尤其是在网络企业中，地位迅速提升，把人力资源作为组织资本管理成为管理者的重要职责。

4. 光速经济

因特网上，信息传播以光速进行，这种运行速度带动经济整体加快运行速度。只依赖比特网络的经济活动，运行速度加快，其极限是光速。依赖原子网络的经济活动的速度就慢得多。如果经济活动同时依赖比特网络和原子网络，速度将介于二者之间。整个经济运行速度呈“雁行”队列。光速经济对资本市场有最重要的影响。资本市场是信用交易，信用交易一旦受阻，将带来严重后果。全球各地的资本市场，各有开市和闭市时间，但纽约、东京、我国香港、伦敦的资本市场连接在一起，则是24小时连轴运行。在香港金融风暴中，投机商首先在伦敦市场下手，然后24小时不停地发动攻击。如果香港官员不及时反击，后果将不堪设想。

5. “赢家通吃”

（1）现有企业或产品具备规模优势

规模经济与网络效应是网络经济影响市场结构的重要方面。网络效应使网络经济具有供给方规模经济和需求方规模经济的特点。

供给方规模经济：

一方面，网络具有低边际成本的特征；另一方面，网络价值的很大一部分来源于信息的互补性。网络效应与规模经济相互促进，网络效应加强了规模经济的作用，规模经济产生更大的网络效应，两者共同作用，使得企业和产品具有更大的市场竞争力。

需求方规模经济：

由于网络的使用者能从其他使用者那里得到正效用，网络上某一企业的客户多，成为该企业新消费者的收益就大，能吸引人们望风归附。

网络效应和规模经济的存在使得网络经济环境中的市场壁垒抬高，增加了新企业和次级企业参与竞争的难度。

（2）消费者预期使市场产生偏向

用户一般选择预期效用最大的网络企业或产品。用户进入网络所获得的价值依赖于未来长时间内网络规模的实际增长，网络规模增长越快，用户所获得的价值越大。因此，一般情况下，用户会选择用户增长预期最快的网络企业。同时，由于用户效用函数之间的互相依赖，在用户不能无成本地从一个网络企业转向另一个网络企业的时候，已经形成相当规模的网络企业对于用户来说无疑具有更大价值，用户有理由认为其他的潜在用户也作如是想、会选择这家网络企业。这样一来，规模较大的网络企业最终会占领整个市场。

（3）网络关系的路径依赖使网络选择产生锁定效应

网络经济关系不能无成本转移。比如，要使用新的通信网络，将会失去原先使用的网络中的关系，这种连带损失使网络转移的成本大大提高。人们避免连带损失的心理使网络具有锁定效应，使网络市场具有不可逆性。一般而言，网络越大，连带产生的既有关系损失就越大，转移网络的成本越高，网络锁定效应就越强。于是，人们的网络选择会有路径依赖。一个网络对于其客户的价值取决于使用该网络的受众数量，受众数量越大，该网络的价值就越大。小网络的用户越来越被大网络吸引，多数用户会被锁定于某一大网络。

(4) 正反馈

网络经济的正反馈模式是由收益递增、路径依赖等因素决定的。传统经济模式中，需求是主要因素，需求的变化决定价格的变化，并最终对供给方产生影响，其流程为：①

需求下降→价格下调→供给下降→价格上涨→供给增加→价格下调→需求上升→价格上涨→需求下降……

网络经济中有可能出现“供给创造需求”的情况，其变化流程为：

供给增加→价格下调→需求上升→供给再增加→价格再下调→需求再上升→供给再增加……

网络经济的供给方和需求方的规模经济使得企业力争以较低的价格来获得较大的网络规模和用户数量，形成成本分摊上的优势和网络的锁定效应，并通过网络的低成本交易进一步降低价格，扩大规模。企业一旦确立竞争优势，其他的企业很难将其击倒，从而形成“赢家通吃”的局面。

(三) 因特网对政治的影响

作为一种具有虚拟实在性和交互性等现代性特征的信息传播载体，因特网已进入人类日常生活的各个层面，它对政治的影响也逐渐凸现出来。

1. 推进民主化进程

美国政治学家罗伯特·达尔认为：“一些基本的民主标准都要求有多种的、相对独立的信息来源。”② 因特网正是一种提供和传播信息的有效媒体，它对推进政治民主化进程具有重要作用。

首先，因特网打破了政府对信息的垄断。

出于国家安全以及某些政治家的私利，政府会在不同程度上对舆论进行控制，这就造成公众接收信息的缺损。通过传统媒介进行信息传播，途径往往是单向的，政府可以轻易地加以控制。因特网具有离散性、无中心的特点，信息传播从单向转变为双向，从而打破了传统的信息传播模式，在网上创造出一个

---

① 勒维斯：《非摩擦经济——网络时代的经济模式》，江苏人民出版社 1999 年中译本，第 11 页。

② 李克：《关于民主理论的启蒙读物》，中华文化信息网，http：//www.ccnt.com.cn/book/？catog = reviews&file = 2001070331，2006 年 5 月 21 日。

全新的、平等的、没有强权和中心的信息空间，这就打破了政府对信息的垄断。在因特网上，人们可从多种途径获取信息，也可自行发布信息，这是推进政治民主化的重要条件。

其次，因特网为公众的政治参与提供了渠道。

通过因特网，公众可以知道政府正在做什么，最新实施的法规是什么内容，还可以通过因特网积极表达自己对公共政策的意见和建议，参与政府的决策过程。2000 年的美国总统大选就充分体现出因特网作为公众政治参与渠道的重大作用。各位候选人利用互联网传播竞选主张，打击对手。模拟的“网上选举”省时、省力、省钱，发挥了重大影响。民主党在亚那桑亚州率先进行“民主党初选候选人”的网上投票试验，他们认为“在线投票将成为一种趋势”。① 利用网络可以在一定程度上消除选民的冷漠情绪，提高投票率。更为重要的是，网络为过去常被忽视的弱势群体和少数群体提供了方便的表达意见的方式和参与决策的途径。

再次，因特网促进政府与公众的互动。

因特网为政府和公众提供了一种双向交流信息的途径。政府可以把法规发布在专门的政务网站上，供公众浏览查询，同时还可以对法规进行详细的解释。公众可以登陆政府网站，了解相关信息，同时还可以通过电子邮件、留言板等提出疑问，与政府人员沟通。政府通过因特网对公众的疑问进行解释，听取公众的意见和建议，将其作为制定和执行政策的参考和依据。这种交互性是以往其他媒介所无法提供的。

最后，因特网提升公众的政治素质，增强了公众的行为能力。

因特网拓宽公众政治参与渠道，公众参与意识加强，对政治的冷漠在一定程度上得到缓解。同时，因特网是最具超越性的全球性媒体，它突破地域和时间的界限，为公众提供了解世界政治、文化及不同政治体制、政治价值观念及行为规范的机会，使公众的政治素质得到提高，其政治行为能力也得以增强。公众在不同政治、文化的比较和碰撞中，凭借自己的理性，在更广泛的背景中形成自己的政治态度，进而有所作为。

总之，因特网极大地推动了政治民主化的进程，对实现全球政治民主化发挥着重要作用。

---

① 王如君：《互联网为美大选煽情》，《环球时报》2001 年 1 月 2 日。

2. 改革政府管理模式

因特网对政府部门的管理行为产生了重大影响，在政府管理模式的改革中扮演着重要的角色。

首先，因特网提高了政府的办事效率。

传统的政府办公模式，通常难免机构重叠、手续烦琐的弊病，影响了政府的公共服务质量。由于往往往返多次才能办完一件事情，导致公众对政府啧有烦言。因特网为政府改革管理方式提供了技术支持。办公电子化、自动化、网络化提高了政府的服务效率，降低了行政成本。与申请创办企业，办理护照、身份证、户口的手续相关的信息可以在网上公布，供公众查询、了解，省去公众电话咨询或者上门咨询的麻烦。美国在政府电子化公文、电子资料库、国际贸易数据系统等七个领域形成完整的体系，取得成功的经验，这种作法很快在西方七国得到推广。①

其次，因特网变革政府的组织结构形式。

"信息高速公路"大大增强政务信息上传下达的能力，以往在政府部门体系中占有很多位置的中层行政管理人员的传达信息的功能在很大程度上被现代通信系统所代替，政府可以减少管理层次，实现组织结构由垂直型向扁平型的转化，从而大大提高办事效率，精简结构。

再次，因特网变革政府的人事制度。

网络化办公使得原来繁重的政府管理活动变得轻松起来，很多事务工作可以借助网络完成，过去需要几个人甚至几十个人来完成的工作，现在一个人就可以游刃有余地完成。政府的人事制度由此发生变革，从过去的"人多好种田"，转变为"少而精"。对政府成员的素质要求也相应提高了，除具有丰富的科学文化知识外，还要能掌握现代化办公技能。

3. 因特网对国际政治的影响

早在1998年底，因特网已连通全球140多个国家和地区，其影响不仅波及各个国家的国内政治，而且波及国际政治的诸多层面。

首先，因特网已经成为超级大国谋求战略优势的主要手段之一。

美国著名的未来学家托夫勒曾经预言："谁掌握了信息，控制了网络，谁

---

① G-7Goverment On-line Project (1995) Publicity document available, http://www.open.gov.uk.

就将拥有整个世界。”在知识经济时代，一个国家的信息获取能力及在社会生活中的“信息权”，将成为这个国家能否在生存与发展竞争中掌握主动的关键，因特网在这场竞争中起着举足轻重的作用。

美国由于资金雄厚，科技发达，成为因特网的发源地和快速发展的沃土，凭借因特网的迅速发展，获得丰厚的经济效益。据报道，仅 1998 年因特网就为美国带来了 3 010 亿美元的经济效益。巨大的经济回报使美国的实力大增，战略优势更加明显。美国利用因特网推行自己的对外战略的意识明确、意图明显，它利用因特网向全世界全方位、全时空、全天候地推销自己的政治制度、价值标准、意识形态、外交政策、商业理念和社会文化，为谋求全球战略优势服务。

其次，因特网成为国际争夺的新的战略空间。

全球最大的芯片制造商 Intel 公司副总裁肖恩·马洛尼曾说，因特网是“虚幻的第七大洲，在这里，每个人只需要敲一下键盘就可以了解到世界上的所有知识”。在信息时代，知识就意味着财富和实力，因此关注高科技的标志之一——因特网成为世界各国领导层的案头要务，对因特网资源的国际争夺日渐激烈。欧洲、亚洲的许多国家已经警觉到美国利用因特网图谋政治霸权和进行文化渗透的险恶居心，正全力加速因特网的建设和推广。

再次，因特网成为国际信息战的新战场。

在社会政治、经济各领域普遍信息化和网络化的今天，计算机系统已经成为各国军队的神经中枢，其性能优劣和状况好坏直接影响军队战斗力的发挥。一旦网络受到攻击或被摧毁，整个军队的战斗力就会降低甚至丧失，国家的军事机构会陷入瘫痪。此外，因特网是信息战中对阵双方实施宣传战、心理战的主战场。在信息时代，因特网成为战场结构的重要组成部分，其作用有不断强化之势。

（四）因特网对社会生活的影响

因特网的出现，极大地影响了人们的社会生活方式，改变了人们传统的社会生活理念。人们的日常生活和社会活动随着因特网的出现和发展发生了巨大的变化。

1. 科研活动的国际合作

作为全球最大的国际性学术网的因特网，为各国科研活动提供了极其丰富的信息资源和先进的信息交流手段，促进了科研活动的国际合作。这种国际合作表现在以下几个方面：

首先，参与科研项目的人员以及科研设备可以实现国际化合作。

例如，我国科研人员在进行某项科研项目时，可利用因特网寻找国际上权威的研究机构和专家作为合作伙伴。合作进行科学研究的各国专家可以提供各自的先进设备、前沿技术、独特经验，为顺利开展科研活动创造条件。

其次，在科研活动中可以实现信息资源国际化共享。

在因特网上，可打破地域界限进行信息的存储、检索和利用。通过因特网，科研人员可以随时检索世界各地的各种信息。目前，因特网上有数万个大型数据库，包括美国国会图书馆、美国各州图书馆、美国各大学图书馆、欧美及世界各国的一些公共图书馆、各国科研单位及商业信息机构、团体的各种数据库。随着越来越多的数据库和信息系统的不断上网，网上的信息种类和数据量不断增加，因特网已经成为世界上资料最多、门类最全、规模最大的资料库。利用因特网，科研人员可以解决买不起书、买不到书的困难，只要轻轻移动鼠标，源源不断的信息就会纷至沓来。在立项论证时和研究过程中，科研人员可以随时获取世界上最新的科技资料。

再次，因特网加强了同行业最新、最前沿的资料的国际交流。

电子邮件、BBS 为同行业间的国际交流提供了途径，同行业专家可以在网上对科研问题进行讨论。随着因特网的进一步发展，可以组织同行业专家的异地网络会议，实现分布在世界各地的人们的及时交流，由于节省了大量人力、物力、财力，组织国际合作的科学研究已经相当简便、有效。

2. 全新的人际交往方式

因特网改变了人们传统的交往方式。以往，人与人之间的深入交往建立在对交往对象的基本情况的了解基础上。在因特网上，人们可以任取网名，可以声称自己是男性，是女性，甚至可以说自己不男不女；也可以提供不真实的年龄、学历、出生地等个人信息。由于隐匿了真实身份，网上交流可以更加轻松。任何事情，都可以向一个第一次在网上碰见的人倾诉，不用害怕身边的人知道后，给自己带来不好的影响。在因特网上，人们可以畅所欲言、尽情发泄，不用考虑后果，不用对说过的话承担任何责任。这种社交方式，由于给人以全新的体验，最具吸引力，已经成为极为普遍的交友方式。

这种交往方式的弊端是明显的。它使人们沉溺于网络的虚拟空间，鼓励离群索居、自我封闭的倾向，使人们在处理真实情景下的沟通问题时，反倒无所措手足。这种社交方式养成人们说话、做事不负责任的习惯，不利于培育、保持重诺守信的良好社会风尚。

3. 网上购物

过去，人们把开着汽车或骑着自行车到商店购物视为习以为常的事情。随着因特网的发展，出现了一种全新的购物方式——网上购物。通过因特网，人们足不出户就可以看到琳琅满目的商品，进而操作鼠标和键盘通过设在银行的个人账户或使用电子货币进行网上支付，购买自己看中的商品，然后，等待商家送货上门。建立在网络世界中的电子商店，可以省去顾客的奔走之苦，省去顾客排队、交钱的麻烦，还可以省去商家或厂家推销商品、布置铺面、雇佣售货员的一系列花费，商家或厂家只需要将商品的型号、影像资料、价格信息等以多媒体的方式传到因特网上就可以启动、完成大部分销售过程。网上商店还可以真正实现24小时营业。网上购物是一种买卖双方两便、双赢的方式。早在1994年，美国就开设了“互联网购物中心”(Internet Hall)。

网上购物建立了消费者和厂家的直接联系，卖方可以为买方提供更多特色化的“贴心”服务。例如，一个女士非常喜欢某个裙装品牌，但是现有品种又没有适合她的肤色、体态、身份的色彩、尺寸、款式，这位女士可将她的要求通过电子邮件发送给厂家，厂家根据她的需要，特别设计，特别制作，送货上门，完全满足她的要求。

通过因特网，可以迅速地为顾客免费提供有价值的参考建议。例如，很多女性顾客在看中了一件衣服之后，最苦恼的事情就是不知道应该搭配什么样的裤子或裙子。她可以将这件衣服的图像输入电脑，从因特网上调出厂家生产的不同款式、不同颜色的裤子或裙子，在电脑显示屏上直观地看到衣服与裤子或裙子的搭配效果，作出适宜的购买决定。

网上购书是最为流行的网上购物业务。读者只需要登录因特网上的网上书店，就可以坐在家里“逛”书店，挑选、定购图书。我国首家网上书店于1997年在杭州新华书店诞生。

4. 网上求医

1995年4月，正在清华大学化工系三年级读书的女生朱某出现奇怪的中毒症状：秀发脱落、面肌瘫痪、发音含混、四肢无力。朱某被紧急送往医院。医院面对如此罕见的病症，束手无策。朱某高中时的同学——北京大学力学系

1992级学生贝志诚和几个同学用英文写了求助材料，通过因特网向世界各大著名医院和国际权威医学专家发出求救信号。他们收到来自世界各地的回信1500多封，不少回信认为朱某是“铊”中毒，后经专家诊治，证实了这一推断的正确性。这是国内首次利用网络诊断疾病获得成功的例子。

因特网使远距离治疗变成现实。只要有因特网，住在远离医院的山村的病人也可以及时得到第一流医院的第一流医生的诊治，大大节约了医疗费用。最近一项研究发现，由于减少了往返费用和检验次数，美国得克萨斯州的电视卫生网络可使一个普通患者的医疗费用减少1 000美元。

因特网使世界各地的医疗信息沟通得到加强，医生们可以利用因特网就危重患者的病情及时进行讨论，集合世界上最先进的医疗知识和经验，作出正确诊断。

5. 网络娱乐

因特网为人们营造了一个丰富多彩的娱乐世界。在网上，人们可以随时观赏最新的电影，下载最新的流行音乐，还可以随时欣赏戏剧、舞蹈、绘画、书法，不像看电视那样要受节目播出安排的限制，要受频道和时间的制约。因特网还提供形形色色的网络游戏，人们不出家门就可以和身在千里之外的玩伴一起玩网络游戏。一些大型的跨国网络游戏商，如索尼、世嘉、电子艺界等，为年轻的“网络一代”所熟知。因特网只用了短短20多年的时间，就已经成为现代社会一个重要的娱乐方式。1999年第2季度，美国网络娱乐界收入高达3.39亿美元，网络游戏“钱”景一片光明。

第五节　第四媒体与传统媒体

一、第四媒体与传统媒体的比较

（一）媒介性比较

加拿大学者麦克鲁汉一反以传播内容和传播效果为重点的研究传统，别开生面地将媒介，尤其是媒介技术作为研究重点。麦克鲁汉的著名观点，比如“媒介即讯息”的观点，媒介是“人体的延伸”的观点，媒介分“凉”“热”的观点，在传播学界曾备受争议，但近年来又受到新的推崇。麦氏理论产生在电视媒介在全球蓬勃发展的时代，对于网络媒体，他没有作出预测，在这一部分，我们以麦氏理论为基础来分析网络媒介和传统媒介的异同。

1. 媒介对社会的推动和表达

人们通过信息传播进行社会交往，社会交往是人类社会得以形成和发展的最主要的机制，离开了信息传播，人类社会就不能维系，更谈不上发展。麦氏的创新之处在于，他认为对人类社会发展起重要作用的不是媒介传播的信息内容，而是传播信息内容的媒介形式，媒介本身就是真正重要的信息。他在1967年出版的《媒介即讯息：效果一览》一书中写道："社会的形成在更大程度上总是取决于人们相互交流所使用的传播媒介的性质，而不是传播的内容。一定性质的媒介，反映出它所出现的社会的几乎全部内容。"麦氏继续写道："一些传播媒介在彻底地改造我们，它们对私人生活、政治、经济、美学、心理、道德、伦理和社会各个方面的影响如此深入，以致我们都与之接触，受其影响，为其改变。"媒介既是社会发展的推动力，又是社会内容的表达者。一种媒介的性质，既为它对社会生活影响的广度和深度所规定，又为它对它所处的社会的生活世界内容的表达方式所规定。

媒介对社会发展的深刻影响和对社会生活世界内容的准确表达是麦氏"媒介即讯息"理论的全部内涵，也是麦氏论述媒介性质的逻辑起点。

每一种新媒介都为人类开创了一种感知世界和认识世界的新方式，都改变了人的生产方式、生活方式，甚至思维方式。

原始社会的人们依靠口语和肢体进行交流，这种传播技术只适合原始的人际传播。由于听力和视力的限制，原始社会的传播活动只能在很小的范围内进行，由此也就决定了集合在部落中的人们只能生活在很小的地理空间范围内，以便互相保持联系，抵御自然界的侵害，从而形成麦氏笔下的部落社会。文字的出现推动书写媒介的产生，传播可以克服空间限制在广阔的空间范围内异时进行，相距遥远的人们之间也可以发生联系，于是，部落社会逐步解体，形成地理区域社会。

造纸和印刷技术的发明使文本可以快速复制，传播可以在更大范围内便利进行，地理区域社会被突破，出现文化区域社会。

广播电视和卫星通信技术的出现，使传播进一步突破时空限制，广播、电视的声音、画面具有强烈现场感，由电磁波以光速传送，把遥远的世界拉到受众眼前，为"全球化"提供了通信手段和传播技术的保证，把全世界变成一个“地球村”。

网络媒介的出现推动社会聚合形态大幅度进化，麦氏关于“地球村”的预言已接近实现。

新媒介的出现，是社会发展到一定阶段的产物，又作用于社会的方方面面，形成新的行为方式和社会聚合形态，可以说，媒介是社会的表达者。只要一提到某种媒介，与其诞生和使用紧密相关的特定社会风貌便展现在我们面前。

提起报纸，尤其是真正具有大众传媒性质的廉价报纸，人们就自然想起一幅工业社会初期的图景：生产力高速发展，经济高度繁荣，资本主义制度走向完善；由于实施教育法案，全民文化水准提高，人们对信息的需要增加。

提起广播和电视，人们就自然想起一幅工业社会后期的图景：社会生产力进一步发展，全球化问题提上日程，民族与民族、地区与地区、政治集团与政治集团之间的交往日益频繁，彼此间的竞争空前激烈。

20 世纪 90 年代后期诞生的网络媒体表达的是后工业社会，即信息社会的图景：经济层面上，社会的经济主体由制造业转向以高科技为核心的第四产业，即信息产业；政治层面上，民主化进程加速，专制政治和思想控制在世界范围内逐渐消失；文化层面上，人的生活方式和思维方式发生前所未有的变化，人们的现代化素质极大提高。

由此可见，从“媒介即讯息”论的角度看，网络媒介与传统媒介的性质是相同的，即它们都不仅是社会发展的推动者，而且还是社会生活世界内容的表达者。

2. 媒介对人体的延伸

人之所以为人，在于人能进行理性思维，能制造和使用工具。人们制造和使用工具，是为了补充和延伸身体某一个部分的功能，以适应与自然界作斗争的需要。从最原始的石斧，到最先进的计算机，任何一种劳动工具，实质上都是人体的延伸。传播媒介也是工具，当然也是人体的延伸。麦克鲁汉用“人体的延伸”来说明媒介的性质，是很到位的。

麦氏认为，任何一种媒介都是人体某一个部位的延伸和某一种感知的扩展。传统媒介比较简单，书写媒介和印刷媒介是人眼睛的延伸和视觉功能的扩展。广播是人耳朵的延伸和听觉功能的扩展，电视是人眼睛和耳朵的延伸，是人视觉功能和听觉功能的综合扩展。

网络媒介的情况则要复杂得多。网络媒介全称应该是“多媒体电脑网络传播媒介”，是电脑多媒体技术与电脑网络技术综合发展的结果，它与电视一样，可以同时传播文字、图像和声音，但在传播机理上与电视有本质的区别。网络媒介是一种数字化信息处理的系统装置，它把信息的模拟信号表达改变为数字信号表达，不仅可以传播和存储各种类型的信息，而且还可以在一定程度上识别和选择信息。网络媒介不仅延伸了人眼，延伸了人耳，而且延伸了人脑，扩展了人的思维功能和认知功能。

3. 媒介的凉热度

麦克鲁汉根据媒介表达信息内容的明确度和受众接受信息的费力度将媒介分为“凉”和“热”两类。他把信息表达的明确度高、受众接受信息的费力度低的媒介称为热媒介；反之，信息表达明确度低，受众接受信息的费力度高的媒介称为凉媒介。麦克鲁汉认为，媒介信息表达的明确度与受众接受信息的费力度是成反比的，媒介信息表达的明确度越高，受众接受信息的费力度就越低。

麦氏的说法多少有一些道理，比如从报纸、广播到电视，它们表达信息的明确度确实越来越高，受众接受信息的费力度也的确越来越低。读者看报，接受文字和图片信息，起码需要有识文断字的能力，需要可视环境；广播就不同了，收音机里传出的声音信息，一字不识的文盲在黑灯瞎火的环境下也可以接收；看电视时，手持遥控器，启动开关，转换频道，毫不费力。电视节目称得上图文并茂、声像兼备。

按照麦氏理论，网络媒介是热媒介还是凉媒介呢？网络媒介的技术特点和优势，决定它表达信息的明确度相当高，但是，受众接受网络媒介传播的信息时的操作又比较复杂，不仅需要技术含量很高的接收终端，而且对接受者的技术素质和文化素质的要求也比较高。至少在目前，能利用网络接受信息的人还不占多数。因特网媒介表达信息的明确度高，接受信息的费力度也高。网络媒介既是一种高“热”媒介，又是一种高“凉”媒介。

（二）传播性比较

1. 单一与综合

Sun 微系统公司总裁尼尔森曾感叹道：为什么传统媒介的几种样式是各自独立的？为什么你必须在它们之间进行选择？比如，你只能在电视中看到新闻事件的活动图像，只能在报纸上看到新闻的完整报道，只能在杂志上看到重大事件的深度分析。为什么这些东西不合并成为一种媒介？为什么不把新闻报道和百科全书的资料、地图、报道中涉及的人物的传记、相关图像及其他材料链接起来？①

仿佛是对尼尔森的感叹作出回应，网络媒介完成了信息传播形态从单一到综合的转变，具有前所未有的综合性。

为了迎接因特网的挑战，各种传统媒介加盟因特网。在网上，它们一方面拓展自己的发展空间，另一方面互相吸取优势，取长补短。正如美联社多媒体总部负责人所说的："如果我们不想死亡，就必须发展多媒体新闻，驶上信息高速公路。"媒介"驶上信息高速公路"后，充分利用因特网先进的技术条件，实行脱胎换骨的改造，网上形态的媒介与母体媒介有质的区别，同网上原创媒介一样，成为一种新的综合性媒介。许多学者预测，在不久的将来，报刊、广播和电视在因特网上将渐渐融合，形成新的传播实体。这种趋势是由电脑多媒体技术和电脑网络技术决定的。

报纸最先纷纷抢滩上网，以取得在今后媒介竞争中的主动权。以中国为例，截至2000年4月20日，全国已有273家报纸上网，约占全国报纸总数的1/7。这273家上网报纸中，有独立域名的有116家，没有独立域名只有主页的有157家。广播、电视也开始进军因特网，出现了网络广播和网络电视。

社会信息交流系统可以大致归纳为通信系统、大众传播系统、教育系统和学习与情报交流系统，其中通信系统和大众传播系统与我们的关系最密切。在因特网出现之前，上述各系统是相对独立的。

通信系统传递信息的特点是点对点的传播，对象确定，抗干扰性强，信息传递准确；大众传播系统的传播特点是点对面的传播，范围广，对象无确定性，信息无保密性，社会效果强烈。因特网把通信和计算机系统连接起来，融合了多媒体计算机联网服务、电话、有线电视和无限通信系统的所有功能，可以传送文字、图像、声音三者结合的多媒体信息，成为一个具有广泛服务功能的超级信息服务网。

1995年美国政府提出"全球信息基础设施"计划时，明确指出："在20

---

① 吴廷俊：《试论新世纪大众媒体结构的格局》，中华传媒网，http：//academic.mediachina.net/academic xsjd view.jsp？id=2766，2006年5月21日。

世纪即将结束的时候，信息是形成世界经济体系的至关重要的力量。在下一个世纪，信息生产的速度、信息的获取和信息的无数用途将使各国经济发生具有根本意义的变化，这些变化将使以前泾渭分明的电信业、信息业和大众传播业的界限越来越模糊。在数字世界里，这些网络可以结合在一起，通过一个传送系统提供服务。”

通信系统和大众传播系统已经出现融合的趋势。香港最大的电信服务公司香港电信从 1995 年便致力于互动电视的研究与开发，用近三年时间研制成功，1998 年元旦正式为客户服务。“互动电视”是以光纤作传输通道，以大家熟悉的电视机作接收终端的一种互动多媒体技术服务系统，它可以为用户提供各种服务，如“互动影院”、“互动音乐区”、“居家购物”、“居家银行”等。在一些西方发达国家，为了适应两者的融合，对有关法律作了相应的修改。如美国，1996 年修订原《电信法》，颁布《1996 年电信法案》，该法案规定短途、长途电话和有线电视业务有关公司可以互相进入对方的业务领域，通过竞争向用户提供综合信息服务。《1996 年电信法案》拉开了美国通信业和大众传播业全面融合又全面竞争的序幕。我国正大张旗鼓推进“三网合一”工程，力求实现电话、电视和因特网的融合。

2. 模拟与数字

网络媒介之所以被称为“新媒介”，一个十分重要的原因就是变传统媒介的模拟传播为数字传播。传统电视传播中，图像信号和声音信号都是模拟实际图像和实际声音的电磁信号；而因特网传播任何信息，无论其原初的表现形态怎样，都将其处理为数字信号。数字化是网络媒介取得其规定性的内在依据，因此网络媒介也可以叫数字媒介。

数字化就是把模拟信号经过取样、量化和编码后，转化为数字信号。无论是色彩绚丽的图像，还是悦耳动听的音乐，都通过“0”和“1”这两个数字的不同组合来表达。数字化信号的保真性强，传输质量高，可以节省频道资源。数字化使信息内容在信号形式上获得了同一性，便于各类信息的复制、传送和相互转化。

3. 条块和网络

报纸、广播、电视各有各的特征，各属各的行当，泾渭分明，互不搭界。中国的传统媒介还分级别，国家、省市，乃至县市，等级森严，界限明确。因特网是一个无限大的平台，为所有愿意上网的媒介提供了充分的发展空间，任何媒介都可以在因特网上找到自己的用武之地，施展才干，发展事业。因特网是一张无限大的网，将所有媒介“一网打尽”。传统媒介上网后，不是网中之鱼，而是网上之节，每一个网上媒体作为网上节点的地位是平等的。

从NII（国家信息基础设施）到GII（全球信息基础设施），实际上就是要建造一个覆盖全球的信息传播网络。美国政府的报告给“NII”的定义是：“国家信息基础设施是一个能给用户随时提供大容量信息的，由通信网络、计算机、数据库以及日用电子产品组成的完备的网络系统”，它“能使所有的美国人享用信息，并在任何地点和时间，通过声音、数据、图像和影像相互传递信息”。美国《大众科学》杂志给出的定义说得更具体：NII是一个前所未有的、全国性的、世界性的电子通信网，该网把任何人与其他地方的任何人联系起来，并提供几乎是任何种类的可视化的电子通信。你可以把计算机、交互电视、电话这三种不同属性的设备结合起来，把这种装置与电子通信网挂钩，还可以把其他的移动通信工具接入信息高速公路上，目的是提供远程电子银行、教育、购物、税收、闲聊、游戏等服务，把每个家庭和企业与全球的其他节点连接起来，形成相互交错的网络系统，实现最大限度的信息资源共享。“GII”可以看作“NII”的扩展和外延，是全球规模的信息共享的网络。

（三）传播特征的比较

1. 单向流动与双向互动

传统媒介的传播态势，是传播者通过媒介把信息传送给受传者，虽然媒体也可以通过问卷调查、读者来信来电等方式与受传者沟通，但在本质上是传者对受传者的单向传播。所谓“单向性”，指的是信息只能从传者到受众单向流动，受众对传者的反馈能力很弱；受众接受信息的主动性差，只能在传者传播的信息范围内选择信息，只能在媒介发送信息时才可以接受到信息，即使是带有综合性质的电视媒介，大体也只能如此，受众惟一的主动权不过是转换频道；媒体只提供传者到受众方向的传播机制，不提供受众之间的联系机制。网络媒介从根本上改变了这种单向传播态势，代之以双向互动传播态势。不仅传者和受传者之间可以互相传播信息，而且受传者之间也可以互相传递信息。《数字化生存》中有一句话非常精彩：“多媒体在本质上是互动的媒体。”仅仅把报纸上的内容移植到网络上，人们是不会感兴趣的，重要的是传播态势的双向互动。

所谓“双向互动”包括三层含义：

一是因特网传播速度快和超文本链接的特征使得传播与接收几乎没有时间差，传播者几乎在发出信息的同时就可以得到反馈。

二是受众的主动权大大增加，不但可以主动选择自己需要的信息，主动与媒介沟通，提出自己的要求，表达自己的愿望，而且可以就接受到的信息发表自己的评论，提出自己的意见。在网上，受众不再是传者“枪弹”的“靶子”，而是“信息超市”的消费者。从营销学角度来说，过去的销售是企业把自己的商品“推”给消费者，而现在是消费者主动从货架上把自己所需要的商品“拉”出来。

三是传播者与受传者的身份可以随时互换，受众可以在网上发生横向联系，互为传者和受者。任何一个人只要拥有一定的技术手段，就可以随时在网上发布信息、改写信息和接收信息，准确地说，任何一个上网者都可以是信息传播的参与者。

网络媒介的开放性为受众的广泛参与提供了前提。因特网是一个没有主管、无须报批和登记的信息传播媒介。根据协议，因特网所有的子网络都可以彼此免费进入。一个人只要进入因特网，便可以凭借一定的技术手段满世界地“随便看”、“随便说”。

“超文本”独特的超链接方式为受众主动权提供了方便：因特网上的信息可以随意链接，收放自如。当我们在网上阅读一本书时，在句子的扩张，段落的剪裁，甚至情节的变化等方面，都可以自行作出安排。因特网为人们的欣赏、创作、批评活动开辟了崭新的平台，提供了前所未有的可能性。

2. 大众与小众

传统媒介的信息传播是一种点对面的模式，受众范围广而且不确定。因特网上的信息传播呈小众化甚至个人化的趋势。

应该说，“小众化”趋势从有线电视时代就开始了。有线电视频道多，频道的设置趋向专业化，受众接收节目由“大锅吃饭”向“分灶吃饭”方向发展，受众可根据自己的需要购买频道。但从“大锅吃饭”到“分灶吃饭”只有量的变化，没有质的变化，食者还是只能吃做好的饭菜，不能根据自己的口味改变饭菜味道和食品结构。

因特网变大众传播为小众传播。所谓小众传播是相对“大众传播”而言的，是以特定群体甚至个人为对象的传播。小众传播将“大锅饭”改为家庭

“小锅饭”。家庭“小锅”造饭，可一人做，也可一家吃；可以根据各人的不同要求做不同的饭菜；还可以自己动手做，自己吃，或供别人吃。

网上“小众传播”可以从两个层面来理解：

(1) 面向特定人群进行“分众传播”

因特网媒介资源极其丰富，站点数目众多，网民选择余地大，各个站点可以根据某一特定群体的需求办出独有的特色，供网民选择。随着社会的发展和网民数量的增多，站点分化越来越精细，特色越来越明显。

尤其应该提出的是，“网络公共领域”是一个潜力更大的“分众传播”空间。什么是“公共领域”？它由社会公众构成，是一种受到法律保护的具有公共性质的存在，在这个领域，人们可以针对公共事务自由地发表和交流意见。“公共领域”古已有之，如中国古时的“乡校”。大众传播媒介诞生后，“读者来信”、“问题讨论”等一类让大众讲话的栏目是各种媒介中很受欢迎的栏目，具有公共领域性质。网络的巨大空间和全球性质为公众参与社会讨论提供了更为方便的条件。这一点从网络讨论区域的热闹可见一斑。

随着社会的进步，出现了形形色色的文化群体。文化群体需要表达意见、讨论问题甚至发泄情绪的空间。传统媒介空间太小，在其中发表意见的是主流文化群体或强势文化群体。非主流文化群体或弱势群体的意见和情绪在传统媒介上没有表达的空间。网络媒介满足了所有文化群体尤其是非主流文化群体或弱势文化群体的需要。他们在网上聚会、交谈、发表意见和讨论问题，这是网上讨论区火爆的主要原因。

(2) 个人化传播

传统媒介虽然也很注意受众定位，但那种定位相当宽泛。就中国的几家大报而言：《人民日报》是办给各级官员看的，《光明日报》是办给知识分子看的，《工人日报》是办给工人看的，《农民日报》是办给农民看的，《中国青年报》是办给青年人看的。再看中央电视台的几个频道：1 频道——新闻，2 频道——经济，3 频道——文艺，4 频道——国际，5 频道——体育，6 频道——电影，7 频道——军事、农村，8 频道——电视剧，9 频道——英语，10 频道——科普、社教，11 频道——戏曲，12 频道——少年儿童，13 频道——音乐欣赏。无论是哪一张报纸，无论是哪一个电视频道，都是为“大家”办的，也都是给“大家”看的，还没有出现为“个人”办、给“个人”看的报纸和电视频道。

网络媒介的“个人化传播”使媒介为“个人”服务变为现实。电子邮件是最常见也是运用最多的一种个人化信息发送与接收形式，虚拟社区也可以提供个人化服务，比如它可以为每个用户保存个人信息、设置个人信箱、订阅讨论区，还提供双人或多人秘密谈话室等。

迄今为止，个人化传播的最高形式是订阅“个人化报纸”。用户使用一种被称为“智能代理者”的软件，可获取那些适合自己特定兴趣的新闻和其他信息，读到一张真正意义的“个人化报纸”。1999 年 9 月 16 日，在北京开通的“焦点网”（http：//www. focus. com. cn）用最先进的软件推出个人定制新闻主页的业务，访问者在注册登录后，即可根据自己的兴趣和爱好定制自己所需要的“焦点”新闻主页，此后，只要进入“焦点网·我的新闻”，就会出现你定制的新闻主页，主页上全是你感兴趣的新闻，这完全是一张你“自己的报纸”。

3. 异时与实时

人类社会的原始传播是人际传播，人际传播主要靠口语进行实时传播。随着文字的产生，尤其是印刷媒介的出现，传播克服时空障碍，变为异时传播，这是信息传播史上一个了不起的进步。对于新闻传播来讲，时间差是一个重要问题。在新闻学界，把“新闻性”、“时效性”作为重要的理论问题来研究；在新闻业界，“跑”新闻、“抢”新闻就是为了提高新闻传播的“时新性”，尽可能缩短新闻发生和新闻报道之间的时间差。传播新技术的运用，在很大程度上是为了追求一个“快”字，尽量缩短时间差，向实时传播趋近。一部人类传播媒介发展史，就是一部技术目标从“实时”到“异时”、又从“异时”到“实时”的历史。

广播电视和同步卫星出现后，实时新闻传播一般在体育赛事和重要文艺演出的实况转播中得以实现，其他新闻报道还存在较大时间差，其原因比较复杂。传统媒介再发达，数量总是有限的，为其工作的媒介人也是有限的。媒介人知道新闻线索、接近新闻源、采访新闻事实，需要时间；新闻作品的制作和刊发（播发）有一定的技术难度，设备一般由专职人员操作，也需要时间；传统媒介刊发（播发）新闻是有规定的时间的，报纸 24 小时出版一期，广播和电视的新闻滚动播出，也是有时间安排的；尤其是政党控制的新闻媒介，审查程序复杂，将时宜性摆在第一位，时新性问题就更大一些。网络媒介出现后，这些问题一般都可以得到解决。

首先，网络媒介新闻来源广泛。每个网民都可以是新闻传播者，而网民无处不在，"全民皆记者"，无论什么地方什么时间发生的新闻事件，都会有"记者"现场采访。

其次，网络媒介技术手段先进。新闻制作和发布都很简便，可随采随发，边采边发。记者手上只要有一台便携式电脑和一部移动电话，就可以进行现场直播。

网络媒介可以随时随地采集和发布新闻，这种报道新闻的时新性在突发事件的报道中更能显示威力。近几年，国际国内的突发事件，如北约导弹袭击中国驻南联盟大使馆事件、1999年台湾大地震、"9·11"恐怖袭击、伦敦地铁大爆炸，都是网络媒介率先报道的。人们开始习惯于以因特网为获知突发新闻的主要途径。

二、第四媒体与传统媒体的融合

很多学者谈及网络媒体与传统媒体未来关系时都使用了"融合"一词。各类媒体将不再泾渭分明，它们相互渗透，组成新型媒介集团。未来的媒介竞争不再是不同媒体之间的竞争，而是各大新型综合媒介集团之间的竞争。这种趋势已初见端倪。AOL和时代华纳合并事件就是媒介融合的典型案例。

2000年1月10日，美国股票市场上传出一个大合并建议案——美国在线（AOL）与时代华纳（Time Warner）以完全换股方式合并，涉及资金达3 500亿美元。

美国在线创立于1985年5月，是全球范围内新兴网络产业的领头羊。新千年到来时，AOL的注册用户已突破3 000万，是世界上最大的在线服务商，也是网络产业为数不多的盈利公司之一。时代华纳是世界最大的媒体公司，拥有众多著名品牌。但是在网络冲击波的影响下，增长速度日益减缓。

这次合并产生了一个超级媒体帝国，总市值达到2 860亿美元，年营业额300亿美元。其经营范围从杂志、电视网、电影公司、音乐公司、卡通一直延伸到互联网，遍及人们获取信息和娱乐的所有方式。合并后的公司拥有《时代》、《财富》、《人物》、CNN电视网、华纳兄弟电影公司、HBO电视频道、卡通网络、华纳音乐集团、《娱乐周刊》杂志等著名媒体品牌及美国在线、网景、ICQ信息通、数字都市等著名网络品牌，竞争力之强，可想而知。

这两家公司为何要合并呢？

随着公司的战略拓展，美国在线希望将自己的产业从单纯的拨号网络接入延伸到传媒领域，对时代华纳的收购意味着它将充分利用时代华纳的有线电视系统提供高速的因特网连接，并能从美国顶尖的传媒获取内容产品，使其网上信息服务更具吸引力和竞争力。

新兴的网络媒体对传统媒体带来巨大压力，双方争夺客户，成为竞争对手。互联网公司借助证券市场的支持，以雄厚的资金向传统媒体发起全面进攻，屡屡得手。传统媒体在这样的冲击下，显得有些手足无措，市场份额止步不前。时代华纳迫切需要可行的网络化策略，同美国在线的合并使它可以利用互联网技术扩大自己的市场份额，把更多内容产品传送到网上。

分析 AOL 和时代华纳合并事件，不难看出，第四媒体与传统媒体的融合可以形成相互补充、相互推动的双赢效果。

全球范围内第四媒体与传统媒体的融合呈现出以下四个方面的特点：

1. 实体融合的经济考量

互联网具备联结全球资本的巨大潜力。从实物经济出发，时代华纳明显胜过美国在线。合并时，时代华纳的营业额是美国在线的 4.5 倍，总资产是美国在线的 7.45 倍，盈利能力比美国在线高 56%，商誉更是美国在线的 36.6 倍。然而，在资本市场上，势态反转过来。合并消息公布之前，美国在线的市值高达 1 634 亿美元，而时代华纳只有 833 亿美元，美国在线的市值是时代华纳的两倍，所以新公司的名称是美国在线—时代华纳。

一些拥有庞大股市市值的因特网公司，希望借助与传统企业合并，增加实质资产，使它们免受科技股波动的冲击。从另一个角度看，传统媒体自然也希望搭上因特网这部商业战车，使自己成为股票价值与公司形象相符的高成长企业。潘韦伯证券公司分析师迪克森估计美国在线—时代华纳的股市价值能够达到 5 000 亿美元。

美国在线与时代华纳的合并是全球媒体产业的权杖从传统媒体转交到网络媒体手中的标志，网络产业的价值在虚拟经济之外得到了确认。因特网将逐渐消除电信、计算机与媒体之间的差别，把它们打造成一个统一的产业。

2. 传统媒体走向网络世界

除网络公司收购传统媒体之外，传统媒体也纷纷办网站，向因特网进军。几乎所有著名的报刊杂志和广播电视都办起了网络版。有的传统媒体宣布放弃纸介质业务，专一致力于网上经营。如美国著名的《人物》杂志就宣布放弃印刷版。国际劳工办公室（ILO）的研究报告显示，随着互联网的高速发展，传统印刷类新闻渠道，包括报纸和杂志正在削减记者人数，传统新闻业就业人数呈下降趋势。

3. 合并实现双赢

传统媒体希望通过网络发布内容，第四媒体也希望购买服务与内容来争取客户，合并使双方各遂其愿，实现双赢。美国在线和时代华纳合并后，投资者推测传媒企业将进一步加强与互联网公司的联系，传媒股市值普遍上扬。美国投资者开始“寻宝游戏”，寻找下一个会采取并购行动的传媒股。投资者认为，下一对会进行合并的伙伴是雅虎及迪斯尼，纷纷吸纳、购进它们的股票，使这两支股票市价强劲上扬，带动其他科技股、传媒股的价格普遍上扬。

4. 合并对新闻传播流程的影响

产业融合使新闻采集流程发生巨大变化。媒体的新闻采编体系上网，新闻的采集、审核、发布、操作等都可以在网上进行。ILO 报告称，大约 80% 的商业和财经记者至少每天上一次因特网查询资料；80% 的各类记者既在网站上也在传统报刊上发表文章。英国广播公司的 2 000 多名记者全都拥有可以上网的计算机。

第四媒体与传统媒体的融合虽然是一个方向，但其进程也避免不了曲折和反复。2000 年 6 月 23 日，时代华纳公司股东大会、美国在线股东大会分别以赞成票为 99%、97% 的表决结果通过了合并计划。2000 年 12 月 14 日，美国联邦贸易委员会经审查，批准这两个公司合并。2001 年 1 月 11 日，美国联邦通信委员会以 3:2 的惊险投票结果批准这两个公司合并。经过一年时间，这两个公司合并消息的刺激效应已耗损殆尽。新公司合并第一天，股票不涨反跌，收盘时跌了近 1 美元。2001 年 4 月 18 日，新公司公布第一季度业绩报告，称其营业收入较上年同期增长 9%；当时，因特网行业已普遍出现不景气，看来，美国在线逃过这一劫。但 2001 年 7 月 18 日，新公司公布第二季度业绩报告，情况已不尽如人意，造成股价下跌。此后，公司经营状况呈每况愈下之势，美国在线在新公司内的地位日渐下滑，直至成为公司媒体传播事业群下的一个部门。2003 年 9 月 18 日，美国在线 – 时代华纳公司董事会决定将“美国在线”从公司名中去掉，以“时代华纳”为公司名。虽然一波三折，但毕竟有了第四媒体与传统媒体融合在一个传媒集团中的事实。

第二章
网络传播类型

网络传播的出现和发展，极大地改变了信息传播的方式，延伸了传播的广度和深度，打破了多种信息传播类型的界限。传统传播媒体一般为点对面的传播，而网络媒体除了点对面的传播，面对点的传播之外，还包括点对点、一点对多点、多点对多点等传播方式。正如莫里尔·莫里斯和克里斯汀·奥根所言："网络传播是多层面的。"① 因特网是集大众传播、群体传播、组织传播、人际传播多种传播类型于一身的新型媒体，它的出现是人类传播的一个具有革命性的事件。

第一节　网络人际传播

因特网最早承载的传播类型是"人际传播"。尽管网络传播模糊了各种具体传播形态间的界限，但就目前情况而言，网上传播仍以人际传播为主。网络人际传播的魅力何在？它会在多大程度上取代人们的线下人际交流？网络人际传播给社会生活带来什么影响？探讨这些问题，是理解网络世界交往形式的首经之路。

① Merrill Morris & Christine Ogan. The Internet as Mass Media. Journal of Communication 46（1）, Winter. 0021 －9916/96.

一、计算机网络与人际传播

人际传播是一个人与另一个人之间借助语言和非语言符号进行的传播。人际传播是最基本、最重要的人类交往方式。人际传播大致可以分为两种：一种是面对面的直接的、实时的人际传播，另一种是借助某种有形物质媒介（如信件、电话、电报等）的间接的、实时或异时的人际传播。网络人际传播是间接的、实时或异时的人际传播，借助计算机和互联网络进行。

20世纪40年代中期，计算机研制成功。

20世纪60年代末，美国国防部的高级研究计划署试图发展一种能够抵御核攻击的电脑网络。研究人员希望，当网络的一部分遭受破坏而失效时，网络的其他部分仍然能够维持正常的通信。因特网的前身阿帕网是这一项目的研究成果。

在20世纪60~70年代初期这一段时间，阿帕网是美国国防部为冷战需要建立的为军事需要服务的网络；此后也用于教育科研领域，以非人际传播为主，几乎不包含人际传播成分。

在20世纪70年代中期至90年代初期这段时间里，互联网络实现“军转民”，在TCP/ICP协议的支持下，网上可进行诸如电子邮件、电子公告板、聊天室之类的人际传播，因特网正式进入人们的日常生活。

1. 电子邮件（Electronic Mail，简称E-mail）

电子邮件是通过因特网传递邮件的一种异时性的网络人际传播形式，是一种快速、简便、高效、廉价的足以取代传统邮政的通信手段。电子邮件传递在简单邮件传输协议（Simple Mail Transfer Protocol，简称SMTP）的基础上进行。SMTP是一种应用层协议，解决了如何把邮件消息（普通的7位的ASCII文本）从一台SMTP主机送到另一台SMTP主机的问题。POP3（Post Office Protocol version 3，邮局协议版本3）和IMAP4（Internet Mail Access Protocol version 4，因特网邮件访问协议版本4）协议则支持将消息存储在邮箱中。用户收发电子邮件的前提是在邮件服务器上有自己的邮箱。

电子邮件于1971年10月问世，现在电子邮件已经成为人们最熟悉、最经常使用的网上人际交流方式。

在多次的CNNIC调查中，电子邮件的使用一直排在用户常使用的网络服务/功能（多选题）前列。见表2-1：

表 2-1　　CNNIC 电子邮件使用情况调查数据

	2004.1	2004.7	2005.1	2005.7	2006.1	2006.7
电子邮件	88.4%	84.3%	85.6%	91.3%	64.7%	64.2%

发送电子邮件是网民最经常进行的网上活动，电子邮箱成为重要的人际传播工具。电子邮件的优点在于：

（1）比传统邮政信件更快捷、更方便。邮政信件的传递速度取决于地理距离和交通工具。距离遥远，邮政交通时间工具落后，会使信件投递到收信人花费时间很长。电子邮件能在因特网连接的世界上的任何两点之间以光速传递，其方便、快捷自不待言。

（2）成本低廉。只需支付极少的上网费，因特网用户即可发送电子邮件，比寄邮政信件省钱得多。

（3）可以发送给多个收信者。同一封电子邮件可以发送给一个或多个指定的收件人。列好收信人的电子邮箱地址清单，点击鼠标，一封信件可同时批量发出。

（4）可传送多媒体文档。通过电子邮件，可发送多媒体文档，信件内容可以是文本，也可以是软件、数据、图片、动画、音频、视频。

（5）收发方便。电子邮件采取异步工作方式。发信人不用考虑收信人所在的地点、正在做的事情，随时可以写信、发信。收信人可在任何时间、任何地点（只要有电脑可用，有因特网可联）打开自己的电子信箱，收信、回信。

电子邮件的发展也会带来一些负面效应。

随着电子邮件用户增加，因特网上垃圾邮件泛滥成灾。垃圾邮件多为商业信函，由商家强行发送给网民，使收信人不胜其烦。根据 2005 年 7 月 CNNIC 的调查统计报告，网民平均每周收到 5.2 封电子邮件（不包括垃圾邮件），收到的垃圾电子邮件却有 9.3 封。在“网民对互联网最反感的方面”中，垃圾邮件排名第五。

比垃圾邮件问题更加严重的是安全问题。安全专家认为，电子邮件是麻烦传播者。恶意的黑客们利用一些电子邮件程序（如微软的 Outlook Express）的漏洞传播病毒代码。电脑病毒是当今网络业发展的最大危害，通过电子邮件这个传播途径，病毒随时都有可能使用户的电脑系统陷于瘫痪。2005 年 7 月 CNNIC 的调查统计报告中，在“网民对互联网最反感的方面”中，网络病毒位居第一。据统计，在美国，每 400 封电子邮件中，就有一封可能携带病毒。①

电子邮件还造成对个人隐私权的侵犯。有的企业在邮件服务器上实施电子邮件监控，员工在网络上的所有交流都逃不过管理员的眼睛。位于日本东京的 Sanro 研究院公布的一份调查报告显示，日本有 10% 以上的企业表示查看过员工使用企业电子邮件地址发送的电子邮件。美国前总统布什因害怕个人隐私权受到侵犯，放弃了电子邮件通信方式，坚持用传统的邮政信件与亲友联系。②

E-mail 传递的信息是数字化的，一些背景信息，比如发件人的笔迹，得不到表达。收到一封电子邮件，人们很少产生收到对方亲笔书写的信件时油然而生的亲切感、兴奋感。

2. 网络聊天室（Chatroom）

网络聊天室是因特网上的人际交流场所。目前，大多数网站都设置有一个甚至几个聊天室。无须下载软件，只要输入用户名字及密码，点击“进入聊天室”，Applet 软件就会启动，让网民进入可选择不同话题的“聊天室”。网络聊天室的规模、大小不一；大的如腾讯聊天室，平均在线人数可达 20 000 人，最高在线人数可以超过 40 000 人；中等的如新浪聊天室，最高在线人数达到 13 460 人，平均也有 10 000 人左右；小的如西祠胡同聊天室，平均在线人数有 700 人左右。聊天室分为很多子频道，每个频道的主题各不相同。子频道以地区分类，如北京紫禁之巅、上海不夜天；可以细化到院校，如风起南大、东大传说；子频道以话题分类，如足球、汽车、股票；子频道以参与者年龄分类，如十六岁花季、人到中年。

聊天室是一种“同步”（synchronous）人际传播；所谓“同步”，是相对于 E-mail 这样的“异步”人际传播而言的。聊天室的互动频率可以达到面对面对话的水平。由于网络拥挤等原因，聊天室的“同步”比面对面对话的“同步”松散，有时一句话发出去，隔较长时间才能得到回应；在面对面对话

---

① 《网络时代的病毒特点》，http：//www. pc-cilline. com. cn/wlaqt/wluaqdj9. html。

② 《10% 以上的日本企业查看员工电子邮件》，http：//tech. sina. com. cn/i/w/50254. shtml。

的情景下，这种迟缓是难以容忍的。聊天室情景下的这种“同步延时”，却可以得到网民的谅解。聊天室使网络交往的实时性和交互性进一步提高，实现人际传播的更高交流水平。

聊天室是全通道的交流网络，网民可以在任何时候加入，也可以在任何时候退出。一方面，它是一个极其平等的交流平台；另一方面，它的交流效果又不甚理想，往往几个小时过去了，什么共识也没有达成；但这或许正是人们聊天室交流的特殊乐趣——重过程而不重结果，可以借此遣闷消愁，可以借此排解发泄，可能由此交上志趣相投的朋友，更可能不过是享受一阵舌战群儒的感觉，锻炼锻炼自己的“口”才。

20 世纪 90 年代中期至今，因特网走向成熟。这一时期，网络技术飞速发展，网络人际传播也得到极大发展；网络人际传播的主打——网络聊天，出现新的方式，ICQ、MSN、QQ，Yahoo messenger（雅虎通）等即时通信软件都是在这个阶段产生的。

网络论坛和网络聊天室是网络即时聊天的前身。最早的网络即时通信工具是 ICQ——网络寻呼机。ICQ 为“I seek you”（“我在找你”之意）的谐音缩写，是以色列的 Mirabilis 公司于 1996 年开发出来的。Mirabilis 公司向全球因特网用户提供免费下载的 ICQ；1998 年，Mirabilis 公司的 ICQ 用户发展到 1 200 万人，并以每月 100 万用户的速度增加。这时，ICQ 由于潜在的巨大商业广告价值，成为许多大公司争相购买的对象，1998 年 Mirabilis 公司将自己开发的软件连同用户一起“卖”给美国在线（AOL），售价 2. 87 亿美元。1999 年底，美国在线称，ICQ 使用者达到 5 000 万，其中超过 2/3 的使用者居住在美国本土以外的世界各地。ICQ 实时通信是因特网世界中发展最快的领域之一。

目前，国内最受欢迎的网络即时聊天工具是 OICQ。1998 年 11 月，深圳市腾讯计算机系统有限公司开发出 OICQ；1999 年 3 月开始提供服务。2006 年 8 月底，OICQ 登记用户数达 5. 490 亿，在线用户峰值达 2 010 万，几乎涵盖了全部中国网民。① OICQ 不仅是网上交友、会友、聊天的工具，还可实现寻呼、接收新闻、收发邮件等多种功能，成为人们“数字化生存”状态的一项指标。

OICQ 具有参与者的不确定性与信息的丰富性。OICQ 用户可以通过查找功

---

① 《腾讯公布 2006 年第二季度及中期业绩》，www. tencent. com。

能，自由挑选聊天对象，OICQ 用户间的交流，在同步性、实时性方面，比聊天室有很大提高。OICQ 传递的信息仍然以文本形式为主，但增添了一些聊天室没有的功能，如传送文件、图片、音频、视频，更加方便了用户间的交流。从某种意义上说，通过网络即时通信工具 OICQ 进行的人际交流甚至比面对面对话更为丰富多彩。

二、网络人际传播的特点

（一）满足人的社会性的精神和心理需求

现实社会中，人们一要生存、二要发展。为了实现生存与发展，社会中的人们相互间有很强的物质依赖性。现实生活中，人与人之间也有精神交往、情感交流，但这种交往、交流大多以物质交往为基础，以物质满足为目的。网络人际传播具有匿名性和对象不确定性的特点，网上的人际交往、交流，通常不以直接的物质满足为目的，更看重的是精神交往、情感交流。

自我表露是人际传播的基础。自我表露是人们有意识地、自愿地把自己的真实情况告诉他人的行为。美国学者阿特曼和泰勒（Altman & Taylor）认为，在面对面交流中，自我表露导致信任感的产生，而信任感反过来又增加人们自我表露的勇气，形成一个循环，最终拉近两者之间的关系。①

现实生活中，由于环境、场景的限制，由于交往者个性特征的差异，人际交往过程中的自我表露程度是不同的。人们往往担心过多的自我表露会降低自己的身份，会使对方感到压力，使双方难以建立自然的、平等的交流关系；于是着意控制，有意降低自我表露的程度。网络人际传播中，交流者彼此未曾谋面，自我表露的对象是陌生人。很多学者认为，在网络世界中，面对素不相识者，一个人会比在现实生活中更有勇气坦露心声，暴露内心世界，甚至个人隐私。网络人际传播的自我表露，在心理上往往无所顾忌，在时间上也可不加限制。

在现实的人际交往中，人们的互相了解，不仅是当下信息传播的结果，而且是交往前所具有的全部相关背景信息及交往中的环境、场景信息的综合作用

---

① Altman. I. & Taylor, D. A.（1973）. Social penet ration: The development of interpersonal relationships. New York: Holt, Rinehart and Winston.

的结果。网络人际传播中，交往在虚拟的网络世界中进行，不会有对交往对象的社会地位、经济收入、种族、肤色、身材、相貌的考量，不必担心自己的服饰、举止是否违反规范，是否符合身份，多数人也没有建立与维持相互间的某种特定关系的心愿，交流信息、表达意见、抒发情感可以做到了无牵挂。

网络人际传播的上述特点，使它颇为适合于情感交流，一个有力证据就是网恋的盛行。网恋是因特网上的情感交往，直至相互爱恋。据 21CN 在 2001 年的网上调查，近 40% 的网民坦言有过网恋经历。广州视窗做过一项网上调查，参加调查的 33 152 名网民有一半相信网恋，两成网民有过网恋经历。网恋不同于一般恋爱的特点是：以因特网为中介，彼此交往具有随意性；以文字为载体，缺乏直接感受，但有很大想象空间；虚拟性与真实性并存；带有柏拉图式的精神恋爱色彩，现实的功利性考虑较少。①

一些社会学家的研究表明：强烈的人际交往需要是现代人的一个特征。工作节奏紧张、生活压力大、社会交往范围狭窄，加上主体精神张扬、自尊心强，使现代人往往把难以向亲人、朋友启齿的内心情感活动，借助网络这种隐匿性极强的平台倾吐、宣泄。威尔曼和古利尔（Wellman & Gulia）认为，人们使用网络，不仅是为了寻找信息，更是为了获得情感支持，寻找归属感。②吉尔·史莫洛威（Jill Smolowe）指出，80% 的网上冲浪者的目的是寻求沟通、共性、同伴和集体感。③ 网络人际传播能跨越国家、种族、文化、行业、阶层的壁垒，满足网民情感交流的需要。

（二）传播主体符号化

符号学者卡西尔曾经说过，人是符号的动物。借助符号，人们才能理解世界，把握环境，表达意愿，实现与他人的交流和沟通。网络人际传播的主体是符号化的人。

在网络人际传播过程中，无论是在 BBS 上，还是在网络聊天室里，人的

---

① 参见匡文波：《网络传播学概论》，高等教育出版社 2004 年版。

② Wellman, B. & Gulia, M. (1995). Net surfers don't ride alone: Virtual communities as communities. http://www.sscnet.ucla.edu/soc/csoc/cinc/wellman.htm.

③ Smolowe, J. (1995). Intimate strangers. Time, 145, Special Issue (welcome to Cyberspace).

存在是一种符号的存在，人在其交往对象面前呈现的只是代表个人身份的昵称或ID，其外貌、穿着、神态等一概隐而不见。一个人的符号驱遣符号与其他人的符号互动。一个人的符号是人性化的，能以驱遣符号的手段表达思想感情；它与这个人之间，不是固定的一对一关系，随时可能变身为另一个符号，可能在网上销声匿迹，不知所终。

高夫曼把在某一场合展示自我当成一种表演，目的是给人留下特别的印象，“强调他自身的某些方面而隐藏其他方面”，以得到社会认可。贝尔和达利曾说，“人们参加大量的社交活动就是希望别人喜欢他们，欣赏他们”。①网上人际交往就是一种表演，选用一个符号就是扮演一个角色。角色的性格是由台词、动作，即交往中使用的符号建构起来的。使用文字符号和网络特有的一些非语言符号，人们宣泄情感，在表演中成为想象中的另一个自我，展现双重性格的另一面，暂时摆脱现实生活中的地位、阶层、身份、职业、年龄、性别的种种限制。

（三）以文字交流为主

人们以文字为网上交流的主要手段。文字比言语在表达深刻的思想方面更具优越性。把观念、意愿、见解诉诸文字，要经过头脑的认真思索，要有对语言进行聚合、组合的能力，要有逻辑、有条理、有文采。实际上，网民的文字交流并非总是理性的和有深度的。有时，限于能力和训练，迫于情势和场景，网民的文字交流很情绪化、很混乱，粗俗、草率，甚至野蛮、下作。

网上人际传播使用一些约定俗成的辅助性符号，表示某种表情、姿势、语调，以弥补单纯文字交流的不足，但与现实的人际传播相比，毕竟缺乏丰富、微妙的暗示性、感染性。网络传播学者认为，“缺少非语言行为暗示，信息的发出者很难通过信息表达某种情绪，展示个性，实施控制或显示感召力，交流者享有更多的自由却在很大程度上丢失了个性”。人们对于语言文字信息的操控总是有意识、有目的的，而对非语言信息却难以自觉操控。在人际传播中，非语言信息往往比语言信息——更不用说比文字信息——可靠。网上人际传播以文字交流为主，使非诚意的交流在网上大行其道，进而导致网上人际传播中

① 转引自屠忠俊、吴廷俊：《网络新闻传播导论》，华中科技大学出版社2002年版，第221页。

欺瞒、伪装、诈骗行为的发生。

三、网络人际传播的社会意义①

（一）扩大人际交往范围

传统人际交流一般局限于以亲缘、地缘、业缘关系为纽带联结起来的人们之间，人们的人际交往范围十分有限。旅途中与陌生人交谈，以征友方式结识新的朋友，都是个别例外。网络人际传播使人们的交流对象变得前所未有的广泛。CNNIC 第十六次调查显示，以“社区、论坛与交友”和“对外通信、联络（包括电子邮件和即时通信）”两项为上网目的的用户分别占被调查人数的5.9%和2.0%，在所有上网目的中位居第四名和第五名。83.8%的网络用户认为使用网络即时通信工具扩大了自己的交际圈。由此可见，网络人际传播给人们扩大交往范围提供了平台；使人际交往打破种族、地域、文化背景差异的局限；共同的爱好和兴趣成为人们参加网上人际交往的主要条件。

（二）交际状态理想化

在某种意义上，我们可认为网络人际传播是一种理想传播状态。

在网络人际传播中，交流双方只把传播内容作为关注焦点。

传统人际传播往往受交流背景的影响，如交流双方会顾及各自的社会角色，遵从社会角色行为规范的意识始终制约着实际的人际传播的方式与进程。“父子”、“师徒”间的人际传播的方式与进程显然不同于“夫妻”、“朋友”间的人际传播。如果一方没有遵从其社会角色行为规范，双方都会觉得十分尴尬，交流效果会受到影响。网络人际传播中，彼此匿名交往，百无禁忌；传播效果取决于实际传播内容的展开情况，取决于一方在另一方心目中在实时交流过程中建立起来的形象；双方都不会介意对方是哪路神仙，何方尊者。

在网络人际传播中，人们能排除诸多心理障碍。有的人性格内向，一遇交际场合，心情紧张、手足无措、语无伦次，进入网络聊天室，却能侃侃而谈、口若悬河；有的人不幸有某种生理缺陷，甚至残疾，导致人际交流中的自卑、敏感、多疑，而在网上，他们却与正常人无异，自尊、宽容、平和。

---

① 参见李华：《网络人际传播研究》，武汉大学硕士学位论文，万方数据库。

在网络人际传播中，交往主体的个性得到张扬。

尼葛洛庞帝在《数字化生存》中说："后信息时代的根本特征是真正的个人化"，"个人不再被埋没在普遍性中，或作为人口统计学中的一个子集，网络空间的发展所寻求的是给普通人以表达自己需要和希望的机会"。① 约翰·斯图尔特说，"对何为人际传播最适当的理解应该是：'当人们最大限度地以表现个性的方式，在一起谈话和倾听时，这种传播的样式就发生了。'"② 网络人际传播最切合人际传播的个性化追求，使交往主体的个性得到张扬。例如：网络人际传播中传播主体使用的昵称、ID、签名档、说明档；看着它们，仿佛能想象出一个个鲜活的面容，能触摸到一个个特立独行的人物。

第二节　网络群体传播与网络组织传播

如果把社会信息系统大致分成微观、中观、宏观系统，那么人内传播和人际传播属于微观系统的传播，群体传播和组织传播则属于中观系统的传播。群体传播和组织传播是在有相当数量的人的集合群中进行的传播活动，两者有一些共同之处，可放在一起说明。

一、网络群体传播

（一）群体与群体传播③

1. 群体

物以类聚，人以群分。群体的概念有广义与狭义之分。广义的群体，指一切通过长期持续的社会互动与社会关系结合起来，进行共同活动，有着共同利益的人的集合体；狭义的群体，指由持续一段时间的直接交往联系起来，围绕某一共同话题或共同活动形成的人的集群。

群体具备这样一些特征：有明确的成员关系；有持续的相互交往；有一致

① 尼葛洛庞帝：《数字化生存》，海南出版社1997年版，第191页。

② 转引自王怡红：《人人之际：我与你的传播》，《新闻与传播研究》2000年第2期，第55～56页。

③ 参见彭兰：《网络传播概论》，中国人民大学出版社2001年版，第277～279页。

的群体意识和规范；有一定的分工协作；有一致行动的能力。

一般来说，社会学研究将群体按5种标准划分：

第一，按群体成员间关系的亲密程度分为初级群体和次级群体。

初级群体又叫直接群体、基本群体或首属群体；是成员彼此熟悉、了解，以特别的感情为纽带结成亲密关系的社会群体；如家庭。

次级群体又称间接群体或次属群体；是成员为某种特定目标集合在一起，以明确的契约或制度结成正规关系的社会群体；各种社会组织就是这类群体。

第二，按群体的正规化程度及成员间的互动关系分为正式群体和非正式群体。

正式群体的正规化程度高，成员间的互动制度化、规范化，成员的权利、义务及彼此关系由明确的，且常常是书面的契约、制度予以规定。

非正式群体的正规化程度低，成员间的互动是随意的、惯常性的、习俗性的，成员的权利、义务及彼此关系并没有明确的成文的规定。在非正式群体中，通过经常性的自由交往，形成了一种不言而喻的规范和角色期望，把成员稳定地结合在一起。

第三，按成员对群体的心理归属分为内群体和外群体。

内群体是成员有团结、忠心、亲密、合作感觉的群体，也就是成员在心理上自觉认同并归属其中的群体。

外群体指内群体之外的“别人”的群集。内群体成员对外群体及其成员常抱有怀疑和偏见，甚至采取蔑视、厌恶、仇视、挑衅等敌对态度。

第四，按成员的身份归属可分为所属群体与参照群体。

所属群体是人们归属其中的群体，它规定他们的身份及日常活动。

参照群体不是人们归属其中的群体，但被人们用作其所属群体的参照物。如大学的一个班通常以另一个班作为参照群体。

参照群体对所属群体成员的认知、感情、态度和价值观念等发生影响，削弱或加强所属群体的团结。

不同的参照需要，形成不同的参照群体。一个所属群体的成员可有多个参照群体。

第五，按群体内人际关系发生的缘由及其性质可分为血缘群体、地缘群体与业缘群体。

基于血统或生理联系而形成的群体叫血缘群体，如家庭。

基于空间或地理位置关系而形成的群体叫地缘群体。

基于劳动与职业联系而形成的群体叫业缘群体。

区分一般群体与组织群体是区分群体传播与组织传播的基础。

德国社会学家L. 威瑟依据组织性的强弱，将群体分成组织群体和非组织群体。

组织群体与非组织群体的结构、功能和传播机制都明显不同。一般也把组织群体称为“组织”。

2. 群体传播

日本传播学家岩原勉将群体传播定义为：将共同目标和协作意愿加以连接和实现的过程。①

群体意识是群体成员的共有意识，包含对群体目标和群体规范的认知，群体成员间的感情，成员对群体的归属感。群体传播过程形成群体意识和群体结构。群体意识一旦形成，又反过来成为群体活动的框架，对成员的态度和行为有制约作用。

群体规范是群体成员在群体活动中必须遵守的规则，特别是群体价值准则，即群体成员判断是非善恶的标准。群体规范协调成员活动、规定成员角色、分配成员职责、促进群体目标的达成。共有规范是群体成员整体合作的保证，它通过对共同行为方式的指示维持群体的自我同一性。群体规范为成员提供决策依据，使成员具有遵从规范带来的安定感和安全感。群体规范对群体传播活动发挥制约作用，如排除偏离性意见，将群体内的意见分歧和争论限制在一定范围之内，以保证群体决策和群体活动的效率。同时，群体规范对群体外的信息或宣传活动的效果有着重要影响。

（二）网络群体

网络群体有两种情况：有的群体在线下世界本已存在，通过网络，群体成员间的关系得以进一步发展；有的群体在线下世界本不存在，是通过网络才得以形成的群体。

根据不同的分类标准，网络群体可以作不同的划分，如划分为基本群体和参考群体。

---

① ［日］见田忠介等：《社会学事典》，东京弘文堂1988年版，第440页。

网络基本群体：指依托网上虚拟社区形成的，保持长期关系的网民群体。

网络参考群体：指为网民提供参考标准，网民无需实际归属其中的网络群体。例如，一个网民想加入网上某一游戏组织，学习、研究该游戏的规则、战术，但并未注册加入这一组织。

网络群体的划分是相对的，网上并没有严格的群体规范，群体关系具有不确定性和暂时性，即使是“基本群体”，结合状态也只是相对稳定的。①

E-mail、BBS、聊天室、万维网都可以作为网络群体传播的手段。BBS 孕育群能力最强。一些 BBS 上已形成“群体”意义的集群，成员基本固定，彼此有一定的分工，开始形成群体意识，有某种不成文的规范；必要时，成员可以采取某种一致行动。将随机形成的 BBS 圈子，发展为成熟、稳定的群体，是 BBS 的一种值得注意的动向。考察这种动向，关键是考察网民对网络群体的认同与承诺。

群体认同（group identity），也可称为“群体归属感”，指群体成员从群体活动中得到某种程度的满足感，进而发生信赖、依靠、顺应的感觉、感情和行为。网络群体是一种自发形成的群体，成员的群体认同也是自发的。目前，网民对网络群体的认同感大多属于中等偏低水平。

群体认同的直接结果是网民的群体承诺。

群体承诺（commitment）指个体认同并卷入一个群体的强度。群体承诺的主要取向有三种：

1. 情感取向

表现在三个方面：认定群体价值，对群体信念强固，相信群体有意义、有价值；愿意为群体利益付出自己的努力；有强烈的保持群体成员资格的意愿，看重自己的群体身份。

这种群体承诺取向强调的是“意愿”（want），被称为“情感性承诺”（affective commitment）。

2. 工具取向

出于对个人投入（时间、努力、机会等）的计算，理性地决定留在群体之中，如难以割舍已经获得的地位，不愿丢弃可望在群体中获得的利益。

---

① 屠忠俊、吴廷俊：《网络新闻传播导论》，华中科技大学出版社 2002 年版，第 226 页。

这种群体承诺的取向强调的是“需要”（need）。它的主要出发点是理性算计、考量，以此决定去留，被称为“继续性承诺”、“留任性承诺”或“工具性承诺”。

3. 规范取向

个人在认定应该（ought）“以符合群体目标和利益的方式来行动”的规范压力下对群体的承诺；也可以解释为一种习惯性行为。这是一种“未必喜欢，也未必需要，但是既然做了，就应该做好”的承诺。这种群体承诺的取向强调的是“应该”，被称为“规范性承诺”（normative commitment）。

不同网民参与网上群体活动的群体承诺取向是各不相同的。

以情感性承诺为主的网民中的不少人是与群体一起成长起来的，其个人目标已经比较好地与群体目标统一起来。当群体出现问题的时候，以情感性承诺为主的网民想的是如何克服困难，推动群体发展。这部分网民的代表是一些论坛的发起人、组织者、一些个人网页的所有者，一些网站的所有者，他们的行为是建设性的。

以工具性承诺为主的网民往往精于权衡利弊；他们认为自己参与群体活动得到的回报低于预期回报（如：投入情感，尚无回应；得到回应的信息量少于自己在讨论中提供的信息量等），不愿意轻易放弃获得进一步回报的机会，于是留在网络群体内。一旦发现更为理想的选择机会，或在原群体的信息交换中已求得心理平衡，他们就有可能离开原来的网络群体。

以规范性承诺为主的网民出于习惯，经常参与网络群体的某些活动，但是却不作什么实质性的承诺。

（三）BBS 上的网络群体传播的特点

BBS（Bulletin Board System，电子公告牌或电子公告栏），是用计算机及软件建立的一种电子数据库，可供网民登录，在上面发帖子。BBS 通常分为若干话题组（Topic Groups）。网民在 BBS 公共区域里可以获取或提交信息。很多 BBS 由业余爱好者管理，也有大量的 BBS 由政府、教育和科研机构管理。BBS 上话题广泛，网民可以分享多方面的信息及资料，也有一些 BBS 讨论的话题很专业。

BBS 的历史比因特网（Internet）还要早。早在 1999 年，据 The Definitive BBS List 的数据，全世界就有超过 40 000 个 BBS。今天，绝大多数 BBS 建在因特网上。BBS 有自己的文化，有自己的“行话”（jargon），有自己的管理者（sysop）。① 据 CNNIC（中国互联网络信息中心）的统计，2001 年 7 月，经常使用BBS 的网民大约有2 381.5 万人，占网民总数的91.0%。2006 年7 月，选择论坛/BBS/讨论组服务的网民比例为43.2%。② 由于网民总数的剧增，使用BBS 的网民数量仍呈上升态势，比例的下降，是因特网上服务项目极大丰富化的反映。

与聊天室、E-mail 等个人化的网络传播方式相比，BBS 更具有公共区域（Public Area）的特征，更容易形成舆论，是 MC（Computer-Mediated Communication）领域的重要研究对象。

BBS 的群体传播有如下特点：

1. 匿名性与公开性交织

网络群体成员相对固定，成员使用的代号常常是固定的。有通过网络群体传播发展社会关系的愿望的网民，进入网络群体一段时间后，都能知道某一代号代表的是谁。在网络群体中，网民以固定的代号扮演稳定的角色。因此，网络群体成员身份具有一定的公开性。

群体成员在群体中的角色不同于在现实生活中的角色，是其在网络虚拟环境中着意展现的特殊人格的载体。

BBS 中的群体传播是 BBS 成员间匿名的 ID 与 ID 之间的传播，成员身份具有隐匿性。匿名，可以使传播进程更为活跃，可以保护成员隐私，减轻传播参与者的心理负担，避免遭受歧视。因为这个特点，BBS 能吸引一些特定成员，如陷于困境者、遭遇不幸者、罹患恶疾者、沉沦底层者。“肝胆相照”论坛（http：//www. hbvhbv. com）是一个由乙肝病毒携带者创建和维护的民间论坛，2001 年开始出现在网上，现在已有超过 20 万的注册会员，日发帖量超过2 000，成为乙肝患者的网上精神家园。

匿名性会被某些成员利用，以逃避其言论可能给他带来的负面后果。

公开性与匿名性交织，使网络 BBS 群体传播的情况复杂化。

2. 意见领袖的重新赋权

BBS 群体传播赋予一些普通成员以意见领袖地位。

---

① http：//iroi. seu. edu. cn/books/whatis/bbs. htm.

② www. cnnic. org. cn.

意见领袖（opinion leader）是传播学的经典概念之一，直接源自两级传播模式（two-step flow of communication）。Katz 和 Lazarsfeld 在美国伊利诺斯州 Decatur 镇进行的研究表明：人们生活的每个领域都有不同的意见领袖，大众媒体所传播的信息往往是先被这些意见领袖接受，然后通过人际传播途径转给追随者（follower）。一些学者认为，谁能成为群体领袖，决定因素之一是交流的信息量。一般来说，在信息交流中最为活跃的成员会成为群体领袖。这一点，在网络群体传播中表现得很明显。

网络群体传播主要以文字为手段，成员的影响力在很大程度上取决于文字表现力及影响力。一般来说，高频率地发表意见，能够提出鲜明观点，文字生动、幽默的成员更容易引起广泛注意，居于群体交流的中心位置，容易成为意见领袖。

强国论坛每年根据专家和网友意见评选“十大网友”，入选者可以说是名副其实的意见领袖。周裕琼在《网络世界中的意见领袖》一文中指出：意见领袖勤于笔耕，富有社会责任感。（鉴于强国论坛的独特定位，这个结论可能只适用于政治论坛。）2004 年强国论坛“十大网友”的情况见表 2-2：

表 2-2　**强国论坛 2004 年“十大网友”背景信息（http://www.qglt.com）**

网名	注册时间	发帖数	精华帖总数	2004 年精华帖总数
云淡水暖	2002 年 12 月 9 日	4 022	337	122
直言了	2001 年 6 月 16 日	4 126	200	19
禹山默客	2002 年 8 月 12 日	6 455	382	117
田嘉力	2003 年 2 月 7 日	1 531	435	177
三叶青	2003 年 6 月 12 日	3 444	235	118
千重山	2002 年 2 月 10 日	3 1593	828	119
创新特色	2003 年 12 月 12 日	6 566	383	96
数学	1999 年 11 月 25 日	6 132	170	74
燕度寒谭 2	2003 年 12 月 19 日	4 647	136	36
黎莘	2002 年 3 月 19 日	20 730	793	100

从表2-2中可以看出，意见领袖的发帖量惊人：高产者平均每月发702帖，其中有18篇精华帖；相对低产者平均每月也有46帖，其中有13篇精华帖。

“十大网友”精华帖的议程分布如表2-3所示：

表2-3　“十大网友”精华帖的议程分布

议程	比例	排序
政治事务	17.1%	1
教育/文化/体育	13.1%	2
社会问题	12.6%	3
言论自由/舆论监督	11.1%	4
经济议题	9.0%	5
反腐败	8.5%	6
台港澳事务和国际时局	8.5%	6
个人感想	5.0%	8
高科技/军事	4.5%	9
历史问题探讨	4.0%	10
三农问题	3.5%	11
医疗和社会保障	3.0%	12
被分析的精华帖总量	199	

从表2-3中可以看到：网络意见领袖最关注的，除政治、经济方面的国家大事外，还有与老百姓利益息息相关的教育改革、社会问题、反腐败等议题。尤其引人注目的是，11%的帖子专门探讨网络言论自由和舆论监督的重要性。在讨论台海形势和国际时局的时候，网络意见领袖表现出强烈的爱国主义激情，与1999年强国论坛诞生之初对霸权主义的抗议情绪一脉相承。

事实上，BBS中的“意见领袖”不仅能影响本人所属群体的成员，而且具有不可低估的网上议程设置能力。在热炒一时的“宝马案”、“黄静案”中，网络意见领袖对舆论的形成与发展都有重要的影响。

3. 同质性

网络是个性化媒体，“当筛选的力量没有限制的时候，人们能够进一步精确地决定，什么是他们想要的，什么是他们不想要的。他们设立了一个能让他们自己选择的传播世界。”① 利用计算机软件技术，在因特网上可实现分众传播、甚至个人化传播。很多网站提供个人化服务，个人博客更是“自己的地盘自己作主”。

网民对网上信息的接受是有选择性的，参与意见表达也是有选择性的。职业、文化程度、民族习惯、宗教信仰等差异决定网民的选择。网民只对自己感兴趣的、认为正确的、认为价值较大的舆论表示关注，对其他可能同样有价值的意见可能不予理会。② RSS 技术使网民可自主选择并订阅信息内容。网上链接指向旨趣相同或利益相关的网站，回避异己意见。网络群体传播强化了不同的网民所属群体中的“同质性”。

4. 群体压力

群体压力往往对群体成员产生重要影响，“沉默的螺旋”理论对此做了很好的阐释。“沉默的螺旋”理论认为：个人意见的表达是一个社会心理过程。人作为社会动物总是从周围环境中寻求支持，避免陷入孤立状态，这是人的“社会天性”。为了免受孤立的惩罚，人们附和多数而远离少数。

在网络群体里，群体压力并非随时随地发生作用。很多网络群体是虚拟群体，对成员的现实生活的影响力是很小的。某个成员持有与群体多数意见相反的想法，冒群体之大不韪将相反意见表达出来，最坏的后果一般也只是离开这个群体。如果一个人对群体的认同度很高，群体对他很重要，为了避免被赶出群体，有时会采取从众态度保护自己。

（四）网络群体传播主体的“群体极化”倾向

2006 年 4 月，一位网友声称妻子有外遇，在网上公布了妻子与她的网络

---

① 凯斯·桑斯坦著：《网络共和国——网络社会中的民主问题》，黄维明译，上海人民出版社 2003 年版，第 2 页。

② 张桂霞：《网络舆论主体的群体极化倾向分析》，青岛科技大学学报（社会科学版），2005 年 12 月。

情人“铜须”的聊天记录。许多网民纷纷加入“铜须讨伐战”，甚至有人要“以键盘为武器砍下奸夫的头，献给那位丈夫做祭品”。一时间，“江湖追杀令”再现网络，有网友在天涯社区发布“铜须”照片和视频，呼吁各机关团体，对“铜须”及其同伴甚至所在大学进行全面抵制，要求“不招聘、不录用、不接纳、不认可、不承认、不理睬、不合作”。“铜须”及其家人的正常生活受到严重干扰。①

“铜须事件”是2006年度最轰动的网络事件，由一场网络上的道德讨伐上升为“网络暴民”之争，颇有“网络群众运动”之势，集中反映了网络传播主体的“群体极化”倾向。

“群体极化”（group polarization）概念是美国法哲学家、芝加哥大学法学院讲座教授凯斯·桑斯坦在《网络共和国——网络社会中的民主问题》一书中提出的。他说：“群体极化的定义极其简单：团体成员一开始即有某些偏向，在商议后，人们朝偏向的方向继续移动，最后形成极端的观点。”② 通过对60个政治网站的随机研究，桑斯坦发现网络上的圈内传播确实容易造成群体意见的极端化倾向。他说：“在网络和新的传播技术的领域里，志同道合的团体会彼此进行沟通讨论，到最后他们的想法和原先一样，只是形式上变得更极端了。”③

实践证明，网民“群体极化”倾向相当严重，主要表现在两个方面：对外的网络民族主义，对内的网络批判现实主义。④

传播主体群体极化倾向的原因是：

第一，由网络技术支持的信息过滤带来的信息窄化。阿斯特尼和杰佛逊（Marshall Van Alstyne & Eric Brynjolfsson）认为，因特网使人们之间可以突破地理障碍进行沟通，但人的信息处理能力有限，人们接触信息和建立联系时会

---

① www. tianya. cn.

② 凯斯·桑斯坦：《网络共和国——网络社会中的民主问题》，黄维明译，上海人民出版社2003年版，第47页。

③ 凯斯·桑斯坦：《网络共和国——网络社会中的民主问题》，黄维明译，上海人民出版社2003年版，第47页。

④ 张桂霞：《网络舆论主体的群体极化倾向分析》，青岛科技大学学报（社会科学版），2005年12月。

表现出一定的偏好，所以，网络传播带来的未必是地球村，或许只是人们交流方式的一种转换——从原先地域性交流转变为以共同兴趣和偏好为基础的交流，形成不受地域限制的、基于共同偏好的群体。① 凯斯·桑斯坦指出：数字化生存的消费者掌握强大的信息过滤、筛选手段，不仅可能导致大量人为的信息流失，造成消费者口味单一化，而且，更重要的是会减少民主社会成员的共同经验，加速小群体的封闭化和极端化。

第二，群体认同及群体盲从。法国著名的社会心理学家勒庞（Gustave La Bon）指出："我们只根据事实便已知道，人作为行动的群体中的一员，他们的集体心理与他们的个人心理有着本质的差别，而且他们的智力也会受到这种差别的影响。我们已经知道，智力在集体中不起作用，它完全处在无意识情绪的支配之下。"他进一步指出："首先，组成群体的不同成员在做出判决时，其智力水平无关紧要"，聪明人也会做出智力低下的判断；其次，"他们受着感情因素极强烈的影响，很少被证据打动"，"表现出极少的推理能力"；再次，他们"也深受名望的影响"，极易被权威左右。② 对这样一个缺乏理性、感情用事、服从权威的群体来说，走向极端并不是什么困难的事。

网络技术极大地降低沟通成本，有利于网民的同质化小群体聚集，原本分散的个体非常容易聚集起来，通过交换链接、互通信息，拓展各自影响，强化原有观点。对由此引发的群体极化现象的社会影响，应从正反两方面来看：一方面，群体极化有利于坚定信念、增强信心、加强集体团结、形成强大舆论、推进群体行动、促进群体价值的实现。极端未必就是坏事，关键是导向要正确。另一方面，如果群体极化造成网络舆论向错误方向偏移，一些极端化的小团体借机把它们的主张推向不受理智束缚的边缘，使社会失去对它们的控制，就可能危及社会稳定与公共安全。③

---

① Marshall Van Alstyne & Eric Brynjolfsson. Electronic Communities：Global Village or Cyberbalkans［EB \ OL］. http：//web. mit. edu/marshall/www/papers/CyberBalkans. pdf, 2005-10-12.

② 勒庞：《乌合之众——大众心理研究》，中央编译出版社 2000 年版，第 134 ~ 146 页。

③ 张桂霞：《网络舆论主体的群体极化倾向分析》，青岛科技大学学报（社会科学版），2005 年 12 月。

二、网络组织传播

（一）组织与组织传播

组织有正式组织和非正式组织两种，一般指的是正式组织。正式组织是“为了达到特定目标而建立明确程序和发生协调行动的群体”。也就是说，是一群人为某些共同目的而形成的，有控制协调内部成员行为的某些政策、规范、程序，分工合作完成任务的正式层级结构，是一个内部经常互动的开放的系统。①

组织传播指组织从事的信息活动，包括组织内传播和组织外传播，两者都是组织维持生存和发展必不可少的保障。

组织传播的功能包括：内部协调、指挥管理、决策应变、形成共识。

组织传播的渠道包括：

（1）下行传播。自上而下地传达贯彻有关组织目标、任务、方针、政策的信息。

（2）上行传播。下级部门向上级部门或部属向上司汇报情况，提出建议与要求。

（3）横向传播。组织内同级部门或成员之间互通情况、交流信息，以求实现相互间的协调和配合。②

组织内传播的形式有：文牍卷册（如工作手册、工作备忘录、工资单、通告）、会议、组织内媒体（如业务通讯、内部杂志、闭路电视、幻灯片）、电话、计算机通信系统（局域网、网站、电子公告板）等。

组织外传播的主要形式有：公关宣传（社区项目、游说项目、各种公共促进项目、公共服务）、广告宣传和企业标识系统（CIS）宣传。③

---

① 胡正荣：《传播学总论》，北京广播学院出版社 1997 年版，第 137 页。

② 郭庆光：《传播学教程》，中国人民大学出版社 1999 年版，第 101～103 页。

③ Organizational Communication Student Manual，http：//www. tiu. edu/reach/manuals/com420rs. pdf

（二）内联网、互联网与组织传播①

组织依靠两种网络——内联网和互联网——进行传播活动。内联网主要用于实现组织内的传播，互联网（因特网）多用于实现组织外的传播。

1. 内联网与组织传播

现代企业组织的发展趋势是经营多元化、组织集团化，往往跨越不同地区、国家，生产多种产品，经营多种业务。为及时了解分散在各地的分公司的经营状况，实现不同部门、不同地区的员工间的资源共享、信息交流，及时传布企业内部讯息，需要利用内联网进行组织内传播。

内联网（Intranet）是将互联网（即因特网，Internet）技术用于企业的组织内传播的计算机网络；以企业内部建设的物理网络为基础设施，以统一的WWW为界面。采取适当安全防范措施，内联网可接入因特网。

在内联网上，利用E-mail，企业员工可以方便地传递信息，包括远程传送信息；利用公告板和网络聊天工具，企业组织成员间可以进行多对多的群体信息交流；利用FTP，可以快速、便捷、安全地进行企业文件传输。大量使用内联网的多种功能，可以使企业实现无纸化办公。

内联网使企业管理信息的收集与处理更为方便。内联网实时接通企业各部门、各成员间的联系，提高管理效率和信息反馈速度。对于要求信息高度整合，程序协调配合的工艺流程管理及物资供应链管理，内联网是不可或缺的设施。

内联网可实现企业各部门、各成员的信息共享，使上行传播更容易实现，改变以往下行传播占主导地位的格局。掌握信息的程度是与组织内部的权力地位互相对应的。中层管理者往往可以通过限制上、下级的信息沟通来保持自己权力，强化自己的存在价值。内联网使组织信息不会在管理层中的某一级潴留，使组织结构从瘦高型转化为扁平型，从金字塔型转变为网络型。

使用内联网，既可能增加组织成员的相互交流热情，拓宽组织内传播的范围，丰富组织内传播的形式，又可能对传统的组织内传播造成冲击；组织成员沉溺于使用网络，放弃或很少使用面对面的人际交流、群体交流，会淡化成员间的感情，影响传播效果。

---

① 匡文波：《网络传播学概论》，高等教育出版社2004年版，第74～76页。

2. 因特网与组织传播

因特网是组织外传播的一种重要方式。

根据信息流动方向，组织外传播分为两类：信息输入与信息输出。信息输入指组织从外部广泛收集信息，为制定组织战略，调整组织策略提供依据。信息输出指组织对外部公众的公共关系活动，对目标市场的现实的、潜在的顾客的广告宣传活动，对社会公众宣传企业标识系统（CIS）的活动。这些活动可以通过在因特网上建立企业网站，发布网络广告等方式进行。

第三节　网络大众传播

大众传播是指专业化的媒介组织运用先进的传播技术和产业化手段，以社会大众为对象的大规模的信息产品的生产和传播活动。大众传播具有如下特点：

传播者是从事信息产品的生产、传播的专门媒体组织。媒体有计划、有组织地进行大众传播，通过大众传播实现自己的组织目标。

传播手段、设施由传播技术的发展决定。传播技术的重大进步导致传播媒介的重大变革，造成大众传播格局的重大改变。

以数量巨大的、互不联系的“大众”为传播对象。对“大众”不作性别、种族、职业、年龄的限制。

传媒产品具有商品性，又具有文化性。

单向传播，受众反馈难以及时、准确、全面地传递给传播者。

大众传播是重要的文化现象，又具有重要的社会功能，大众传播的运作具有制度性。①

1998年5月，在联合国新闻委员会年会上，因特网被正式称为“第四媒介”。作为报纸、广播、电视之后的第四媒介，因特网主要是大众传播的媒介。

一、因特网作为大众传播媒介的发展历程

1987年，美国硅谷的《圣何塞信使报》将内容送上当时还尚处于初级阶

① 郭庆光：《传播学教程》，中国人民大学出版社1999年版，第111～113页。

段的互联网，开创了电子报刊和网络媒体的新纪元。从此，新闻界开始关注网络，认为它将给大众传播带来划时代的革命。

1994年底，美国网景公司推出因特网浏览器Netscape Navigator 1.0。在此之前，报刊和因特网的结合一直没有形成热潮，美国上网的报刊不过几十家。1995年底，网上电子报刊增加到1 000多家。以后，美国上网报纸差不多保持每年60%的增长率。1998年3月1日，据美国报协的统计，全美1 520家日报已有500多家在因特网上出版了网络版。伴随着报纸上网的热潮，世界各地的通讯社也纷纷上网，如美联社、法新社等。美国的电台和电视台也开始在网上提供丰富全面的新闻服务。同时，大量的门户新闻站点和独立新闻站点也加入网络媒体的行列，它们虽然没有自己的记者和新闻机构，但通过与通讯社及其他新闻机构的合作，也能向用户提供相当全面而及时的新闻服务。

1995年，中国公用计算机网开通，拉开中国新闻媒体网络化进程的序幕。1995年1月12日，《神州学人》杂志开中国出版物上网之先河；当年，陆续有六七家报纸开通网络版。1996年，又有30多家报纸在网上发行电子版，还有20多家杂志上网，广东人民广播电台和中央电视台建立了自己的新闻网站。1998~2000年，我国传统媒体上网发展的势头强劲：全国10 000多家大众媒体，有2 000多家媒体上网；还有一些非传统媒体的全新网络媒体，如门户网站“网易”、“搜狐”等，开始吸引人们的眼球。

2001年到现在，是网络媒体的大浪淘沙时期，许多网站由于网络广告收入有限，经营成本过高，面临生存危机；幸存者则有望成为网络媒体的主力军。

美国哥伦比亚大学新闻学院新媒体中心主任约翰·帕维里克将网络新闻传播分为拷贝借鉴、用户化和网络原创三阶段。我国网络新闻传播的拷贝与借鉴阶段是从1995年报纸上网开始的。1998年，商业性门户网站开通新闻频道，标志着中国网络媒体的发展进入用户化阶段。2000年5月，两家由地方传统媒体联合组成并试图进入资本市场运作的网络媒体——北京的千龙新闻网和上海的东方网的出现，标志着中国网络新闻媒体已试图在新闻原创方面做出一番成绩。

中国网络新闻媒体的主流业务模式有三种：传统媒体的网络版模式，如新华网、人民网；商业性网络媒体模式，如新浪、搜狐；依托地方性传统媒体并按现代企业规则运营的因特网媒体模式，如千龙网、东方网。除了这三种主流模式之外，一些传播新闻信息的个人主页、个人网站以及近年在网络上异军突起的新闻博客，也是中国因特网媒体的组成部分。

二、网络大众传播媒介的特点

（一）“门槛”低

传统媒介的一些资源是有限的，如广播媒介的电波频率资源就要由国家控制，特许某些广播机构使用。印刷媒介的资源一般可不受限制地获取，但一些国家将印刷出版作为特殊行业，在行业准入上有相应的控制政策。可以说，进入传统媒介行业，创办传统的大众传播媒体要跨过相当高的管制门槛。

在管制门槛以外，还有经济门槛。大量复制信息产品并将它们广泛传布，需要先进的技术设施，严密的组织手段，这就需要雄厚的资金，以添置设备、雇佣工作人员。

网络大众传播的门槛是很低的。只要有条件上网，就能向网上发布信息，上了网的信息就有可能广泛传播出去。对因特网的管制相对宽松，即使有人想严加管制，从技术角度看，也很难实现。

（二）传播范围全球化

网络传播的空间覆盖能力是无限的。因特网联通全球近200个国家和地区，用户数以亿计，而且还在迅猛发展。在世界任何角落进入因特网的信息能以光速向全球范围的网民传布。比尔·盖茨指出：“信息高速公路作为概念已过时了，因为公路让人想到地理、距离、旅行。而网络最重要的性质是消除距离。网络会把世界装进一个巨大的超级市场里。”

（三）传播手段多媒体化

网络具有极大的包容性，能将文字、图形、图像、音频、视频、影像文件结合为多媒体文档进行传播。虚拟现实（VR）的多媒体技术，可以展示三维立体透视的现场情景，让人有如身临其境。

（四）传播容量巨大

网络世界没有节目时间、版面空间的概念。网络能传播海量信息，网络的信息资源具有无限性。通过超文本链接，一个巨大的信息数据库向在网上冲浪的网民呈现。

（五）传播互动性好

网络传播模糊了传者和受者的界限，网民既可以是受者，又可以是传者。传者和受者处在平等、互动的地位。在传统的大众传播过程中，媒体扮演受众与信息源间的“中介人”角色，对信息材料进行筛选，以一定的传播时间、方式和速度向受众传布，可以相当得心应手地控制传播进程，传播效果。

有了因特网，网民可以在网上接触无以计数的报纸、电台和电视台的信息，还可以从非媒体机构的形形色色网站上获取信息。网民不依赖于某一媒体获取信息，而是在与他想与之打交道的任意多的媒体的互动中，自己为自己生成信息。除了与网上媒体互动，网民与其他网民也可以建立互动关系。如果没有网民间的互动，网站与网民的互动，无论从强度、频度还是效果上看实际上还是相当有限的。①

（六）传播灵活性强

传统大众传播媒介的传播是一对多、点对面的传播。在因特网上，传播能以点对面、点对点、面对面等多种方式进行；且可以同步进行，也可以异步进行。网络传播的高度灵活性使网民具有空前的自主性，使大众传播窄播化、个性化也具有空前的可能性。②

三、网络大众传播媒体与传统大众传播媒体的比较③

（一）传播主体

传统大众传播媒体主要指报社、电视台、电台。网络媒体的传播主体既包括利用网络进行新闻传播的传统大众媒体，也包括从事新闻传播的门户网站、民间团体网站等，还包括利用网络发布新闻信息的个人。

特别值得一提的是2000年后异军突起的博客。博客是英文blog的音译，

---

① 彭兰：《网络传播概论》，中国人民大学出版社2001年版，第289~290页。

② 彭兰：《网络传播概论》，中国人民大学出版社2001年版，第290页。

③ 参考吴水平《构型与解构：网络媒体研究》部分观点，复旦大学博士后论文。

直译就是网络日志（weblog）。对博客，并没有统一的定义。有人说它是一个“快捷易用的知识管理系统”；有人说它是新型的“协同媒体”；有人说它是“不停息的网上旅程”，是“个人网上出版物（社区）”，是“人工搜索引擎”，是“自组织网络生态”，是“草根记者”……

一个 Blog，必须符合三个条件：

1. 网页主体内容由简短的、不断更新的、个人化的众多 post 组成；

2. 它们以倒时序方式排列，新的 post 放在前面，旧的放在后面；

3. 允许各种主题、各种外观布局和各种写作风格，但文章内容必须以“超链接”作为重要表达方式。

最著名的博客是麦特·德拉吉的个人 Blog 网站——德拉吉报道（www. drudgereport. com）。德拉吉报道是一个人的网站，一个人的媒体。2002 年 7 月，德拉吉报道在新闻网站中排名第 20，前面 19 位全是 CNN、Yahoo 等超级媒体巨头。

网上发表 Blog 的构想，开始于 1998 年，但到 2000 年才开始流行。2001 年的“9·11”事件，是 Blog 发展的分水岭。“9·11”事件发生后的几小时里，几乎所有的主要传统媒体网站都由于访问量过大而近乎瘫痪，有人甚至以为恐怖袭击也让因特网成了牺牲品。CNN 等传统站点将首页改为纯文本（没有任何图片和广告）的网页。此时，博客网站 Slashdot，Scripting News 上则出现目击者的描述以及试图得知朋友和亲属情况的请求，9 月 11 日当天，在 Scripting News 网站上，与“9·11”事件相关的消息有近 100 条，这些消息成为传统新闻站点的消息来源。全球最大的 Blog 服务网站 www. blogger. com 上一时出现了上百个报道“9·11”事件的个人站点，发布了无数业余照片、录像和现场录音，远远快过和胜过专业记者的作品。一时间，Blog 风靡整个世界，成为了真正意义上的新闻发源地。①

（二）传受关系

在传统大众传播中，传者与受者处于不平衡的状态，传者占据主导位置，受者相对被动。网络媒体模糊了传者与受者间的界限，在某种程度上，消解了

① 首届博客现象研讨会发言提纲《博客探讨》，http：//www. blogchina. com/new/display/2523. html.

传者与受者的不平衡关系。

在传统大众传播中，信息在传者、媒介、受众三者间单向流动，受众基本上被动地接受新闻信息。在网络大众传播中，传者与受者有很强的互动关系；网络媒介信息实现了双向流动，甚至多向网状流动。不少网络媒体都很重视受众对新闻信息的反馈，设置调查栏目，针对热点问题，搜集网民的看法、意见，形成新闻信息的回流和再传播，新闻传播方向由单向变成双向。同时，很多网民愿意作为信源在网上传布自己采写的消息，使网络传播呈网状进行。如2003年的伊拉克战争前后，一群非专业记者的博客（Blogger）从世界各地来到伊拉克。他们没有任何采访任务，却带上笔记本电脑和通信设备，自愿奔赴每一个炮火响起的角落，目的只是亲历这场战争，记录这个历史事件。他们采写的Blog战争新闻，更新速度很快，随时都有最新消息，受到网民的欢迎与支持。

（三）新闻信息的表现形式

网络新闻媒体根据受众需要，汇集大量的、形态多样的新闻，推出相关新闻列表、新闻专题集纳（包括视频、音频、文字、图片等）等新的新闻表现形式。

网络新闻媒体拥有新闻搜索等功能，受众能通过关键字搜索，快速、准确地获得自己想要获知的新闻。

传统新闻媒体基本上只是发布新闻，网络新闻媒体则提供多方面的新闻信息服务，可用表2-4加以比较：

表2-4　**传统新闻媒体与网络新闻媒体新闻信息表现形式比较**

	传统新闻媒体的新闻发布	网络新闻媒体的新闻信息服务
信息	最新的新闻	最新的新闻，同时提供过时的新闻
受众	及时阅读、收看	及时阅读、收看，或需要时才进行检索
受众	必须长期持续阅读才能形成对一个主题的全面了解	可以长期持续阅读，也可以需要时才进行，仍可以获得对一个主题的全面认识
目的	传递最新的事实，间接形成舆论	提供最新以及过时的新闻，更加直接地形成舆论

资料来源：刘学：《中国网络新闻媒体研究》，《新闻与传播研究》2002年第5期。

（四）吸引受众的参与

网络媒体在提供完善而全面的信息服务的同时，还特别重视满足受众需要，吸引受众参与。人民网开设BBS——强国论坛，吸引网民表达对国内外重大事件的看法，成为新闻集散地、观点集散地、民声集散地。2001年，广西南丹矿井发生特大事故，报道事故的人民网记者最初是从“强国论坛”获得南丹事件的信息的。他们根据网民提供的线索，深入调查、核实，终于揭开事故的黑幕。

四、网络大众传播对传统大众传播媒体的影响

网络时代，传统媒体遭遇一系列困扰，关键问题是：面对作为大众传播媒体具有种种优越性的网络媒体，传统媒体还有存在的必要吗？

对于这个问题，人们有不同的认识：

有些人对传统媒体依然看好，认为网络媒体不会取代传统媒体。他们认为：网络媒体确实有一股强大的冲击力，但冲击过后，网络媒体与报纸、广播、电视等传统媒体会形成新的平衡。理由如下：从历史上看，广播媒体没有替代报纸，电视也没有替代报纸和广播，因此网络媒体也不可能替代报纸、广播和电视。

持有这种观点的人可能忽略了一个事实：传统三大媒体之间的相互平衡基于它们同是以单向传播为基础的，区别只在于单向传播的是文本、声音还是图像；因此，它们之间很容易建立平衡，谁也代替不了谁。① 但是，网络却不是以单向传播为基础的，而且网络媒体传播的是兼有文本、声音、图像的多媒体信息。

有些人认为，“网络媒体一定会取代传统媒体，如果非要说并存，其他媒体只能作为极个别人的某种嗜好。”② 他们的理由是：网络媒体传播的独特性建立在吸纳各类传统媒体特征的基础上，具备各类传统媒体的特征，加上极强的时效性、海量存储能力、互动式传播等优点，在与传统媒体的竞争中，理所当然地占据优势地位。

---

① 匡文波：《网络传播学概论》，高等教育出版社2004年版，第79页。

② 尹学东：《网络特征对传播方式影响的再认识》，《电视研究》2002年第5期。

杰·尼尔森（Jakob Nielsn）是这种观点的代表。他的论断是："未来的五到十年间，大多数现行的媒体样式将寿终正寝。它们将被以综合为特征的网络媒体所取代。"

持这种观点的人是在考虑媒介技术的高下，忽略了其他方面的问题，如人们使用媒体的习惯，人们使用媒体的多样化目的等。

有些人认为，"网络媒体与传统媒体的关系不是相互替代的关系，而是一种相互融合、相互补充、相互促进的关系。"① 这种观点在本质上与第一种观点是一致的。

有些人认为，"网络媒体对于传统媒体的威胁就在于其包容（颠覆）性。看到网络媒体对传统媒体的包容（颠覆）性是有必要的，但还必须看到网络媒体对三种传统媒体包容（颠覆）的程度是有区别的。"② 在麦克鲁汉关于媒介的论述中，可以找到与这种观点相似的说法。麦克鲁汉在《理解媒介》中说："媒介的内容好比是滋味鲜美的一块肉，破门而入的窃贼用它来分散思想看门狗的注意力。媒介内容的影响之所以非常强烈，恰恰是另一种媒介变成了它的内容。一部电影的内容是一本小说。" 麦克鲁汉的朋友与学生莱文森做了这样的解释："小说是电影的内容，电影和连续剧是电视的内容，那么什么媒介是网络的内容呢？回答是这样的：网络的内容不是一种媒介，而是许多媒介。"③ 这种观点认为网络媒体将成为一种主流媒体，传统媒体将被网络媒体边缘化、非主流化，但还有继续存在的价值。相较于前三种观点，这种观点比较容易被接受。

人们对传统媒体和网络媒体的前途进行分析时，往往存在以下误区：④

其一，用对一种媒体的感情，代替对其前途的理性分析。

无论认为传统媒体是不可战胜的，还是认为网络媒体必胜、传统媒体必亡的人，都是先入为主地抱有对某一媒体的感情偏好，难免从既有立场出发，拼

---

① 杨正泉：《代序》，《网络传播与新闻媒体》，北京广播学院出版社 2001 年版，第 3 页。

② 吴廷俊：《试论新世纪大众媒体结构的格局》，《网络传播与新闻媒体》，北京广播学院出版社 2001 年版，第 7 页。

③ 莱文森：《数字麦克鲁汉：信息化新纪元指南》，社会科学文献出版社 2001 年版，第 51 ~52 页。

④ 彭兰：《网络传播概论》，中国人民大学出版社 2001 年版，第 297 ~298 页。

命寻找有利于自己的证据。

其二，孤立考虑技术的可能性。

要对未来的事件作出斩钉截铁的结论是不可能的。一种媒体是否独霸天下，另一种媒体是否退出历史舞台，除了考虑技术因素，还要考虑社会、政治、经济等诸多因素。美国学者罗杰·菲德勒指出，传播媒介形态的变化，通常是由于可感知的需要、竞争和政治压力，以及社会和技术革新的复杂性相互作用引起的；不能把技术因素当作惟一决定性的因素。

美国学者罗杰·菲德勒在《媒介形态变化——认识新媒介》一书中，提出了媒介形态的六个基本原则：

1. 共同演进与共同生存

一切形式的传播媒介都在一个不断扩大的、复杂的自适应体系内共同相处和共同演进。每当一种新形式出现和发展起来，它就会长年累月和程度不同地影响其他每一种现存形式的发展。

2. 形态变化

新媒介决不会自发和孤立地出现——它们都是从旧媒介的形态变化中逐渐脱胎出来的。当比较新的形式出现时，比较旧的形式就会去适应并且继续进化而不是死亡。

3. 增值

新出现的传播媒介形式会增加原先各种形式的主要特点，这些特点通过我们称之为语言的传播代码传承下去和普及开来。

4. 生存

一切形式的传播媒介以及媒介企业，为了在不断改变的环境中生存，都被迫去适应和进化。它们仅有的另一个选择，就是死亡。

5. 机遇和需要

新媒介并不仅仅是因为技术上的优势而被广泛地采用的。开发新媒介技术，总是需要有机会，还要有刺激社会的、政治的或经济上的理由。

6. 延时采用

新媒介技术要想变成商业成功，总是要花比预期更长的时间。从概念的证明、发展到普遍采用往往至少需要人类一代人（20～30年）的时间。

这些原则说明了在新媒介技术推广进程中，旧媒介技术遇到新技术挑战时可能出现的情况。尤其是第四条“生存”原则启示我们：任何一种媒介都不会束手待毙，总要想方设法为自己找到新的发展空间；无论传统媒体，还是网络媒体，都会为生存而奋斗。

第三章 网络传播的传者和受众

第一节 网络传播的传者

一、传播者与受众的关系

大众传播是一种点对面的单向传播活动，即由传播者主导的有组织、大规模地面向广大受众的信息定向流动。

在大众传播的过程中，代表特定社会集团利益的媒介组织中的媒介工作者是传播主体，是传播行为的发起者，同时又是信息产品的制作者和社会舆论的引导者，处于传播过程的起始位置，通过各种大众媒介作用于受众，把守着信息流动的“闸门”，对信息的内容、流向和流量实行“把关”，把被其视为符合群体规范及把关人价值准则的信息制品传送给受众，是传播特权的拥有者。

相对传播者来说，受众处于传播过程的末端，无法直接面对丰富的信息资源，只能在传播者提供的范围内进行有限的信息选择，把媒介希望他们看到的信息世界看作真实的世界。在这个传统的线性链条上，受众对传播者的惟一影响是某种反馈，或者以个别的意见反映形式表现，或者以总体的舆论态势表现，大多是事后的，缺乏即时性和直接性。

互联网的出现彻底改变了传播者与受众之间的关系。网络传播是一种典型的个性化传播，包括点对面的传播、点对点的传播、多点对多点的传播。网络传播信息的“互动性”使受众与传播者不仅地位“平等”，而且能实现身份互换，受众可以成为传播者，传播者也可以成为信息的接收者。受众在网络上，面对偌大的信息世界，能直接接触新闻事件的源头信息，变被动接受信息为主动由传播者那里“拉”出信息。尼葛洛庞帝曾对网络作过形象的描绘：“数字化会改变大众传播媒体的本质，推（pushing）送比特给人们的过程将改变为允许大家（或他们的电脑）拉（pulling）出想要的比特的过程。这是一个剧烈的变化，因为我们以往的媒体的整个概念是，通过层层过滤之后，把信息和娱乐简化为一套‘要闻’或‘畅销书’，再抛给不同的‘受众’。”①

网络为受众提供了一个平台，让他们可以成为传播者，能根据自己的需求和兴趣、爱好以及自身掌握的资料，进行个人的信息制作，在因特网上发布信息。这就意味着，传播者的权利被大大地削弱了，媒介控制传播进程、引导舆论、履行社会责任的难度增加了。

网络传播中的“传播者”，不再只是指专业媒介中的职业媒介工作者，普通的网民也是因特网上的传播者。大众传播中“以传播者为中心”的传播模式发生改变。在互联网这个全球网民共同拥有的信息平台上，传播者和受众处于完全平等的地位，共同彰显信息传播的“主体间”性，相互承认、相互沟通、相互理解、相互影响，分享信息和经验。正如尼葛洛庞帝所说，“后信息时代的根本特征是‘真正的个人化’”，“大众传媒将重新定义为发送和接收个人信息的系统”。

二、各种网络传播者②

（一）普通网络传播者

普通网络传播者指的是那些不专门以传播工作为职业的人，传播信息对于他们来说并不是谋生的手段。

任何一个上网的人都可以在因特网上提供信息、传播信息，成为普通网络传播者。他们通过 BBS、聊天室、虚拟社区发表自己对某些问题的观点和看

① 尼葛洛庞帝：《数字化生存》，海南出版社 1997 年版，第 103 页。

② 参见谢新州：《网络传播理论与实践》，北京大学出版社 2004 年版，第 92 ~ 95 页。

法，通过个人网站或个人主页发布自己感兴趣的信息，通过 QQ、MSN 等实时、非实时的聊天工具与认识、不认识的人进行一对一或一对多的交流。在这些传播活动中，他们是信息传播者。

相对于专业的网络传播者而言，普通网络传播者拥有更大的心灵自由和发布空间。他们不属于某个大众媒介机构，也不代表特定团体的利益，不受它们的有形或无形的约束和限制，无论什么时候，他们都可以进入传播活动，自己决定传播的内容、方式和方法。

实际上，普通网络传播者的传播活动多属人际传播，其角色定位并不固定，可随时在传播者与受传者之间转换。他们把因特网作为一种新型的沟通方式和交流手段，比如通过聊天室、QQ 认识更多的朋友。普通网络传播者的传播活动又不仅仅限于人际传播，因特网为他们提供了一个面向全世界的信息交流平台，在这个平台上，他们可以发布信息。他们的可能受众是所有网民，是处于不同地理位置、拥有不同身份、职业、数量庞大、在网上流动的受众群。他们像职业大众传播者一样，有向尽可能多的人传递信息的意愿，不将自己传递信息的对象局限于朋友、同事、熟人或者某一个具体的小团队。例如，许多人根据自己的爱好设计个人网站、个人主页，就自己感兴趣的技术、音乐一类的话题发布个人信息，与“有同好焉”的为数众多的、素不相识的，且无法预知的受众共享。

在网络媒体这个大环境中，个人传播者已经成为了一股不可低估的重要力量，他们是网络传播活动的一支生力军，是网络媒体新鲜信息的无尽来源，他们为丰富网络传播的独特形式及多彩多姿的内容作出了无可替代的贡献。

（二）专门网络传播者

专门网络传播者指那些在网上进行职业性传播活动的人，他们以制作、发布网上信息产品为职业，网上传播是他们的谋生手段，他们借此得到物质回报和心理、精神上的满足。他们从属于一定的机构——包括专门的网络媒体，如报纸、广播、电视等传统的大众传播机构的网站，以及政府部门、公司、企业、其他赢利及非赢利组织的网站。他们通过因特网进行大众传播活动，他们的传播行为，表达了所属机构的意志，塑造着所属机构的形象，由此，又受到诸多因素，首先是所属机构的利益诉求的制约，不像普通网络传播者那样，拥有几乎无限的心灵自由和发布空间。

根据所属的机构，我们将专门网络传播者分为三类。

1. 传统大众媒体的职业网络传播者

职业网络传播者基本上来自传统大众媒体，是在传统大众媒体衍生网站的过程中产生的。他们受过严格的职业教育，具有深厚的专业背景，具备在传统媒体工作的经验，凭借传统媒体的信息优势（在中国，还有政策赋予的优势），在网络传播中具有得天独厚的优势地位，尤其在网络新闻传播方面更具有几近垄断的优势地位。

2. 商业性网络媒体的职业网络传播者

在我国，只有那些以国有的传统大众媒体为背景的网站工作人员有采访权（借助传统大众媒体工作人员的身份而取得），可以进行采访，并在第一时间发布原创性新闻产品。商业性网络媒体的专门传播者没有采访权。商业性网络媒体只能购买、转载、引用、粘贴国有的传统大众媒体的时政新闻，只是在体育、文娱新闻上可以打打擦边球，发布自己的原创新闻产品。这种在开发新闻资源上的劣势地位，使大多数商业性网络媒体缺乏新闻传播的主动权，在新闻报道上，难以形成独特的观察视角和意见立场，在网络新闻传播领域屈居非主流的边缘角色。

3. 其他专门网络传播者

其他专门网络传播者指的是从属于非专业网络传播机构——政府部门、公司、企业、其他赢利及非赢利组织的网站——的人员。虽然他们也将网上传播作为自己谋生的手段，但是不一定与职业网络传播者一样具有新闻传播方面的专业背景。与普通的网络传播者相比，他们受所在机构的限制，网上传播活动和传播内容要体现其所属机构的长官意志或老板意志，不能根据自己的喜好选择、处理和发布信息，在传播活动中少了一些自由和自主。与职业网络传播者相比，他们相对缺乏专业知识背景，也没有新闻采访权，缺乏制作原创新闻产品的能力。他们可以根据需要从多家其他媒体（包括传统大众媒体和商业性网络媒体）获取相关的信息。

公司、企业、其他赢利及非赢利组织的网站与政府及执政党间的关系不如政府部门网站那么密切，在网络传播活动中更注意经济利益和营销运作。

专门网络传播者，尤其是传统媒体网站和商业性网络媒体的职业网络传播者是网络传播的中坚力量。借助自身专业知识和职业修养，运用网络传播的强大技术设施，他们占据着网络新闻传播的主要阵地。人们拉出网络新闻时，通常相信职业传播者报道的权威性，对普通网络传播者的报道，则往往视作小道消息，持“信与不信之间”的态度。

（三）网络传播机构

网络传播者除了以个人身份出现的普通传播者及各类网站的工作人员外，还包含以组织身份出现的网络传播机构，前面提到的专门网络传播者就是代表这些传播机构从事专门的传播活动的。网络传播机构的传播活动是通过专门网络传播者实现的，并在一定程度上规范和指导着这些网络传播者的传播活动。在因特网上，各种网络传播机构主要采用网站的形式进行传播，包括各种大众媒体的网络版、企业网站、政府网站等。

传统媒体的网络版属于专业的网络传播机构，为网民提供专业新闻服务，其新闻真实、可靠。

非专业的网络传播机构包括商业性网络媒体和不以新闻传播为首要传播内容的政府机构、公司、企业、学校、社团组织的网站。

商业性网络媒体以赢利为主要运营目的，完全根据商业规则进行市场运作。新浪、网易、搜狐等国内著名的商业性网络媒体，除新闻传播外，还设置了内容丰富的其他频道和栏目，提供多种网上服务，如搜索引擎、电子商务平台等。新闻传播不是商业性网络媒体惟一的赢利渠道，而只是它们吸引网民注意力，争取用户点击率的重要手段。

政府网站主要是为了适应信息化需要，为提高政府工作透明度及办事效率，为给百姓提供政务服务而建立的；公司、企业网站主要在互联网上宣传产品、形象，是与供应商、销售商以及合作伙伴进行业务往来，与客户进行交流，开展多渠道营销的网上平台。这些传播机构有专人负责网站事宜，选择传播内容、发布信息制品、维护技术设施。

随着全球信息化进程的发展，我国的网络传播机构的数量日益增加。根据CNNIC截至2005年12月31日的调查，我国网站数约为69.42万个，比上年增长3.8%，一年内净增加25 300个（见图3-1）；我国域名数约为259.2万个，比上年增长40.0%；全国CN域名数约为109.7万个，比上年增长153.9%，CN域名已经成为亚洲最大的国家顶级域名，在全球所有国家顶级域名中的排名从年初的第13位上升到第6位。

按照网站主体性质的不同可以将网站分为政府网站、企业网站、商业网

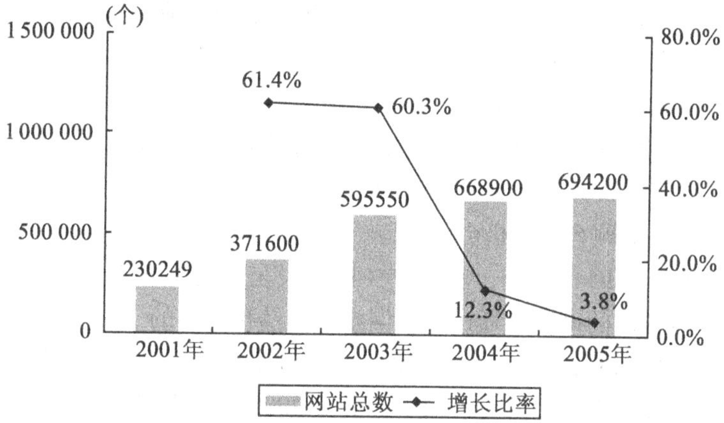

图 3-1　我国历年网站数及发展情况

站、教育科研网站、个人网站、其他公益性网站以及其他网站等。根据 CNNIC 截至 2005 年 12 月 31 日的调查显示，企业网站所占的比例最大，占网站总体的 60.4%，其次为个人网站，占 21.9%，第三是教育科研类网站，占 5.1%，随后依次为政府网站占 4.4%，其他公益性网站占 3.8%，商业网站占 3.5%，其他网站占 0.9%（见图 3-2）。

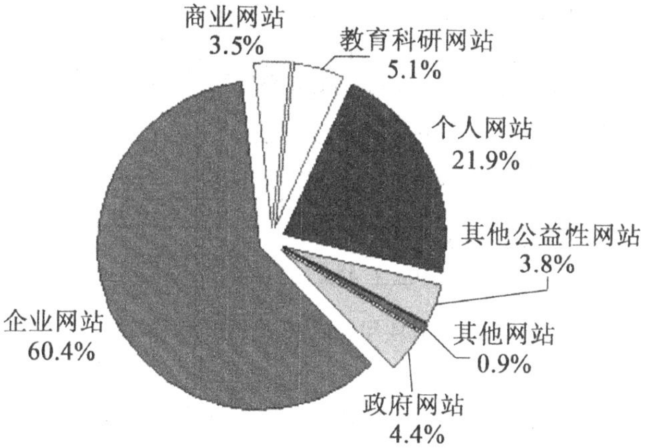

图 3-2　不同性质类型网站分布图

1. 网络传播机构的相互链接

链接数是指一个网站在自己网站上提供的与其他网站链接的数量。超链接使网上信息以各种方式组合成适合特定需要的信息集合体。各网站相互提供链接，不仅是一种为网民提供方便的“便民”举措，而且是丰富自身网页内容的手段。各网站相互提供链接，增加了网民了解并点击进入各网站的机会，也增加了各网站被搜索引擎搜索到的机会，其作用类似于商店在中心商业区扎堆所造成的增加顾客惠顾机会的效应。

根据 CNNIC 的调查，有 86.6% 的网民是通过搜索引擎得知一个新的网站的，有 64.3% 的网民是通过其他网站上的链接得知的。

根据 CNNIC 的调查显示，2004 年有近半数（48.3%）的网站上没有提供与其他网站的链接（见图 3-3），而到了 2005 年数字略有下降，为 37.6%，其中企业网站（45.2%）和个人网站（31.8%）比较突出，政府网站和其他公益性网站相对较好。在进行链接的网站中，链接 1～5 家的比例最大，为 32.1%，其次为链接 6～10 家的，占 13.6%（见图 3-4）。

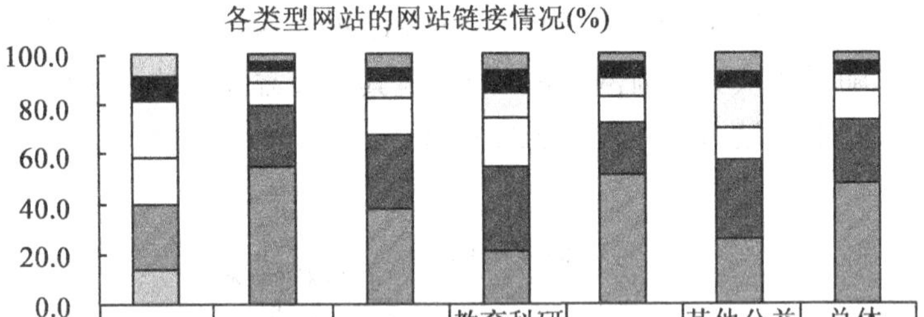

	政府网站	企业网站	商业网站	教育科研网站	个人网站	其他公益性网站	总体(加权)
51家及以上	8.6	2.8	4.8	6.7	4.0	7.3	3.9
21~50家	10.0	3.1	5.7	8.9	5.1	6.3	4.2
11~20家	22.8	5.4	7.4	10.0	7.7	15.6	7.3
6~10家	18.6	9.6	14.5	18.9	10.9	13.5	11.3
1~5家	25.7	24.1	29.4	34.4	20.1	31.3	25.0
没有链接	14.3	55.0	38.2	21.1	52.2	26.0	48.3

图 3-3　2004 年各类网站的网站链接情况

目前，我国网站尚未充分利用网站之间的链接，这说明两个问题：一是我国的网络传播机构还处于各自为政的局面，很少与其他传播机构进行沟通和合作；二是我国网站的建设还处于初级阶段，不懂得充分利用网站链接提高自

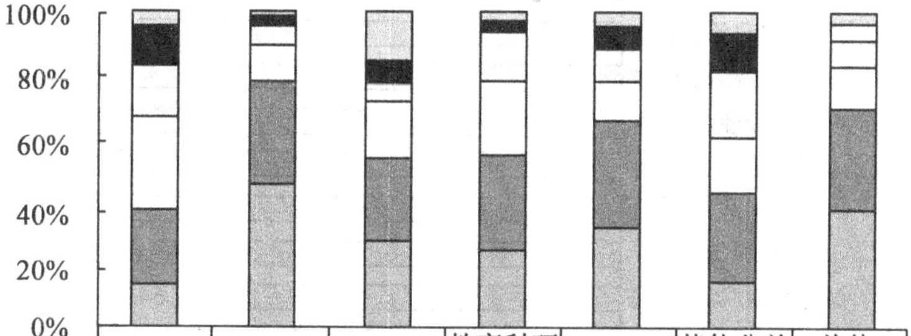

	政府网站	企业网站	商业网站	教育科研网站	个人网站	其他公益性网站	总体(加权)
□51家及以上	4.3	1.4	15.1	2.9	4.1	6.4	2.9
■21~50家	12	3	6.8	2.9	7.4	11.5	5.0
□11~20家	17.4	6	6.8	16.2	10.5	21.8	8.8
□6~10家	29.3	11.8	17.8	23.8	12.2	17.9	13.6
■1~5家	23.9	32.7	26	29.5	34.1	28.2	32.1
□没有链接	13	45.2	27.4	24.8	31.8	14.1	37.6

注：网站总体情况为各类网站加权平均所得，“权数”为各类网站占总网站的比例

图 3-4　2005 年各类网站的网站链接情况

身知名度，获得更多被搜索引擎搜索到的机会的道理。但是随着互联网的发展，以及人们对搜索引擎的重新认识，这种情况有所好转，从图 3-3 和图 3-4 可以看出，链接 1～5 家、6～10 家、11～20 家的比例均有所上升。

2. 网络传播机构提供的服务

（1）政府网站提供的服务

政府网站是提供电子政务服务的主要机构。电子政务服务包括两方面的内容：一是政府通过网站进行采购、招标，快捷、迅速地为企业提供政府采购、招标信息，以精简相应的管理业务流程，提高办事效率，减轻企业负担，促进企业发展。二是为普通市民提供各种便民服务，发布政府新闻、颁布政策法规、提供政务咨询。

根据 CNNIC 截至 2005 年 12 月底的调查显示（见图 3-5），在信息服务提供方面，绝大多数的政府网站提供“友情链接（91.3%）”、“法律法规/政策/文件（85.9%）”、“部门介绍（84.8%）”，政府网站提供比例较高的还有“政府职能/业务介绍（79.3%）”、“办事指南/说明（78.3%）”、“政府新闻（71.7%）”、“政府通知/公告（67.4%）”等。

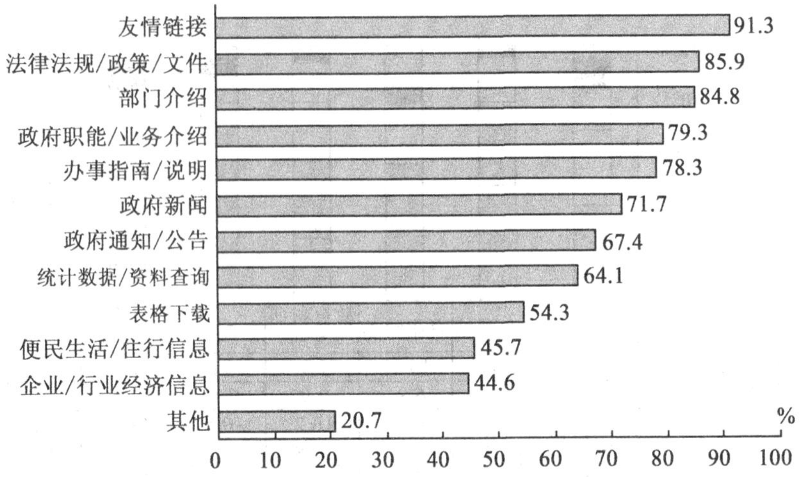

图 3-5　政府网站提供各类信息服务的比例

另外，CNNIC 还对政府网站的交互性服务进行了调查，结果如图 3-6 所示，政府网站提供较多的交互性服务依次为："留言板"、"政府信箱"、"办公/业

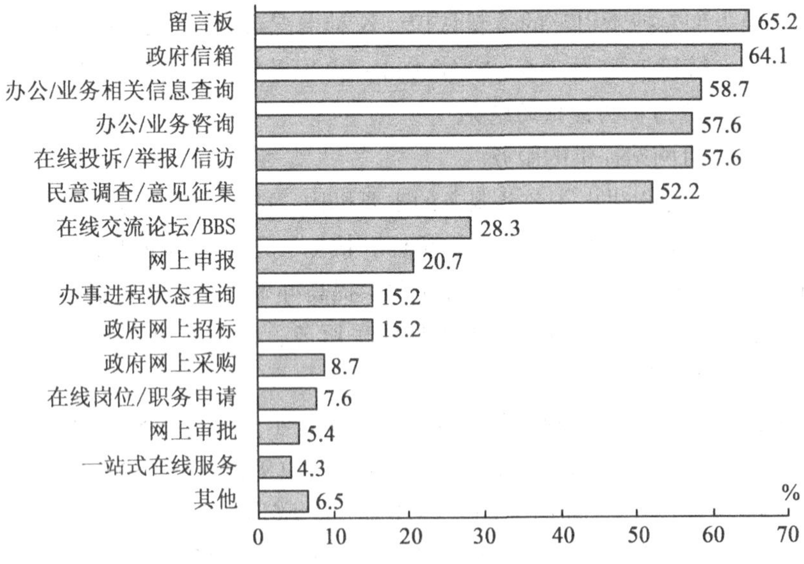

图 3-6　政府网站交互性服务的比例

务相关信息查询"、"在线投诉/举报/信访"等，各项比例均比去年有所提高，分别为65.2%、64.1%、58.7%、57.6%，这说明政府网站正在逐步发挥其作为政府与市民沟通桥梁的作用。

政府网站在信息的发布方面做得还比较好，根据CNNIC的调查发现通过网站发布信息比例超过60%的网站占全部政府网站的44.5%，发布比例低于20%的网站占全部政府网站的21.7%（见图3-7）。

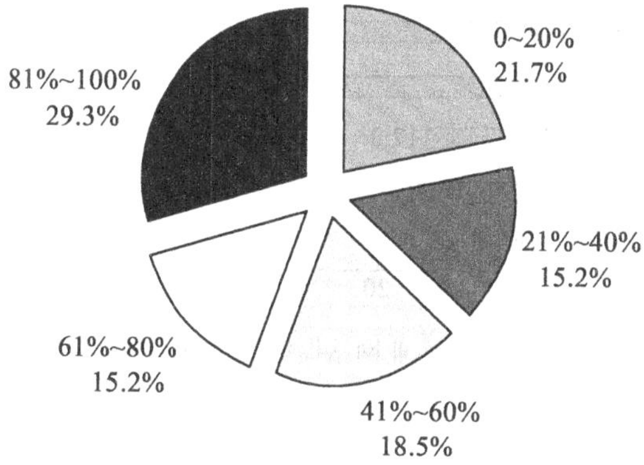

图3-7　政府公告、新闻、政策等信息通过网站发布情况

（2）企业网站提供的服务

企业网站是企业进行产品宣传、品牌推广的门户，是最为廉价的营销渠道，能为客户提供即时市场信息，能为各类供应商、销售商、代理商提供联系通道。绝大部分企业网站提供"企业介绍（97.0%）"和"产品/服务介绍（92.9%）"，其次提供比例较高的有"售后服务/技术支持（58.0%）"、"友情链接（53.1%）"和"企业动态/新闻（53.0%）"等（见图3-8）。

电子商务的卷土重来，使企业越来越重视企业网站的建设，它们在提供交互性服务方面有所提高，有68.5%的企业网站提供"产品查询"；45.6%的企业网站提供"在线咨询/投诉"；26.3%的企业网站提供"企业会员服务"；22.7%的企业网站提供"网上采购"；22.6%的企业网站提供"虚拟社区/BBS论坛"；21.0%的企业网站提供"针对最终用户的网上销售"（见图3-9）。

根据CNNIC的调查显示，企业网站的行业分布中，制造业比例最高，为32.0%；其次是IT业，占24.0%，其他行业所占比例相对较小（见图3-10）。

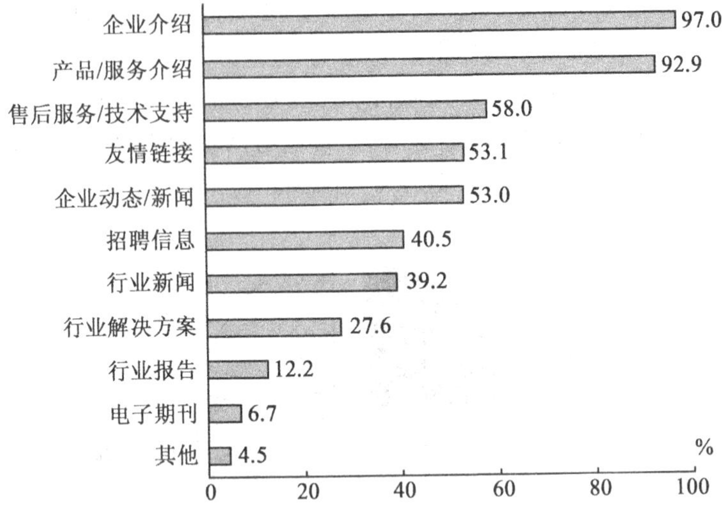

图 3-8　企业网站提供信息内容的情况

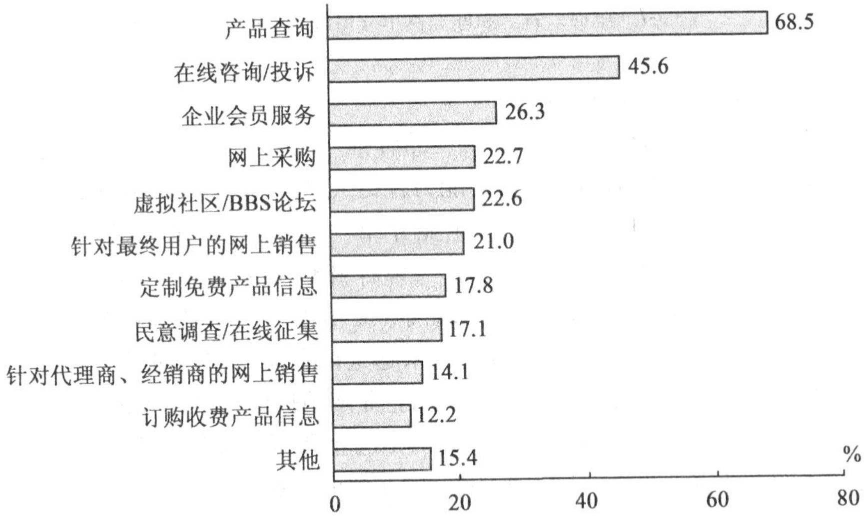

图 3-9　企业网站提供交互性服务的比例

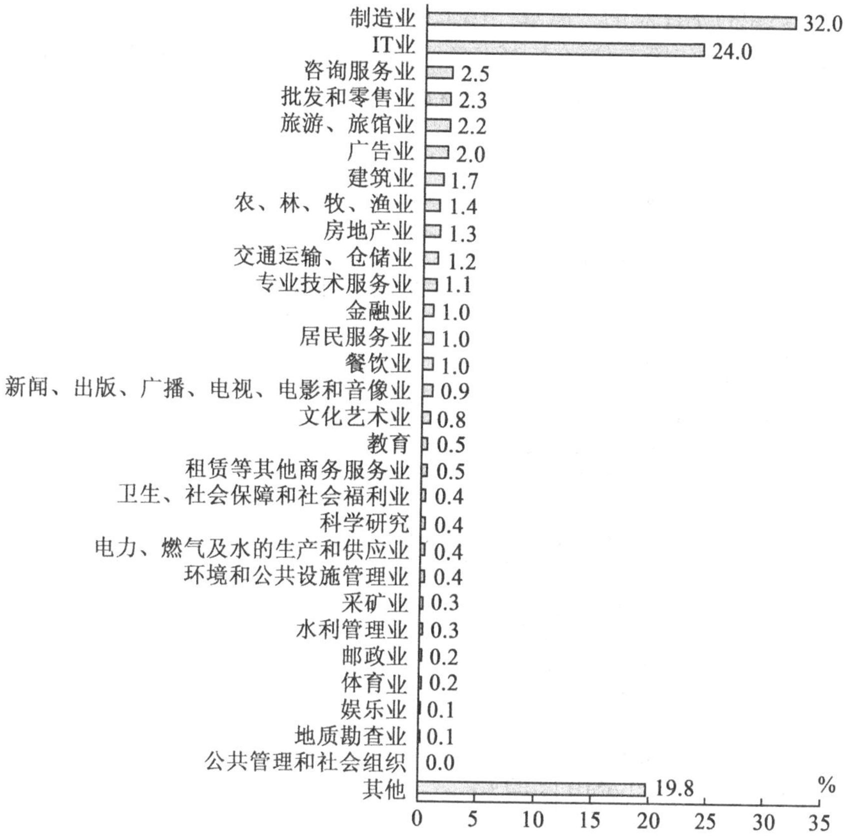

图 3-10　企业网站的行业分布

（3）商业网站提供的服务

商业网站以赢利为目的。根据 CNNIC 截至 2004 年 12 月 31 日的调查显示，“网站短信”是所有商业网站中提供最多的服务，在所调查的所有商业网站中，有 46.6% 的网站提供此服务，“网站/网页浏览”从 2003 年的第一位下滑至第二位，占 41.7%（见图 3-11）。

而 CNNIC 截至 2005 年 12 月 31 日的调查显示，提供各类服务的商业网站中，提供“网站/网页浏览”服务重新升至第一位，占到了 70.4%，其次是“网上购物（B2C/ C2C）”占到 46.5%，“BBS 论坛/网上社区/讨论组等”为

45.1%，“免费电子邮箱”为40.8%（见图3-12）。

在这里特别注意的一点是“网上购物”从2004年的第八位（占18.3%）一跃成为2005年第二位（占46.5%），这意味着电子商务在经历了重重挫折后，其优势正日益显现出来，在人们犹豫和怀疑当中以惊人的速度发展壮大起来。

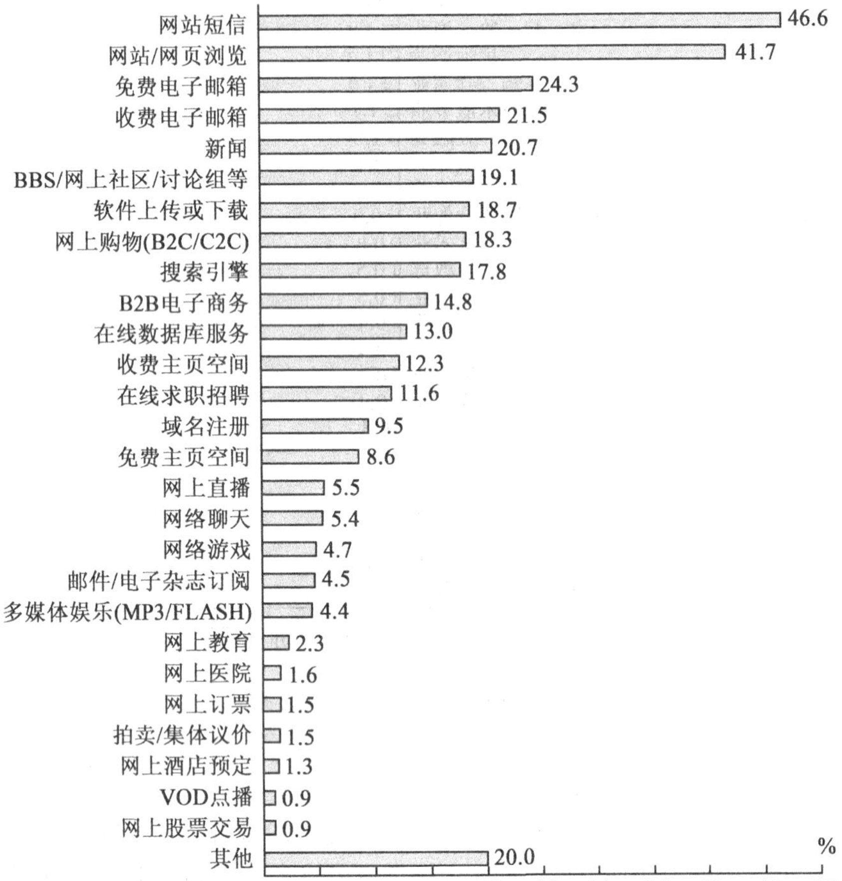

图3-11　2004年商业网站提供各类服务的比例

商业网站提供的服务随互联网的盈利点、网民好恶及兴趣转移而有所改变，但它们提供的信息主要还是集中在“产品信息”、“企业信息”和“商贸

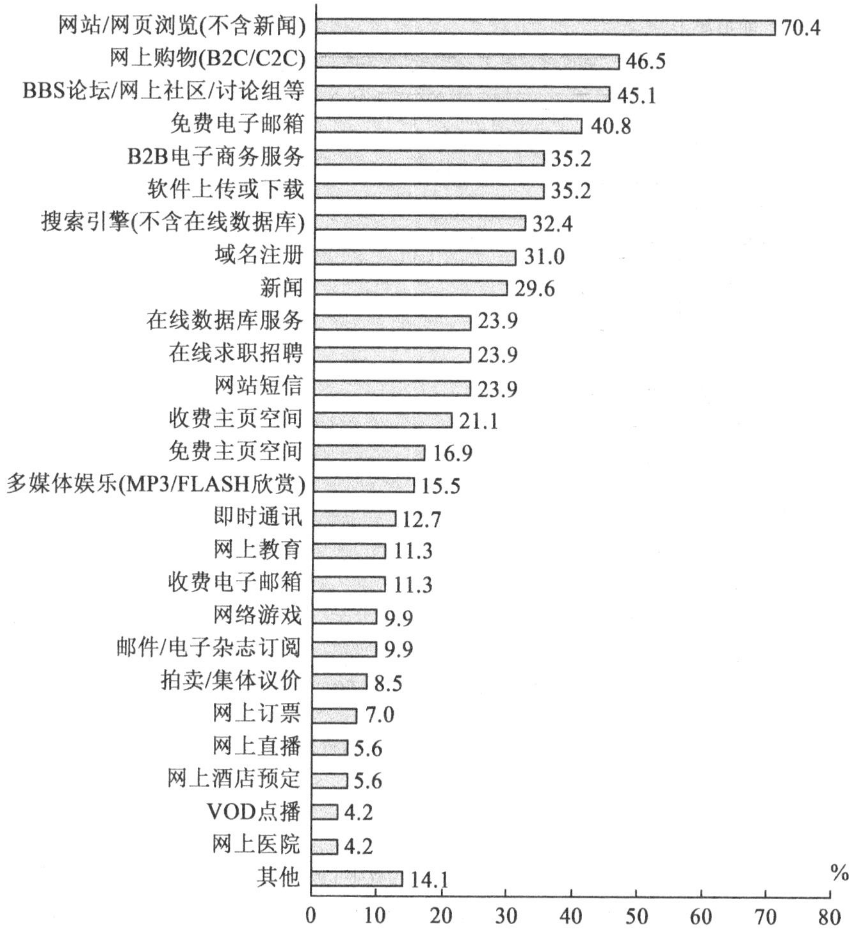

图 3-12　2005 年商业网站提供各类服务的比例

信息”上面。根据 2004 年 CNNIC 的调查结果显示，提供“产品信息”的网站比例最高，为 87.5%；其次是提供“企业信息”的网站，为 72.1%；第三是提供“商贸信息”的网站，为 45.3%（见图 3-13）。2005 年的调查显示，前三位排名没有任何变化，只不过比例有所改变，提供“产品信息”的网站为 85.9%，提供“企业信息”的网站为 66.2%，提供“商贸信息”的网站为 50.7%（见图 3-14）。

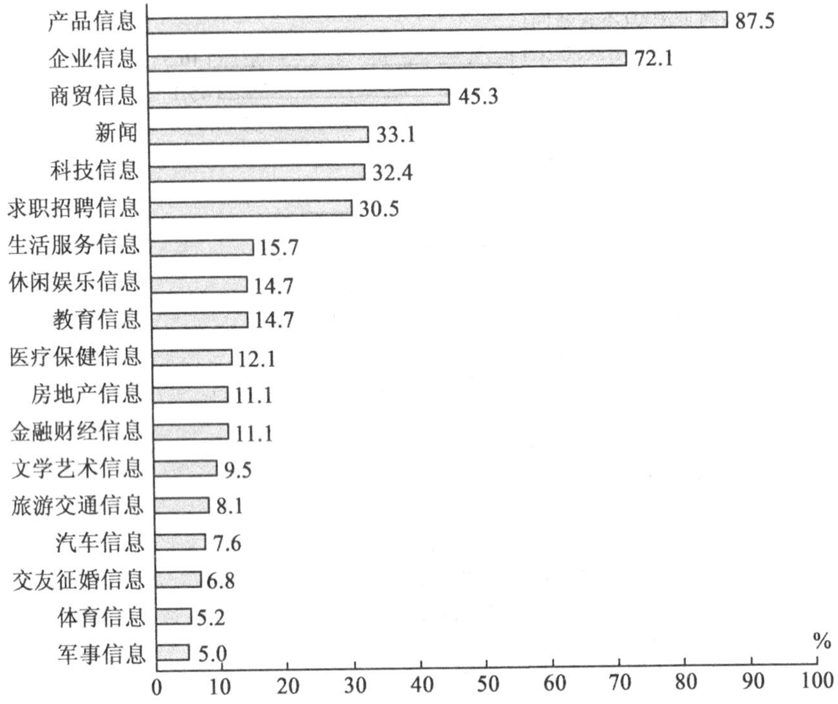

图 3-13　2004 年商业网站提供各类信息的比例

3. 因特网网页

因特网集纳、承载、传送信息的方式是网页。网页是展现网络传播机构形象、特点的窗口。根据 CNNIC 的调查，2005 年全国网页总数约为 24 亿个，比上年增长 269. 0%，平均每个网站的网页数为 3 748 个；全国网页总字节数约为 63 932GB，比上年增长 227. 7%，平均每个网页字节数为 25. 9KB。

（1）网页编码

根据 CNNIC 对我国内地（不包括香港、澳门、台湾地区）所有已注册域名的网站进行的统计，我国网站的网页基本上采用简体编码，主要面向国内用户。对比 2005 年和 2004 年的调查统计数据，可以发现简体的比例有所上升，从 88. 29% 上升至 91. 93%，而繁体的比例从 2004 年的 11. 44% 下降至 2005 年的 7. 91%，英文比例从 0. 27% 下降至 0. 15%（见表 3-1 和表 3-2），这说明我

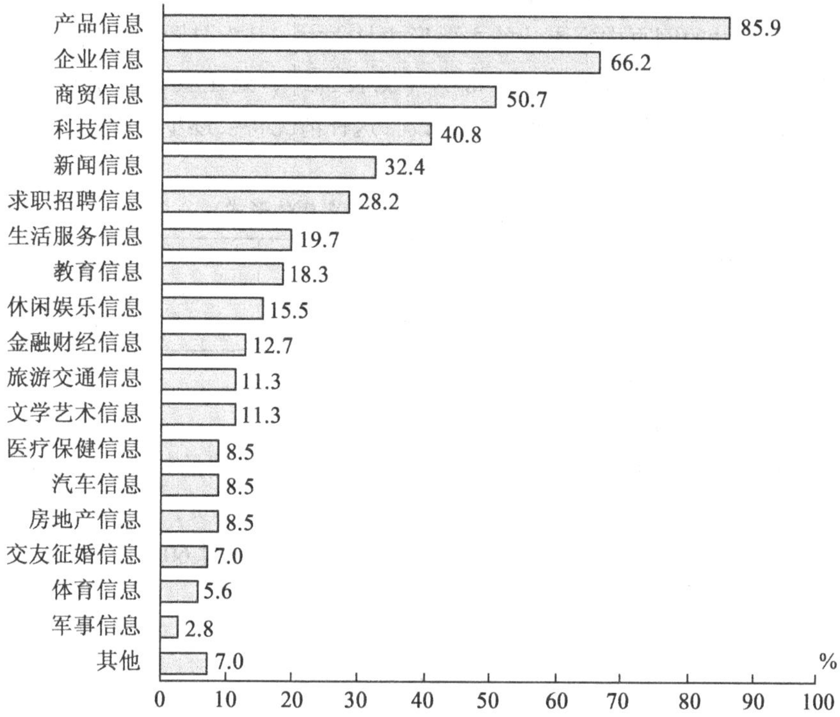

图 3-14　2005 年商业网站提供各类信息的比例

国网站的建设越来越理性化，意识到其实有些网站增加英文版或是繁体中文版的意义并不大。

表 3-1　　**2005 年网页的编码情况**

简体比例（GB）	繁体比例（BIG5）	英文比例	其他比例
91.93%	7.91%	0.15%	0.01%

表 3-2　　**2004 年网页的编码情况**

简体比例（GB）	繁体比例（BIG5）	英文比例	其他比例
88.29%	11.44%	0.27%	0.00%

(2) 网页内容表达的形式

我国网站的网页内容表达的主要形式是文本，其次是图像。而其他多媒体信息，比如音频、视频采用的非常少（见表3-3），这主要受制于我国的网络带宽和传输速率，但是随着网络的建设，这种情况将会逐步改善。

表3-3 网页的内容分类情况（按多媒体形式）

图像	音频	视频
98.75%	1.13%	0.11%

(3) 网页更新周期

网页的更新周期反映了网络传播的传播速度、使用的频率。相比前几年，中国网页的更新速度有所提高，但是仍有一些网站的网页，发布后，长时间不进行更新，根据CNNIC最新的调查（见表3-4），有超过60%的网站更新周期在1个月以上。

表3-4 网页更新周期

更新周期	比例
一周以内	17.62%
一周至一个月	18.24%
一个月至三个月	29.47%
三个月至六个月	16.09%
六个月以上	18.58%

三、因特网上的“把关人”

（一）“把关人”理论

“把关”这个概念，最早是由传播学五大先驱之一的美国社会心理学家库尔特·卢因（Kurt Lewin）提出的。库尔特·卢因从事家庭主妇对家庭食品的把关作用的研究。1947 年，他在《群体生活中的渠道》一书中，首次把“传播”与“把关”作为相联系的术语使用，指出“信息的传播网络中布满了把关人”，信息能否进入传播渠道或继续在渠道中流动取决于“把关人”，“把关人”根据有关规定或者自身的价值标准进行信息的选择。

卢因的研究引起了传播学界的关注。1950 年，传播学家怀特将这个概念引入新闻研究领域，他在研究美国一家非都市报纸的电讯编辑时明确提出新闻的筛选过程中存在“把关人”，为传播中的“把关”现象（见图 3-15）提供了实证材料。他指出，传播过程中有一个取舍、选择信息的过程。新闻素材数量众多，林林总总，传播者不可能对它们全部进行报道，总会根据某些标准，加以必要的筛选和过滤。各种新闻素材不断涌向传播者，传播者在此设置一道“关口”，经过筛选和过滤后，将符合群体规范或“把关人”价值标准的新闻传送给受众，实际到达受众的新闻，只是以众多新闻素材中经过筛选和过滤后留下的部分素材为原料的信息制品。

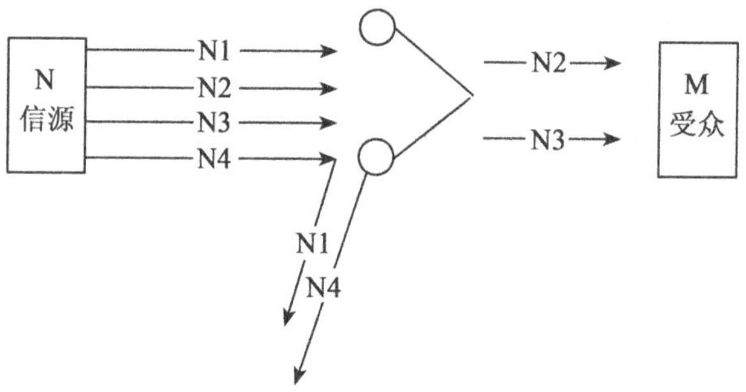

图 3-15　“把关人”模式

怀特的“把关人”模式强调了新闻编辑的“把关人”作用，认为主要是编辑的个人判断决定着新闻的取舍，巴斯指出，大众传播媒介是社会信息传播中最主要的把关者，而记者和编辑则是主要的“把关人”。记者主要决定人们在大千世界中能够看到什么，编辑则决定人们怎么看，如何看，用什么观点看。①

① 转引自李凌凌：《网络传播理论与实务》，郑州大学出版社 2004 年版，第 41 页。

随着研究的深入，社会学取代心理学成为传播学的主要理论基础，对“把关人”的解释不局限于传播者的个人因素，开始全面关注社会传统及组织体制的压力所发挥的作用。

传统媒体获得和确立“把关人”的地位，是与传统的传播体制分不开的。在传统的传播体制中，传播媒介取得发布信息、解释信息的垄断地位。充当“把关人”实质上是媒介凭借其垄断地位所获得的选择信息的特权。

由于大众媒介不仅是信息的载体，更是意见的载体，是一种重要的反映、引导乃至操纵、控制舆论的工具，执政党和政府往往视之为管理国家的不可或缺的手段，将其牢牢掌握在自己手中。作为职业的信息传播机构，大众媒介在信息收集上有特殊的优势。新闻传播系统中的职业“把关人”可以进入信息圈的核心，接触到一般大众接触不到的信息。影响信息过滤结果的因素，除媒介人的新闻价值观外，更有力量的是传统和权力。“把关人”的态度在筛选、过滤中有生杀予夺的八面威风，但这个态度的形成与表现，归根到底是传统与权力共同作用的结果。

美国学者舒梅克提出至少有 5 个方面影响媒介的内容，它们分别是①：(1) 传播者个人方面；(2) 行业规则；(3) 媒介组织；(4) 媒介制度；(5) 社会体制。

传播者个人方面只是一个方面的因素。其余四个方面的因素中，行业规则与社会体制基本上分别是传统与权力的另一种说法；媒介制度是社会体制的延伸物；媒介组织的运作不过是媒介制度的实际表现方式。

（二）网络时代的“把关人”理论

现代大众传播媒介出现后，受众实际接触什么新闻，不能接触什么新闻就由大众传播媒介“把关”。受众心目中的外部世界图景，除他们自己能亲身接触、直接观察的小部分外，完全是由大众传播媒介描绘的。因特网的出现使人类的信息传播方式发生巨大变化。超文本链接使人们能随心所欲地在信息海洋里遨游、冲浪，人们接触的新闻信息不再限于由单一或少数几种大众传播媒体提供，他们能够从因特网的旮旮旯旯“拉”出多方位、多角度、多层次的互相

---

① 转引自沃纳·赛佛林等：《传播理论：起源、方法和应用》，中国传媒大学出版社 2006 年版，第 202 ~ 203 页。

补充或互相抵牾的新闻信息，只要其愿意付出时间和精力，总可以找到大量的，甚至海量的信息，自行选择、自行加工、自行分析，自行拼接、描绘、修改关于特定事件或特定人物的表象，进而自行拼接、描绘、修改自己心目中的世界图景。通过因特网发布新闻的机构或个人，以极快的速度、极低的成本，抱着任凭自由选择、拉取的宽容心态，竞相提供独家信息和个性化的观点。每个网民都可以是记者，是评论员。网络似乎提供了一个没有“把关人”的无限自由的信息平台。因特网上，“把关人”理论是否还成立呢？

虽然网络传播的种种特性使传统的“把关人”理论受到挑战，但在因特网上依然存在“把关人”。

传统的“把关人”理论受到挑战的第一个原因是：网络上的传播者为数众多。

传统媒体、企业、事业、政府、团体，甚至各个阶层、各种背景的个人都纷纷建立自己的网站，发布各种新闻信息，因特网上的信息量是传统媒体所能提供的信息量的几倍、几十倍，甚至几百倍。网络媒体对突发新闻的反应速度也比传统媒体迅速。1998 年 1 月，麦特·德拉吉率先报道克林顿的性丑闻；1999 年 4 月 15 日韩国货机坠毁，一个目击者、普通的网民在新浪“谈天说地”论坛最先发布了相关新闻；1999 年 5 月 8 日，北约轰炸我国驻前南斯拉夫大使馆，消息是由商业门户网站新浪第一个发布的；北约拿“军方使用的地图是旧的”作为实施轰炸的借口，美国国家地图局在其网站上断然予以否认。由这些例子，我们可以看到，不仅各种类型的网站是网络信息的传播者，即使普通受众也能成为网上的传播者，都可以拥有并实际行使一定的传播权利。任何人都可以参与传播，使传统传播者的权威性不可避免地受到威胁。

传统的“把关人”理论受到挑战的第二个原因是：受众在因特网上比从传统媒体那里更容易获取信息。

只要将计算机连上因特网，各个网站提供的免费新闻信息就纷至沓来。即使传播者有意设置障碍，网民也可以使用各种工具，绕过障碍，甚至干脆打破障碍，获得自己感兴趣的信息。在传统媒体时代，受众不可能阅读、收听所有的报纸、杂志、电视新闻。但在网络世界里，受众可以接触世界范围内的所有网络传播媒体。

传统的“把关人”理论受到挑战的第三个原因是：因特网传播方式导致“注意力”经济的兴起。

传播者和受众之间的界限越来越模糊，传统媒体的发行量、覆盖率概念的含义也逐渐模糊，一条信息、一则消息吸引了多少眼球，才是人们关注的实质性问题。网络传播者创办的网站、制作的网页能吸引多少眼球，是决定其传播是否有效、是否成功的核心要素。为迎合大众，吸引更多的注意力，网络传播者的把关意愿不但取决于社会、组织和自身因素的影响，更取决于网民群体"用眼投票"的结果。受众对网络媒体的影响力比对传统媒体要大得多。

在网络传播中，"把关人"理论虽然受到各种挑战，但依然可以成立。

尽管网络具有信息"海量"优势，但任何一个网络传播者都不可能做到"有闻必录"。新闻传播活动是一个搜集、整合、处理、发布新闻的过程，这个过程离不开人的劳动，不可避免地会有人为因素发挥作用，网上传播者对新闻进行的选择、加工、润色、修改，还是会带上个人色彩，这也是一种"把关"的表现。网民虽然可以通过搜索引擎、超文本链接去提取自己需要的信息，但毕竟实际能为此付出的时间和精力有限，即使能不惜时间、精力去提取，得到的信息其实还是经过传播者筛选、加工处理后的信息。所以，把关作用在因特网上也不会消失。

下面我们根据网络传播者的分类分别讨论其把关作用。

1. 传播机构

各种传播机构在传播过程中都不是完全自由的，受制于政治、社会、经济、文化等因素。在我国，开办网站和论坛要到有关部门登记备案，网站要接受公安等部门的监管，网站所有信息必须保存60天以备有关部门检查，一旦发现违规信息会受到警告、罚款、停业整顿等处罚，有关部门在必要时可以永久性关闭网站或论坛。① 这就是政府对传播机构的把关。

2. 专门的传播者

专门的传播者代表其所属传播机构进行传播活动，根据其所属传播机构的规定对新闻内容进行筛选、剪裁，使其符合传播机构的意志或利益。比如BBS的版主，他们实时对版面的信息进行审核，有权删除不当的言论，对违反站规或版规的用户给予警告、封ID（不允许再发文章）或者封IP（该IP不能再发帖）等处分。有些BBS直接采用了"关键词过滤"技术，那些标题或内容中含有敏感词语的文章，系统拒绝发布。通过这些措施，专门的传播者对版面内

① 李凌凌：《网络传播理论与实务》，郑州大学出版社2004年版，第42页。

容进行把关。

3. 普通的传播者

在传播信息的过程中，普通的传播者更为自由、更能自主，但是作为信息源，其影响力无法与专业新闻媒体抗衡，无法吸引大多数网民注目。他们普遍缺乏专业新闻训练，其言论不可避免地带有主观色彩，对新闻事实的描述与评论往往不甚得当。

但无论如何，相对于传统媒体，网络传播者的把关作用还是大大弱化了，受众能接触到更多的新闻信息。

（三）新的“把关人”

网络传播固有的弊端呼吁新的网络“把关人”。这些弊端是①：

1. 信息多而杂

尼葛洛庞帝曾说，“在网络上，每个人都可以是一个没有执照的电视台”，这个“没有执照的电视台”发布的任何一条信息都有可能迅速传遍全球。这些信息，无人证实也无从证实。网络上到处是垃圾信息、虚假信息，真正有价值的信息也被它们淹没。

2. 噪声污染

种种虚假信息、不良（色情、暴力等）信息，以及不被受众欢迎的信息，构成网上的“噪声”，污染了这个原本应该是纯洁的虚拟世界。有识之士认为，对网络而言，除了电脑病毒以外，最具杀伤力的便是这种“噪声”污染。

3. 传播失范

网络空间处于无政府、无秩序状态。传统的传播规范、传播公德，在网络上难以推行，以致信息发布失控。“在网络上无人知道你是一条狗”，有些人乘虚而入，为非作歹，在信息传播中混淆是非，扰乱受众视线。

4. 以讹传讹

通过复制、粘贴，网上信息可轻而易举地无限扩张、无穷链接，虚假信息得以长驱直入，迅速蔓延，为害更甚。

如何尽量消除这些网络弊病，还网民一个干净的信息世界呢？这就

---

① 参见吕怡然、秦亚萍：《试论网络新闻传播的“把关人”》，当代传播 2001 年第 1 期。

要求①——

1. 专门网络传播者把关

网民面对信息爆炸的世界，在多而杂的海量网上信息中搜索自己需要的信息越来越困难。有时，关于一个事实的报道有多种说法，网民无法作出判断。因此，网上受众需要"把关人"帮助挑选、梳理和理解事实。专门的网络传播者能很好地起到"把关人"作用。他们从各种渠道获取信息，对信息进行加工，及时提供给网民。在这个意义上说，专门的网络传播者所起的"把关人"作用与传统媒体的"把关人"作用是一致的。

另一方面，面对污染严重、真假难辨的网络信息，"把关人"另外一个重要职责就是核实信息的真实性、可靠性。目前很多网络传播者为了争取时间或者吸引他人注意，很少认真、详细地去核实待报道新闻的真实性，有时仅仅根据网友提供的一面之词就匆忙进行报道。2003 年 3 月 28 日，最先出现在《中国日报》上的有关微软公司总裁比尔·盖茨被杀害的新闻，在短短几分钟之内就被新浪、搜狐等知名商业网站转载。事实上，它首先出现在 CNN 上，是 2002 年愚人节期间的假新闻，各大网站在转发之前，居然完全没有想到必须对该消息的真实性进行必要的考证，可见网络传播者的"把关人"素质亟待提高。

2. 网络传播机构把关

每个网络传播机构都有自己的新闻理念和工作原则。比如，新浪网是一家可以与具有传统媒体背景的专业新闻网站抗衡的网络媒体，"看新闻上新浪"是很多网民的选择，这与新浪网在新闻传播方面奉行的指导原则有密切关系。作为商业网站，新浪网没有新闻采访权，它能一直保持新闻报道的中立立场，搜集来自各种传统媒体的新闻信息，尽量不带任何政治色彩客观地进行新闻报道。这就是新浪对新闻传播的把关。

3. 政府机构把关

政府其实是网络传播的最大"把关人"。政府通过制定相关法律法规，从宏观上对网络传播活动进行规范和管理。如国务院审议并通过的《互联网信息内容服务管理办法（草案）》，国务院新闻办公室、信息产业部制定的《互联网站从事登载新闻业务管理暂行规定》，以及信息产业部制定的《互联网电

① 参见谢新州：《网络传播理论与实践》，北京大学出版社 2004 年版，第 102 ~ 104 页。

子公告服务管理规定》都对传播活动进行了规范，起到了把关的作用。在政府的监管下，网络传播者为了保证正常运营，对网上的内容实施实时监控，一旦发现不法行为，立即采取措施进行屏蔽或删除。

互联网的开放性使受众能获得前所未有的丰富的信息源，网络媒体及其传播者的把关作用被大大削弱了，但是包括个人、媒介组织以及政府等角色的“把关人”依然存在，并有其存在的必要性，网民需要他们规范网络信息，创造一个和谐、稳定、真实的网络世界。

第二节　网络传播的受众

一、网络受众的概念

（一）受众、网民与公民

受众处于传播过程的最后一个环节，也是传播过程中最重要的一个环节。可以说，任何传播活动都以向受众准确而有效地传递信息为目的，受众的需求得到满足是传播活动的最终目标。在传统的信息传播过程中，受众只能被动接受新闻传播者传播的信息，是一个相对固定的群体，包括报纸的读者、广播的听众、电视的观众等，他们几乎不与媒介互动，习惯于相信和顺从媒介的报道和宣传。

网络媒体的受众不再是被动的接收者，他们可以通过多种途径及时地与网络传播者进行互动，可以自由地发表自己的看法与见解，还可以主动地选择自己喜欢的内容。网络媒体的开放性和自由性，使得网络受众有可能成为网络媒体的传播者。人们不再用“受众”来形容这个群体，而是用“网民”、“网友”来称呼他们。这种称呼上的改变，反映了网络受众的基本特点——自主性、参与性，他们与网络传播者处于平等地位，参与网络建设，是网络传播活动的积极组成部分，是作为网络资源而存在的。与现代社会的公民一样，网民是网络社会的组成部分，是网络社会发展的基础。

一个国家的公民是具有该国国籍，根据该国法律规定享有广泛权利并承担确定义务的自然人，他们的行为受道德、法律的约束。在网络上，网民可在不同的领域注册一个代号，以这个代号标志的身份，享受这个领域所提供的服务，参与这个领域的建设与繁荣。网民在网络上的行为要受到网络法规的限制，比如在 BBS 上的言论不能违反站规、版规，不能发布被禁止发布的言论。与公民不同的是，网民身份是虚拟的，公民身份是真实的，一个公民在网上可以分身为几个网民。

（二）网民结构分析

1. 规模

根据 CNNIC 截至 2006 年 6 月 30 日的调查显示，中国的网民总人数为 12 300 万人，与去年同期相比增加了 2 000 万人，增长率为 19.4%，同 1997 年 10 月第一次调查的 62 万网民人数相比，现在的网民人数已是当初的 198.4 倍（如图 3-16 所示）。可以看出中国的网民发展走势良好。

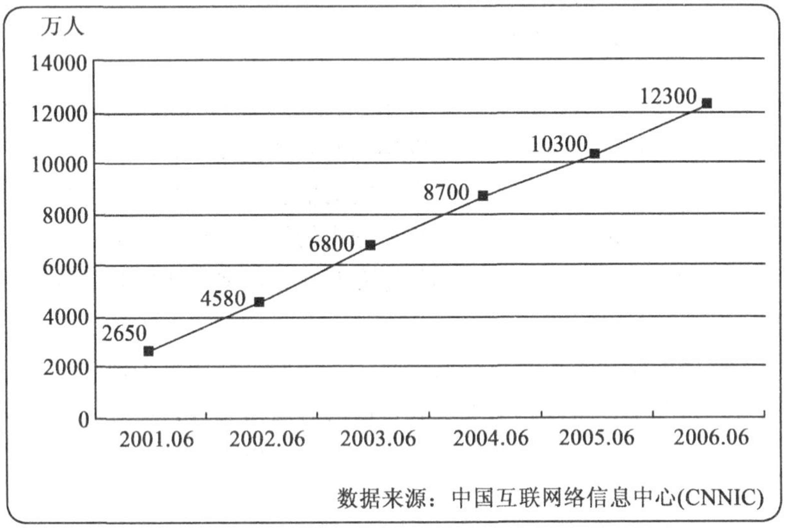

图 3-16　历次调查上网用户总数（万人）

从上网用户人数增长率的变化趋势可以看出，去年上网用户人数的增长率达到了历年调查的最低值（如图 3-17 所示）后，今年上涨了 1 个百分点，增长率降低与上网用户总数的增大有一定的关系，同时也反映了我国互联网已经发展到一定水平。

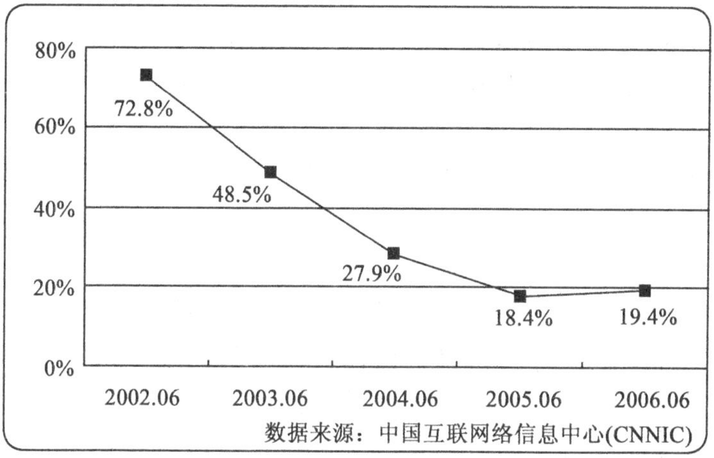

图 3-17 历次调查上网用户人数增长率

我国网民总数的快速增长已被世界所瞩目，但 12 300 万网民在中国 13 亿的总人口中仅占 9.4%。这说明尽管我国的互联网用户总数很大，增长速度较快，但互联网的普及程度目前还很低，还存在很大的发展空间。

2. 性别

第十八次 CNNIC 调查结果显示，网民中男性占 58.8%，女性占 41.2%（如图 3-18 所示）。从普及率的角度来看，男性网民占中国男性总人口的 10.7%，女性网民占女性总人口的 8.0%。互联网在男性中的普及程度仍然要高于女性。

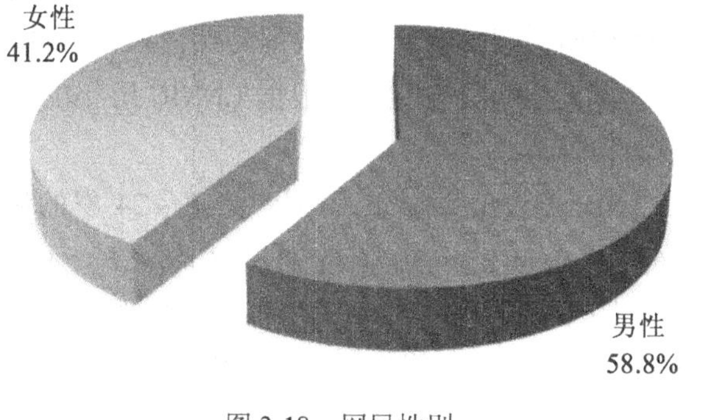

图 3-18 网民性别

与去年同期相比，男女网民所占比例略有变化。男性网民占全体网民的比例从59.6%下降为58.8%；女性网民所占的比例上升为41.2%（如图3-19所示）。截至2006年6月30日，中国男性网民7 232万人，与去年同期相比增加了1 093万人，增长率为17.8%；女性网民5 068万人，与去年同期相比增加了907万人，增长率为21.8%。在这一年女性网民的增长速度明显高于男性网民。

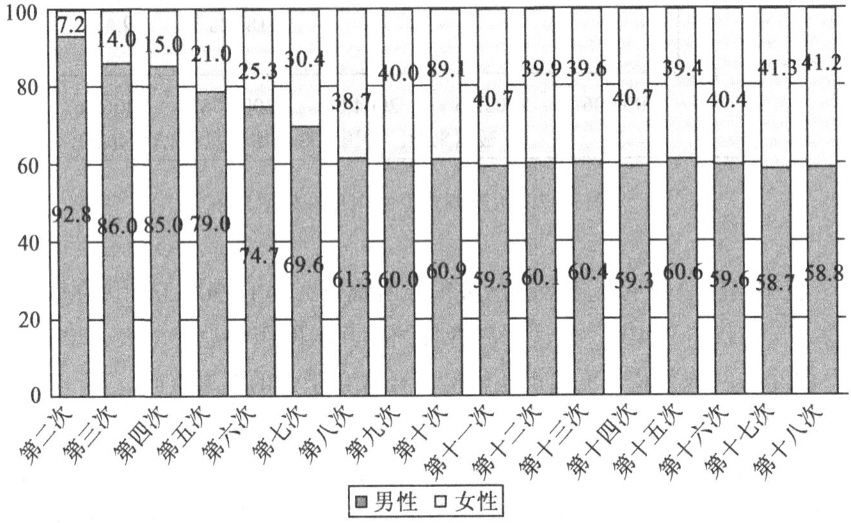

图3-19　历次调查网民性别分布（%）

3. 年龄

在网络发展的初期，网民的绝大多数都是年轻人，随着网络的普及，越来越多的中年人、老年人开始成为网民，根据CNNIC历年的调查，35岁以上的网民比例呈缓慢增长趋势。

第十八次CNNIC调查结果显示，网民中18～24岁的年轻人所占比例最高，达到38.9%，其次是25～30岁的网民（18.4%）和18岁以下的网民（14.9%），30岁以上的网民随着年龄的增加所占比例相应减少，31～35岁的网民占到10.1%，35岁以上的网民所占比例都比较低，36～40岁的占到7.5%，41～50岁的为7.0%，还有3.2%的网民在50岁以上（见图3-20）。

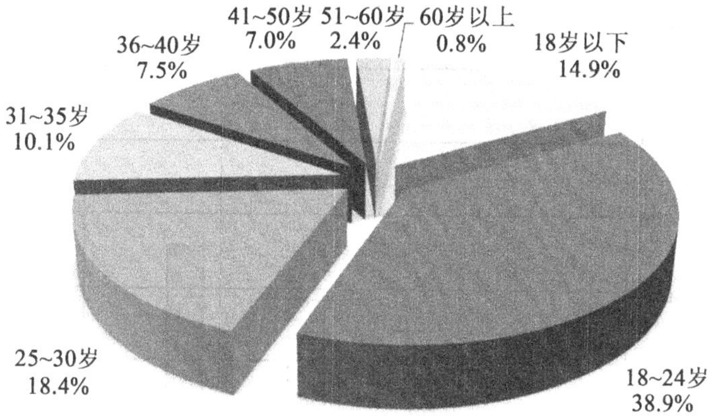

图 3-20　网民年龄

35 岁及以下的网民占 82.3%，35 岁以上的网民占 17.7%，网民在年龄结构上仍然呈现低龄化的态势。

根据 CNNIC 历次调查结果显示，网民中 18～24 岁的年轻人最多，远远高于其他年龄段的网民而占据绝对优势。35 岁及以下的网民达到了 10 123 万人，与去年同期相比增加了 1 749 万人，增长率为 20.9%；35 岁以上的网民达到 2 177万人，与去年同期相比增加了 251 万人，增长率为 13.0%（见图3-21）。年轻网民依然是中国网民的主力军。

4. 婚姻状况

目前，未婚者仍是我国网民的主体，但是，从最近的几次调查来看，未婚者和已婚者的比例正在趋于平衡。

第十八次 CNNIC 调查结果显示，未婚网民占 55.1%，已婚网民占 44.9%（见图 3-22）。未婚者目前仍然是中国网民的主体。这与我国人口分布中已婚人口占据主体的情况不太一致。

与去年同期相比，已婚网民所占比例增长了 3.9 个百分点，未婚网民所占比例相应有所下降。从绝对数看，已婚网民增加了 1 300 万人，达到 5 523 万人，增长率为 30.8%；未婚网民增加了 700 万人，达到 6 777 万人，增长率为 11.5%（见图 3-23）。在这一年里，已婚网民的增长速度远远高于未婚网民，未婚者和已婚者的比例差距越来越小了。

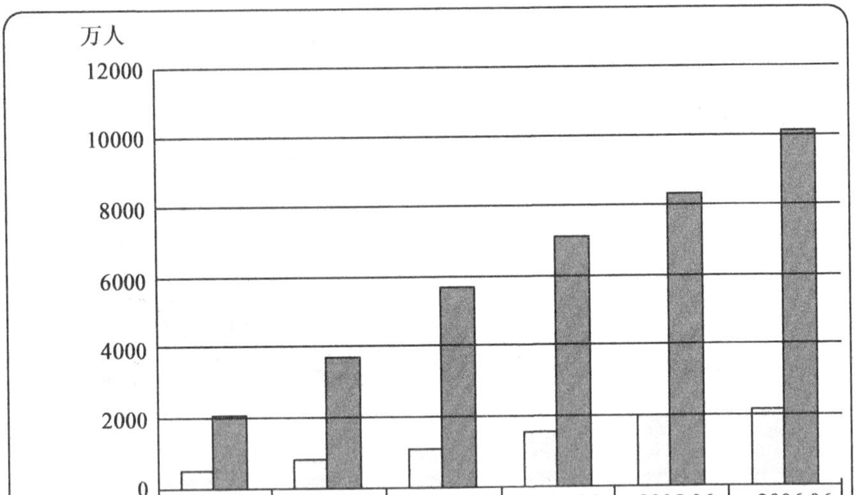

	2001.06	2002.06	2003.06	2004.06	2005.06	2006.06
□ 35岁以上	535	824	1108	1566	1926	2177
■ 35岁及以下	2 115	3 756	5 692	7 134	8 374	10 123

数据来源：中国互联网络信息中心(CNNIC)

图 3-21　历次调查不同年龄网民的数量（万人）

图 3-22　网民的婚姻状况

	2001.06	2002.06	2003.06	2004.06	2005.06	2006.06
□已婚	41.5%	41.1%	40.3%	39.9%	41.0%	44.9%
■未婚	58.5%	58.9%	59.7%	60.1%	59.0%	55.1%

数据来源：中国互联网络信息中心(CNNIC)

图 3-23　历次调查网民婚姻状况分布（%）

5. 受教育程度

在我国，网民的受教育程度普遍较高，毕竟计算机对于大多数人来说是一个新鲜的事物，通过计算机上网需要一定的计算机知识和技能，一般进入高中、大学才会学习到。

根据第十八次 CNNIC 调查结果显示，网民中受教育程度为高中（中专）的比例最高，达到了 31.6%，其次是本科（24.7%）和大专（23.0%）。文化程度为本科及以上的网民比例为 27.6%，文化程度为本科以下的网民比例达到了 72.4%（见图 3-24）。可见，文化程度为本科以下的网民仍然占据大多数。

与去年同期相比，大学本科以下受教育程度的网民所占比例略有增加，达到 72.4%。从绝对数看，大学本科以下受教育程度的网民增加了 1 582 万人，达到 8 905 万人，增长率为 21.6%；而大学本科及以上受教育程度的网民增加了 418 万人，达到 3 395 万人，增长率为 14.0%。大学本科以下受教育程度的网民在这半年内的增长速度要高于受教育程度为大学本科及以上的网民，在网民中占据主体。这说明随着计算机网络的普及，特别是家庭上网、网吧的快速增长，网络开始走进普通大众的生活里，网民结构正趋于大众化，另外计算机、互联网的使用越来越简便，提供的内容越来越丰富也是吸引广大普通大众上网的原因。

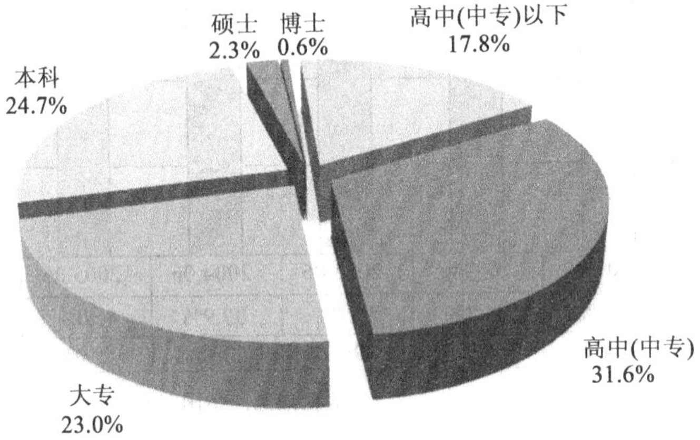

图 3-24　网民受教育程度

6. 用户个人月收入

低收入者仍然占据网民的主体。第十八次 CNNIC 调查结果显示，个人月收入在 500 元以下（包括无收入）的家庭网民所占比例最高，达到 26.9%，其次是月收入为 501～1 000 元和 1 001～1 500 元的网民（比例分别为 15.9%、15.8%），12.0% 的网民个人月收入在 1 501～2 000 元，个人月收入在 2 000 元以上的网民所占比例为 22.0%（见图 3-25）。

与去年同期相比，个人月收入 2 000 元及以下的网民所占比例减少了 2.1 个百分点，为 78.0%。从绝对数看，个人月收入 2 000 元及以下的网民从 8 250 万人增加到 9 594 万人，增长率为 16.3%；个人月收入 2 000 元以上的网民从 2 050 万人增加到 2 706 万人，增长率为 32.0%。这和网民中学生和年轻人的比例较高有关，也说明互联网越来越趋于大众化，互联网从过去那种受过高等教育、中高收入的专业人才能使用转变成受过基本教育、低收入的普通人都能使用的工具。

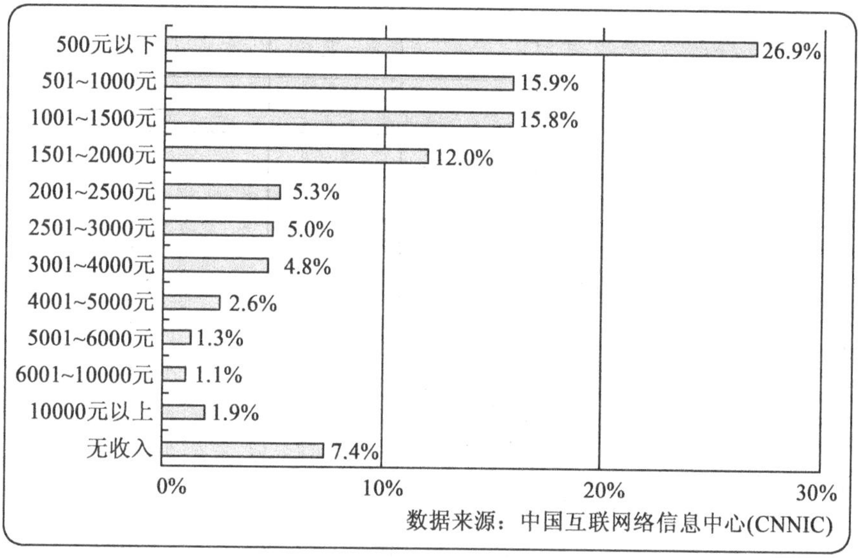

图3-25　网民个人月收入分布（%）

7. 用户职业

网民的分布具有明显的行业和职业特征，学生始终是我国互联网用户的核心，其次是专业技术人员。第十八次 CNNIC 调查结果显示，网民中学生所占比例最多，达到了36.2%，其次是企业单位工作人员，占总数的28.9%，排在其后的是无业（含离、退休/下岗）人员，所占比例为8.5%，学校教师及行政人员所占比例为7.4%，国家机关、党群组织工作人员所占比例为6.2%，事业单位工作人员所占比例为5.6%，自由职业者所占比例为5.3%，其他职业的网民所占比例都比较小（见图3-26）。

某些行业由于客观条件的便利和工作的需要，能够较多地接触互联网。历次 CNNIC 的调查均显示，学生、专业技术人员、商业、服务业人员一直高居榜首，学生网民所占比例一直呈稳步增长趋势。与其他职业相比，学生能接触互联网的机会更多些，因为校园网的建设为他们创造了上网的便利条件，其次是因为学习的需要使他们必须经常在网上搜集最新的资料，另外学生自由支配的时间较多，这些都促进了学生网民数量的增长。

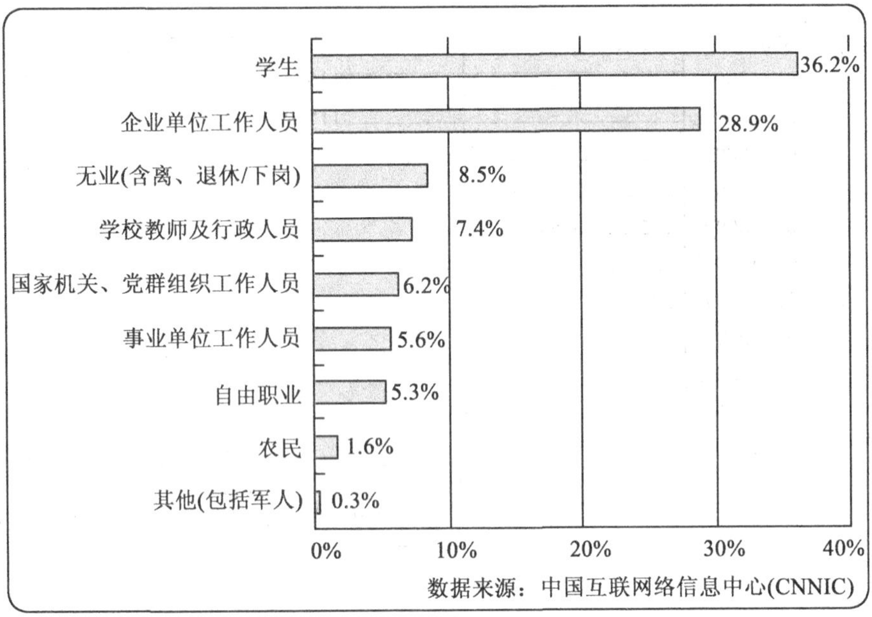

图 3-26　网民的职业分布

8. 用户行业

第十六次 CNNIC 调查结果显示，网民中从事制造业的人最多，占到 14.7%，其次是教育业（13.7%）和公共管理和社会组织（11.3%），IT 业所占比例也较多，达到 9.4%（见图 3-27）。

与半年前相比，制造业、教育、公共管理和社会组织以及 IT 业仍居前四位，并且除公共管理和社会组织外，其他三者所占比例均有所上升。而交通运输、仓储业所占比例稍有下降。在绝对数量上，从事制造业的网民增加了 142 万，增长率为 10.3%；教育行业网民增加了 189 万，增长率为 15.5%；IT 业网民增加了 94 万，增长率为 10.8%；交通运输、仓储业网民减少了 62 万，增长率为 -14.7%。从网民的行业分布可以发现，教育、IT 业不再是网民集中的行业，互联网越来越普及，越来越被普通的人群所使用。

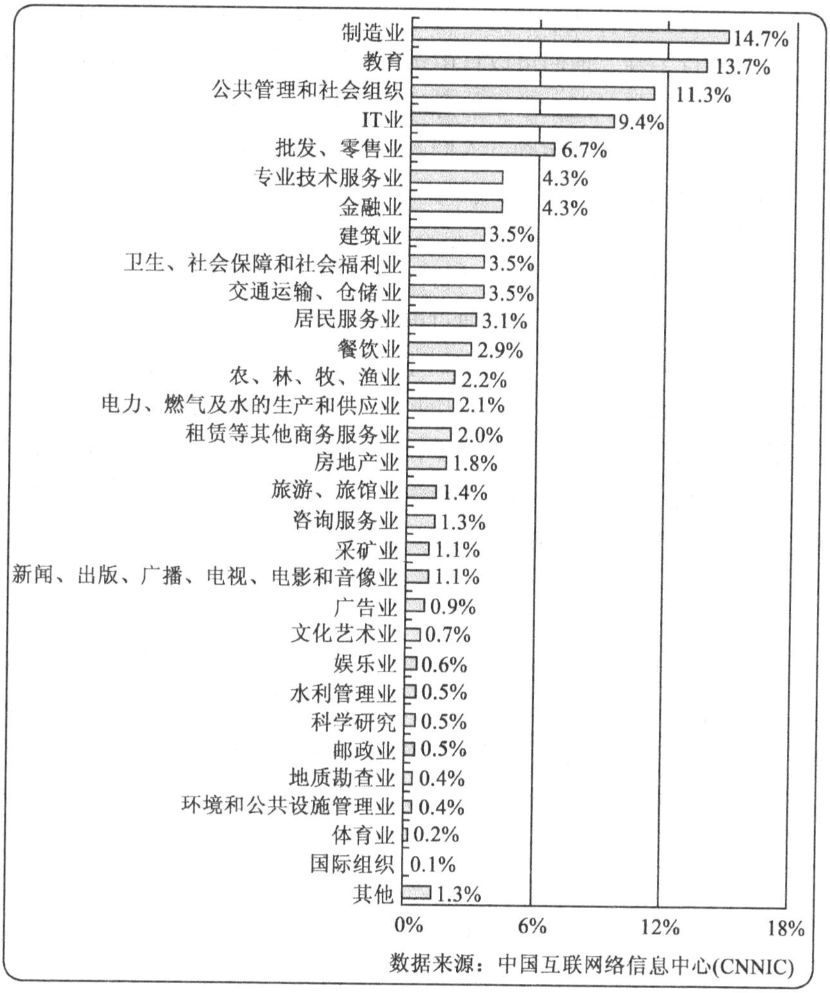

图 3-27　网民行业分布

二、网络受众的特征分析

（一）基本特征

1. 自主性

在传统媒体时代，特别是电视时代，人们往往根据媒体的时间安排自己的行动，比如收看或收听某个节目，需要放弃一些社会活动。因特网的出现使用户具有更多的自主性。他们可以自由选择上网的时间、上网的地点，不必迁就电视台、电台的节目时间；数字信息的存储简单、方便，一年前甚至几十年前的信息都能在互联网上搜索到，人们不必再担心错过了节目的时间；网络技术使得人们可以根据自己的需要“拉”出信息，能自主选择自己喜爱的栏目。①

2. 主动性

主动性是网民的显著特征。因特网使得网民可以对新闻进行评价，不再仅仅是单纯的被动接受者。他们可通过电子邮件和网站管理员、广告主联系，表达自己的想法，提出自己的意见和需求。网民还能主动通过互联网发布信息，成为传播者，掌握话语权。人民网的强国论坛、新浪的体育论坛、天涯 BBS 每天都能聚集大量网民，热闹非凡。网民言论之活跃达到前所未有的程度，发挥了巨大的影响力。不论是对国内重大事件，还是对国际重大事件，网民的言论都能作出迅速反应，形成声势，造成舆论，任何部门、机构、公众人物都无法忽视。

3. 虚拟化

因特网为每个网民提供了一个虚拟的环境，在这里，人们可以隐藏自己的身份，以一种不同于现实生活的自己在网络中生存，他们可以在不同的环境中扮演不同的角色，甚至可以通过注册几个 ID 号在相同的环境中演绎多个看上去完全不相关的角色，他们的性格、行为和需求可能与现实世界有一定的差距，实现现实世界中不能实现的愿望。

4. 个性化

网民的个性化体现在两方面：一是网民作为单独的个体接收信息；二是网民在获取信息、享受服务的同时体现出差异。

传统媒体的传播方式是点对面的，不能针对某个用户的特别需求提供服务。虽然有一些专业报纸、专业频道，在某种程度上实现了个性化信息的传播，但是，这种个性化只是一种宽泛的个性化，或者说是“小众化”，而不是真正意义上的、针对具体个人的个性化。因特网的出现使点对点的传播方式成为可能。如尼葛洛庞帝所说，网民作为一个单独的个体存在，在数字化生存的情况下，我就是“我”，不是人口统计学中的一个“子集”中的一个分子。

① 参见彭兰：《网络传播概论》，中国人民大学出版社 2001 年版，第 302 ~ 303 页。

在信息爆炸的时代，人们被大量的垃圾信息包围，要找到对自己有用的信息越来越困难。人们希望能够方便地获得自己需要的独特信息，获得与他人有所区别的特色服务。随着人们生活水平的提高，这种个性化的需求更加强烈。网络使为每个网民定制不同的信息和服务成为可能。根据网民的基本信息、访问记录，挖掘出网民真正的需求，并提供相应的服务是目前网络发展的大趋势。

（二）行为特征

1. 网民上网的时间段

网民一天中使用互联网的时间波动非常大，根据 CNNIC 的调查显示，晚上仍然是网民上网的高峰时间。第十八次 CNNIC 调查结果显示，网民一天中使用互联网时间的差异较大：凌晨1 点至早上7 点是网民上网比例最低的时间段，从早上8 点起上网的比例急剧攀升，在上午 10 点达到一天当中的第一个小高峰，有 31.6% 的网民在这一时间上网，11 点小幅回落；从 12 点开始继续攀升并一直持续到 15 点，达到一天当中的第二个高峰，此时上网的网民比例为 42.3%，此后上网网民比例再次回落；从 19 点开始上网人数开始激增，21 点达到一天的第三个高峰，也是当日最高点，有 60.9% 的网民在这一时间上网；21 点以后网民上网比例快速回落，回落态势一直持续到凌晨 5 点达到最低点，此时上网网民比例只有 4.1%（见图 3-28）。这说明人们日常生活的作息时间在一定程度上影响着人们使用互联网的时间。

2. 网民的上网时间

网民的上网时间反映了网民对网络的依赖程度。第十八次 CNNIC 调查结果显示，网民平均每周上网 16.5 小时。与去年同期相比，网民每周平均上网时间增加 2.5 小时，增幅为 17.9%（见图 3-29）。

从 CNNIC 历次调查结果对比可以看出，网民每周上网时间的起伏较大。2001 年网民平均每周上网 8.7 小时；2002 年为 8.3 小时；2003 年同比 2002 年增加 4.7 小时，增长速度较快；2004 年同比略有下降，从 2005 年开始，网民每周上网时间开始逐年增加，本次调查结果显示，网民平均每周上网 16.5 小时，与去年同期相比增加 2.5 小时，达到了新的历史高度（见图 3-29），甚至已经超过了世界上许多互联网发达国家和地区的网民平均上网时长。

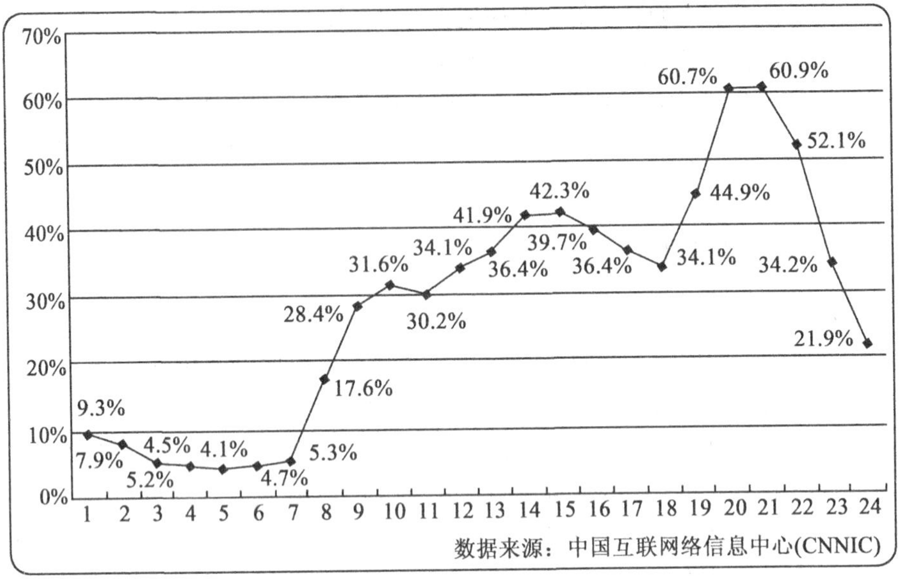

图 3-28　网民通常使用互联网的时间（%）

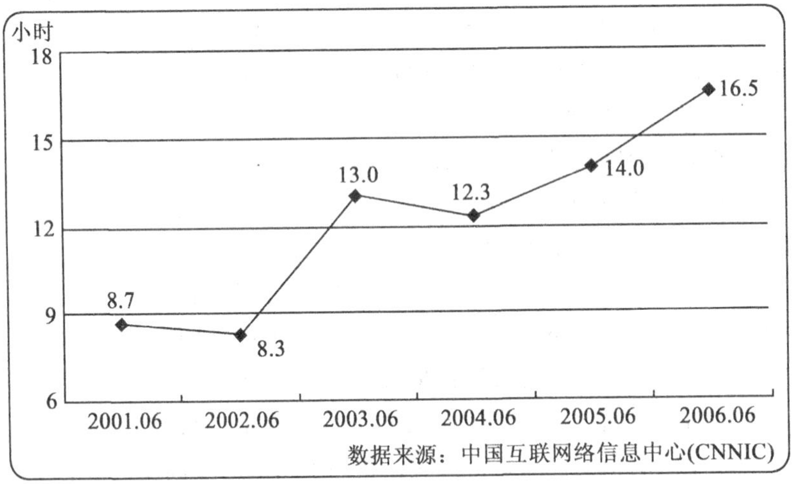

图 3-29　历次调查网民每周上网小时数（小时）

最近几次调查都显示，网民每周上网天数保持在4天以上（见图3-30），由此可见，人们对互联网的使用越来越频繁，而互联网对人们日常生活的渗透性也越来越强。

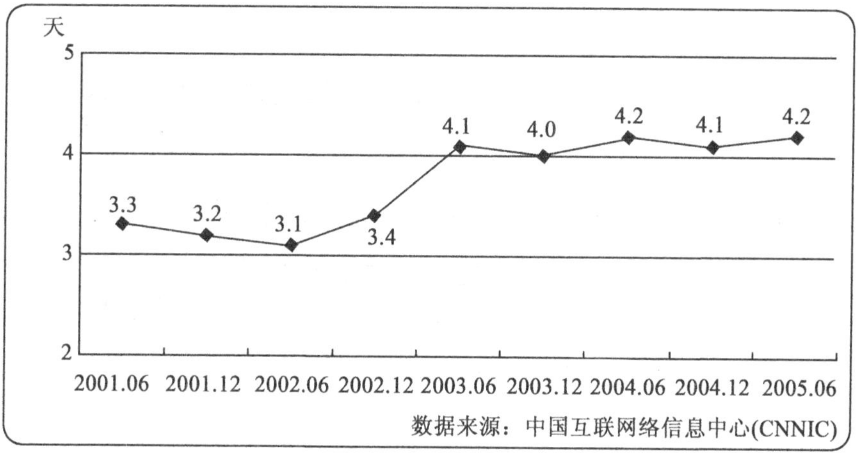

图3-30　历次调查网民每周上网天数（天）

3. 用户拥有的E-mail账号数

电子邮箱是网民在互联网上使用最多的服务之一。在因特网初期，每个网民都拥有几个邮箱账号，据统计网易上的注册邮箱就有1亿之多，邮箱的利用率非常低。为了提供更好的邮件服务，保证电子邮箱的安全、稳定，减少垃圾邮件，提高电子邮箱的利用率，国内几大网站相继推出收费邮箱的服务，有的甚至取消了免费电子邮箱的服务，再加上互联网的普及，人们逐渐意识到拥有数量众多的邮箱是完全没有必要的。第十六次CNNIC调查结果显示，网民人均拥有1.6个E-mail账号，其中免费的E-mail账号为1.5个（见图3-31）。

对比历次调查结果可以看出，网民最开始拥有的E-mail账号较多，达到人均4个，此后呈递减趋势，逐渐稳定在人均1～2个（见图3-31）。从网民人均拥有的E-mail账号数可以看出网民电子邮箱的使用趋于理性化，常用的1～2个邮箱已经完全可以满足用户对外通信联络的需要。

4. 用户的上网目的

因特网为用户提供了多元化的信息和服务，人们在获取信息的同时还能借

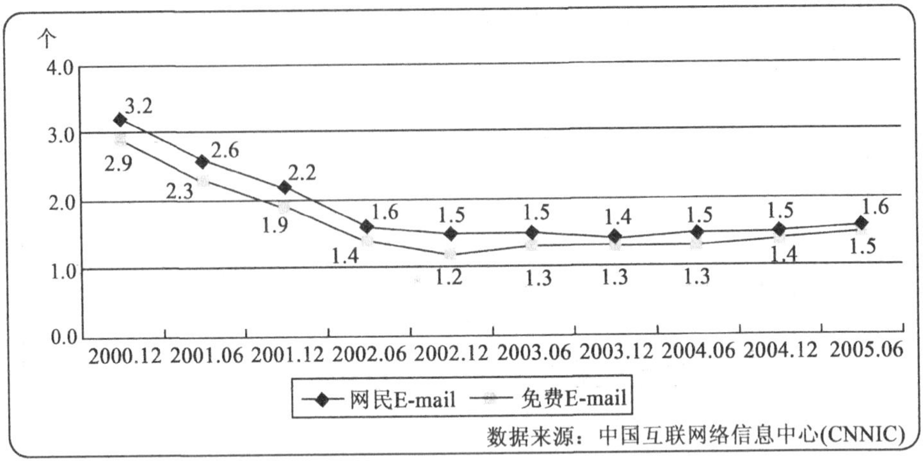

图 3-31　历次调查网民拥有 E-mail 账号及免费 E-mail 账号平均值（个）

助因特网解决生活、学习和工作中的问题，并能实现情感的沟通和社会交往。网民通过因特网获知世界范围内的信息，了解他人的见解，通过聊天室、聊天工具认识新的朋友，通过电子邮件、同学录和老朋友进行通信，还能在网上求职、购物和学习。这些服务是受众在传统媒体中无法享受到的。

第十七次 CNNIC 调查结果显示，将获取信息作为上网最主要目的的网民所占比例最多，达到 50.0%；其次是休闲娱乐，有 22.2% 的网民选择了它；排在第三的是与人联络（如收发邮件、IM、SMS、聊天等），有 10.7% 的网民选择；排在第四的是学习，有 9.1%；选择其他上网目的的网民所占比例则很小（见图 3-32）。

对比近几次 CNNIC 的调查结果可以看出，以获取信息作为上网最主要目的的网民所占比例一直遥遥领先，但其所占比例呈逐渐下降趋势；而以休闲娱乐作为上网最主要目的的网民所占比例稳步上升；以学习为最主要目的的网民比例一直呈逐年缓慢递增的趋势；选择交友和对外通信联络作为上网目的的网民比例有所减少；选择其他上网目的的网民比例变化不大（见图 3-33）。网民上网目的的变化在一定程度上表明了网民对互联网的使用更加多元化，不再只集中于某一项活动和功能。

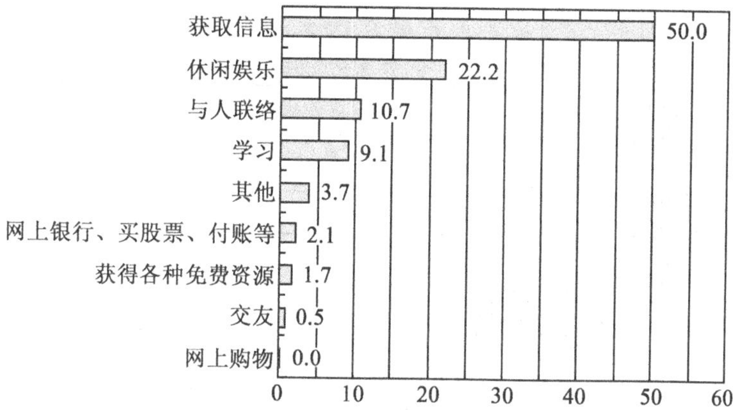

图3-32　网民上网最主要的目的（%）

5. 网民使用的服务

根据CNNIC第十八次调查显示，在互联网提供的众多服务中，浏览新闻、搜索引擎、收发邮件是网民经常使用的三大网络服务，三者的选择比例分别为浏览新闻66.3%，搜索引擎66.3%，收发邮件64.2%，这三大网络服务的选择比例领先其后的第二阵营20个百分点以上。选择比例在31%～44%之间的网络服务构成了网民经常使用的网络服务的第二阵营，主要包括论坛/BBS/讨论组等43.2%，即时通讯42.7%，获取信息39.5%，在线影视收看及下载37.3%，在线音乐收听及下载35.1%，文件上传下载33.9%，网上游戏31.8%。网上校友录、网上购物、个人主页空间、博客等共同组成网民选择比例一般的第三阵营，选择比例都在30.0%以下（见图3-34）。对比历次的调查，网民使用的服务越来越广泛，开始享受因特网带来的种种便利。

（三）语言特征

随着网络传播的兴起，出现了一些颇为特殊的网络语言现象，为人们所关注。网络的使用者成了“网民”、“网虫”、“网络族”，“上网”成为一种时尚，昔日有“酒吧”，如今有“网吧”，这些新词语的出现显示出网络语言强劲的发展势头。社会中的许多行业都有自己的专业语言，被称为“行话”，网络语言的产生与发展也与此类似。较之传统语言，网络语言的特点和魅力主要

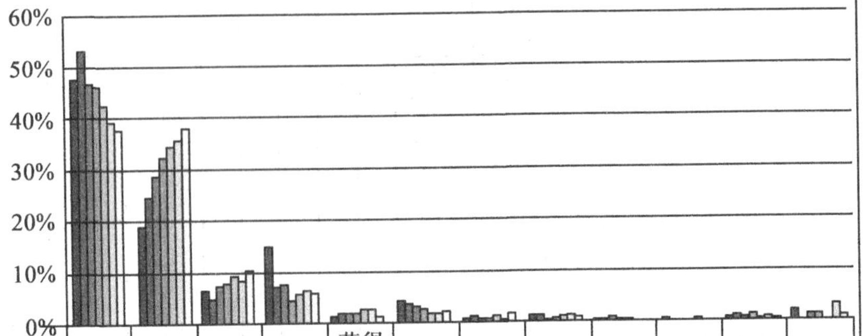

	获取信息	休闲娱乐	学习	交友	获得免费资源	对外通信	学术研究	情感需要	追崇时尚	网上购物	商务活动	其他
■ 2002.06	47.6%	18.9%	6.6%	14.9%	1.2%	4.4%	0.8%	1.2%	0.3%	0.3%	0.8%	2.1%
■ 2002.12	53.1%	24.6%	4.8%	7.0%	1.9%	3.8%	1.0%	1.1%	0.3%	0.1%	1.0%	0.2%
■ 2003.06	46.9%	28.6%	7.2%	7.5%	1.7%	3.2%	0.4%	0.1%	0.6%	0.2%	0.4%	1.1%
■ 2003.12	46.2%	32.2%	7.9%	4.4%	1.8%	2.7%	0.5%	0.8%	0.3%	0.1%	1.3%	1.3%
□ 2004.06	42.3%	34.5%	9.1%	5.5%	2.7%	1.8%	1.1%	0.9%	0.4%	0.3%	0.2%	0.2%
□ 2004.12	39.1%	35.7%	8.4%	6.2%	2.5%	1.7%	0.4%	1.1%	0.2%	0.1%	0.3%	3.1%
□ 2005.06	37.8%	37.9%	10.3%	5.9%	1.3%	2.0%	1.4%	0.9%	0.1%	0.1%	0.1%	0.8%

数据来源：中国互联网络信息中心(CNNIC)

图 3-33　近几次调查网民上网最主要的目的（%）

有以下几点：

1. 形象生动

为表达自己的心情和情绪，网民创造了很多面部表情符号，主要可以分为三类：

第一类是由常用字符组成的脸谱图，它们主要用冒号和半圆括号组成。

比如笑:）和生气：（。千万不要小看这些符号，它们的组合千变万化。拿笑来说，就有十几种之多，比如微笑：=），哈哈大笑：－D，奸笑：>，吐舌头顽皮笑：－P 等。为了不需要掉转 90°来看，人们又发明了更直观的表示感情的“电子符号”，如（^_^）代表男士的笑脸；（^.^）代表女士的笑脸（笑不露齿）；（^o^）代表高兴、大笑；（＊^_^＊）代表兴奋；\（^_^）/代表男士高呼万岁时的笑脸（“\”和“/”表示举起的手）；（T－T）代表哭泣的

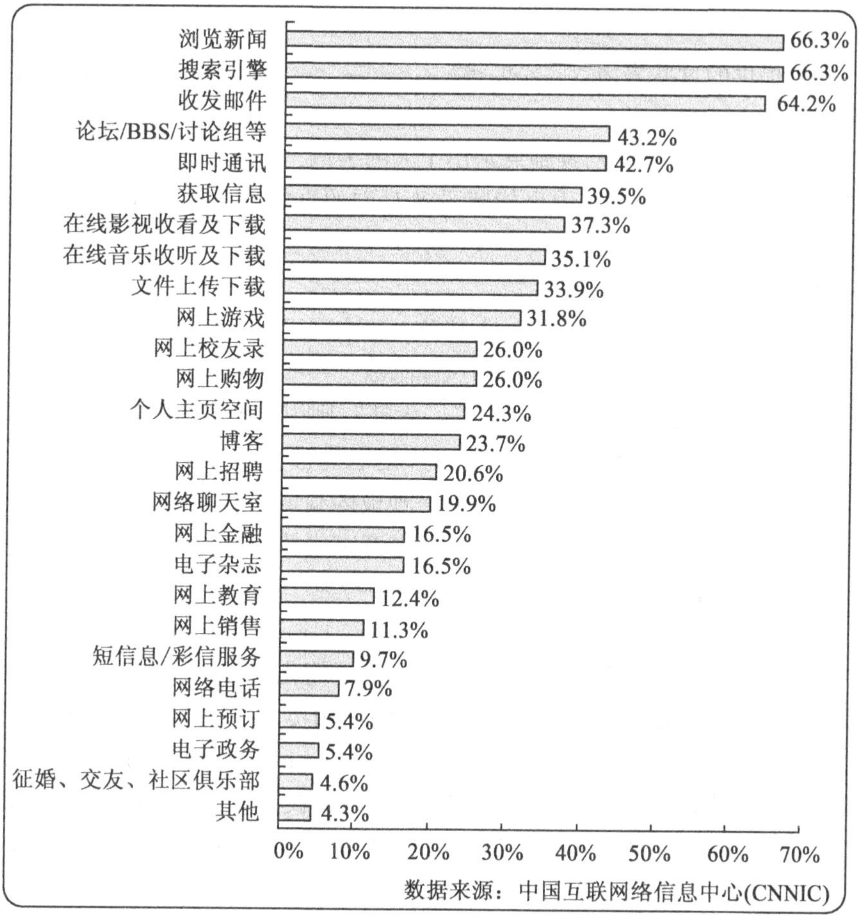

图 3-34　用户经常使用的网络服务

脸（双眼泪水直流）；（ -_- ）代表流汗的样子，等等。

第二类是缩略语。

有表示动作的英文单词，如 nod 表示点头同意，hand 表示握手同意，××××ing 表示××××进行中，如上网 ing 等。还有表示声音的象声词，如"555555"或者"呜呜呜"表示心情难过想哭，"呵呵"、"娃哈哈哈哈"、"嘻嘻"等表示各种笑声。

第三类是图形化的表情，这类表情通常由应用软件提供，多用在聊天室或者聊天工具中。

QQ 提供的这些表情（）分别反映了人们的各种心情。

这些网络语言活灵活现地展示出了人的表情，喜怒哀乐，应有尽有，使人们即使在虚幻的网络世界中也能感受到对方的真实情感，增强了交流的温馨感。

2. 诙谐幽默

诙谐幽默是网络语言的另一大特色，很多网民将规范化的词语用谐音字或动作来代替，使其表达的内容更加风趣幽默。一些初级水平的新人将自己戏称为“菜鸟、小虾、初哥”，而“老鸟、大虾”则用来表示高手。“咣当、倒、ft ya ft，ft to die”表示惊讶，不相信。“爱老虎油”表示 I love U（我爱你）。“天外飞砖”是某坛主两口子发明的一种极凶猛的暗器，据说让人生不如死。将专有名词乃至一些著名人物的人名用谐音字代替，包含一层深意，如足球教练戚务生的名字写做“泣无声”，计算中心写为“心中算计”。

3. 易于输入

在网络上进行信息交流的时候，人们为了简化文字，缩短输入时间，创造了许多被广泛使用的网络交流词语：有些使用英文单词缩写，如 IC（I see，我明白了），BTW（By The Way，顺便问一句），gf、bf（girl friend、boy friend 的简写，女朋友、男朋友之义），32（me too，我也是），3q 或 3Q 或 3x（感谢），e 文（英文，English）。另一些采用中文拼音的缩写，如 KL（恐龙，ugly 的女生），PPMM（漂漂妹妹，漂亮的 MM），b4（鄙视），zz（转载），4a4a（是啊是啊），+U+u（加油加油）。还有一些使用谐音，如版主被称为“斑竹”，大侠被称为“大虾”，“表酱紫”表示不要这样子（据说从台湾电视剧中借用过来，与紫光的输入法有关），“表”表示不要。这些经典的缩略语使网络语言易于输入，这是网络语言产生和发展的根本原因。实际上，日常生活中再优美动听的词语，如果在计算机上书写要耗费不少时间和精力，就无法在网络上流行开来。

4. 地方色彩

在这里我们所说的地方有两个意思：一是指网络上的某个区域；二是指特定的实际物理空间。

通过调查，我们发现，一些版面、主题领域，如聊天室、BBS 和 WWW 网站，有自己的使用频率特别高的词汇，相互间有明显区别。像下面列举的词汇就是 BBS 的原创词语：Re 表示回文、跟帖。灌水，最初的意思是发没有实质性内容的帖子，现常引申为发帖子，而这类无实质内容的帖子称为“水”或“水文”。一次性大批量删除版面水文被称为“清水”或“屠版”。十大：BBS 每天统计的当天最多人回复的帖子。坑：引起很多人 Re 或者估计有可能引起很多人 Re 的帖子，发这种帖子的行为称为“挖坑”，与“灌水”相对应。too old 是幽默笑话版出现频率最高的词汇，一般用来形容某笑话曾经被贴过多次，已经过时了。在找工作的版面中，霸王笔（没有获得公司笔试机会直接去考场笔试）、面霸（经常能获得参加面试的人）等都是出现频率很高的词。

网络语言还能体现不同地域性，有些网站、聊天室或者 BBS 聚集的人群来自同一个地方，他们在交流时，经常使用一些方言，比如搓人（差劲的人），宾构（谁），莫司（什么），貌似（好像）等。

5. 变异性

网络语言的变异性主要表现在两个方面：一是形变，二是意变。

形变是适应快速输入的需要产生的，比如前面提到的谐音字、同音字、缩略语，还有一些是用来表达夸张的气氛，如“走召弓虽”（超强），即使形状改变了，并不妨碍大家的阅读和交流。

意变指的是一些日常生活用词在网络交流中有了特殊的含义，例如“马甲”在网络语言中专指副 ID；“小强”指蟑螂；“虾米”是“什么”的意思，“稀饭”是“喜欢”的意思，“酱紫”是“这样子”的意思，“看 MM”用“鉴定”，“吃喝”是“腐败”，而“请人吃饭”叫“反腐败”，“文字擦边游戏”被称为 rpwt（人品问题）测试，“感慨”用“就索那浮云”来代替，“聚会”被戏称为开追悼会。这些意变的词汇是在特殊的环境、条件和背景下产生的，充分展现了网民的想像力和创造力，极大地丰富了网络语言。

网络语言常见于 E-mail、BBS 和聊天室中，从便于实时交流的角度来说，有其积极意义。有一些相当粗俗的词汇流行于网络中，比如“TMD”是弹道导弹防御系统，它正好与我们的国骂“他妈的”的拼音缩写相同，一时间成为网络非常流行的脏话。网络语言中的许多谐音字（错字）对于学习中的青少年有不良的影响，因此有必要对网络语言进行一定的规范，使其向着更成熟的方向发展。

（四）心理特征

1. 匿名心理

因特网的重要魅力之一——匿名性使其快速拥有一大批受众。匿名现象是因特网上的一种普遍现象。匿名心理也是网民最显著的特征。人们在上网时往往隐匿自己的真实身份，用一个代号来代替自己的姓名，在各种需要公开的资料中填写虚假信息，隐瞒真实的姓名、性别、年龄、收入等和真实身份联系紧密的信息。这种匿名性可以让人们在因特网上摆脱顾及身份、地位的约束，展现自己不为人知的、受到压抑的一面，满足自我实现、角色扮演的需要。

2. 自我实现

美国心理学家马斯洛认为，人的基本需要可以由低到高划分为不同的层次，依次为：生理需要、安全需要、归属和爱的需要、自尊的需要、自我实现的需要。只有较低层次的需要满足后，才会出现较高层次的需要。自我实现的需要是最高层次的需要，是“人对于自我发挥和完成的欲望，也是一种使他的潜力得以实现的倾向”。绝大多数人不能自我实现，其主要原因是：（1）自我实现是很微弱的似本能（Instinctoid）需要，容易被压抑、抑制、更改和消失；（2）许多人不敢正视关于他们自己自我实现所需要的那种知识，对那种知识缺乏自知，使自己处于不确定的状态；（3）文化环境用强加于人身上的规范，阻滞一个人的自我实现；（4）自我实现者是由成长性需要而不是匮乏性需要推进的，其发展和持续成长来于自己的潜力。①

自我实现的难度很大，很多人在现实中无法满足这一需要，退而求诸网络。在网络这个虚幻的世界里，往往不需要付出太多的努力就能轻易地使自我得以在某种程度上实现。在网络游戏中你可以攻城略地，体验征服的乐趣；在虚拟社区、BBS，你可以自由创作，引得无数人跟帖，享受被人追捧的感觉。从2005年2月22日开始，一场关于“上流社会”的讨论在天涯BBS轰轰烈烈地进行，两个分别叫“北纬67度3分”和“易烨卿”的主角，进行着一场关于财富、服装、赛马的“上流社会”的大辩论，看客多达22.3万人次，近4 000人直接参与其中。

这类转瞬即逝的强烈幸福感、快乐感和自我实现的成就感，在网上比在现

① 黄希庭：《心理学导论》，人民教育出版社1991年版，第195页。

实世界更容易获得，这是一些人沉迷网络、不能自拔的原因。

3. 娱乐心理

网络在某种程度上改变了文化和娱乐的形态。网络的互动性、虚拟性、多媒体传播特性，使网民寻求放松、消遣，追求刺激与娱乐的心理得到满足。根据 CNNIC 历次调查，休闲娱乐一直是网民上网的主要目的之一。网络媒体突破传统媒体的技术瓶颈，将文本、声音、图像、动画、音频、视频集于一体。互联网上，时空交融、视听兼备，人们能获得多感觉的综合性艺术享受，体验一种特定的情感氛围。

4. 角色扮演

在现实生活中，人们无法选择自己的性别，无法擅自改变自己的身份、职业，不能随心所欲地转换角色。因特网的虚拟性、匿名性使用户可以自由选择自己现身于网上时的身份、职业，乃至性别。因特网为人们角色选择、角色转换提供了条件。一个人可以在同一时间、同一场合扮演多个角色。比如很多人在 BBS、聊天室、虚拟社区、网络游戏中同时注册多个账号，在同一时刻以不同的身份、语气、态度、立场与人交流，谈论同一个话题。在网络上，人们抛开物理环境的限制，随心所欲扮演各种角色，能满足各种好奇心，重新塑造自我，获得精神的满足。

5. 心理宣泄

人们在实际生活中，面临来自社会、单位的多重压力。工作环境不尽如人意、竞争激烈、生活紧张、人际关系复杂、矛盾重重、冲突不断、挫折纷至沓来，人们感到不安、孤独、烦恼。因特网的隐匿性、开放型、互动性为人们提供了一个宣泄的渠道，为人们适时地转移、倾诉自己的不良情绪提供了机会。精神分析学派认为，宣泄可以在无意识领域中消弭许多有害的东西。通过这种方式，可以把人们从理想与现实的分裂中解脱出来，获得一定的心理治疗效果。于是，上网成了很多人释放心理压力、松弛身心的一种方式。在聊天室、BBS 上，很多人喜欢文字暴力，网络游戏中盛行 PK 行为，网恋泛滥。求得宣泄与解脱，是很多网民依赖互联网的主要原因之一。

第四章 网络传播行业

第一节 网络门户

一、门户之争

（一）何谓门户

关于门户网站的说法众说纷纭，对门户网站尤其是国内三大门户网站（新浪、搜狐和网易）的争论也比较多，争论的焦点主要集中在三个方面：（1）什么是门户网站，是否存在一致认可的标准或者定义；（2）门户网站的核心竞争力是什么，是新闻还是搜索抑或其他；（3）如何成为一个门户网站，如何做好一个门户网站。

门户网站在网络媒体行业中占着举足轻重的地位，几年来的网络媒体发展史几乎就是一部门户网站的发展史，从美国的Yahoo!、AOL到中国的新浪、搜狐和网易，它们的每一个动作都或多或少地对这个行业产生过影响。对门户网站模式的探讨触及整个网络媒体的发展模式，所以很有必要对门户网站这个概念加以澄清。

慧聪的当家人郭凡生在提到门户时认为：“门户必须有门、有户、有路。在互联网上，门即主页，户是主页上的各个板块，路就是搜索引擎。”这种说法能给人一个很粗略的门户印象，但对门户是什么，并没有给出准确的答案。

早期的说法是：门户网站是引导因特网用户探索互联网世界的网站，是用户迈向网络社会信息、资源及服务的大门。随着电子商务的蓬勃发展，门户网站的概念从原来的搜索引擎式门户扩展到集内容服务、信息服务、网上交易、虚拟社区于一体的综合型门户。因此，从广义来理解，门户网站是搜索的起点，向用户提供易用的个性化界面，帮助用户找到相关的信息。①

Yahoo！就是典型的代表，它基于搜索发展成为门户网站。1994 年 4 月，大卫·费罗（David Filo）和杨致远（Jerry Yang）创立了 Yahoo!，将其作为记录他们个人对因特网兴趣的一种方式。后来他们将 Yahoo！变成了一个可定制的数据库，旨在满足成千上万的、刚刚开始通过因特网使用网络服务的用户的需要。他们开发了可定制的软件，帮助网民们有效查找、识别和编辑互联网上存储的资料。今天的 Yahoo！存储了无数的信息，能让用户链接到因特网内的成千上万台计算机上。San Jose Mercury 新闻最近指出："其实 Yahoo！的贡献最近乎于林耐（Linnaeus）的工作，林耐是一位 18 世纪的植物学家，他所创建的分类系统有效地划分了整个自然界。"这是早期的门户网站提供的最主要的服务。

实际上，我们今天所谈论的门户与当初 Yahoo！初创时所说的门户有很大不同。那个时候，因特网刚刚进入中国，对大多数网民而言，因特网的领地就像一个大城堡，他们面对这个城堡无从下手，不知道如何进入，正是 Yahoo！这种以提供搜索服务为主的网站扮演了引网民"入门"的角色，成为网民进入互联网这个城堡的"门户"。后来有人开始极力强调新闻业务的重要性，提出应该将提供新闻服务作为门户网站的主业乃至核心竞争力。随着门户网站的发展，竞争越来越激烈，为了延长访问者的停留时间，门户网站提供的服务越来越多，内容也越来越多，人们开始认为门户网站是一个包罗万象，什么都做的站点，必须囊括包括新闻发布、邮件传递、聊天交流、在线游戏、虚拟社区在内的所有内容。

B. Mahadevan 定义门户网站为主要从事建设产品和服务信息的消费者社区，它影响产品、服务提供商和中介进入网络的渠道流量，吸引消费者的注意力进入网络，是服务 B2C 的细分市场。买卖双方都从门户社区的宽广的、丰

---

① 毛晶莹：《门户网站的竞争策略研究》，《情报杂志》2005 年第 4 期。

富的买方和卖方中获益，买方搜寻的低成本，反过来增强了网站的收益。①

门户网站其实主要是指某一方面或是某行业网站的领先者，通过这个门户网站，你可以找到关于这个方面或者这个行业所有的信息，是进入该行业的“门”，其内容丰富、真实、权威。所以说，无论是搜索还是新闻，都只是门户网站发展的一个阶段，或者说是它提供的一种服务、一个盈利点，门户网站可以从搜索服务演进到新闻服务，也可以从新闻服务演进到别的什么服务，像短信服务、网络游戏等。

（二）门户的分类

一般来说，为了使网民尽快地入“门”，领略网上冲浪的乐趣，门户网站需要提供一些最基本的功能，包括内容的提供与检索、信息的交流与传递。可以说信息是门户网站的核心竞争力。根据所提供信息的特点可以将门户网站分为综合门户和垂直门户（或专业门户）。

1. 综合门户

综合门户网站的特点就是信息的广泛性。像Yahoo！这样，链接的内容广泛而全面，覆盖各行各业。

综合门户的价值在于它的人气和号召力，适合大众消费品的宣传和企业进行品牌传播。上网的人总是很喜欢去综合门户，特别是对于不知道上网去干什么、只是随便转转的人来说尤其如此，因为它提供的内容几乎无所不包，从新闻到娱乐，从免费邮件到搜索引擎，从体育到游戏，从论坛到聊天室，几乎达到“只有你想不到的，没有我提供不了的”这种地步。以新浪为例，提供了多达56个栏目的内容，包罗万象，引领网民访问。综合门户正是靠这无可比拟的人气获得品牌认知，受到广告商垂青。

2. 垂直门户

相对于综合门户，垂直门户强调的是信息的专、精和深。它专注于某一行业领域，如IT、体育或者化工、法律等，力求成为关心这一行业领域内容的人上网的第一站。

垂直门户最主要的特点是专一，是某个专业的起始站点。它们并不追求大而全，只做自己熟悉领域的东西，是各自行业的权威、专家，是整个行业销售

① 李西远：《互联网门户网站的商业模式初探》，《经济师》2004年第7期。

商品和提供信息的站点。它们非常熟悉自己的行业，所以能轻而易举告诉消费者该行业的最新发展趋势、最新产品。垂直门户在强调“垂直”的同时加强“门户”的概念，不是简单地追求内容的垂直深度，而是强调这一专业领域内的全面和精确，形成一个在这一行业领域内有一定深度的专业门户。比如要了解 IT 专业信息就去“天极网”，看财经信息去“和讯”，查旅游资源去“青旅在线”，它们都是国内著名的具有深厚行业背景的垂直门户。

垂直门户网站的访客不是普通的访客，他们基本上都是该行业的热心消费者，至少是该行业的潜在消费者，对该行业有一定的认识，拥有的购买力较高。垂直门户比较容易以行业的权威、专业的内容吸引、刺激访客的消费，能为访客提供一条龙式的服务模式——以自己的内容指引访客消费自己的商品。

（三）门户的优势

门户网站的起落是 IT 行业的晴雨表，是因特网兴衰的标志。它们的共同优势是：

1. 用户群庞大

用户群是门户网站迅速发展的基础，也是门户网站的核心竞争优势。门户网站能够通过其门户作用，迅速有效地扩大用户基数。像美国在线、Yahoo!和 MSN 这样的门户网站领头羊，每月的惟一访问者人数有数亿之多。惟一访问者指一个月内访问网站，并具有惟一标识的访问者。庞大的用户群是网络广告的受众，同时也是产品和服务的消费者。对广告客户和信息所有者来说，某一网站的价值与其吸引的网民数量成正比。网站在广告客户和用户心中的分量随网站受访频率的增加而增大。庞大的用户群能为门户网站带来巨额广告收入。从经济学的观点来看，网络经济的规模经济效应相对来说不受物理世界的极限制约。用户群达到一定规模的网站，发展边际用户（增加一个新用户）的成本接近于零。网站一旦建立，放置一个旗帜广告或进行一场在线拍卖的成本即可变得很低，不论门户网站的网上商城是 100 个还是 100 万个用户，其基础设施的原始投入不会相差多少。

2. 发展空间巨大

作为引领用户进入互联网的“门”，门户网站占据着互联网发展的制高点，不管因特网向哪个方向发展，重心往哪个方向移动，门户网站总能轻而易举地在新开辟的领域占有举足轻重的一席之地。

3. 占据先行者地位

在因特网时代，有句话是“要么做第一，要么不做”，指的是先行者拥有巨大的行业优势。门户网站多是互联网的先行者。先行者可以凭借其在消费者心目中建立起来的品牌地位，给进入同一领域的竞争对手筑起一道屏障，成为先行者，还能时常被媒体所关注，其品牌能招徕更多的新用户，还能使老用户因为习惯使然而不断回访。即使有其他更好的网站出现，由于存在经济学的“转换成本”（Switching Costs）——用户为进入新网站需要花费时间和精力登记注册，熟悉新网站的结构、内容，学会使用新网站提供的服务，这是一个学习的过程，并且要为此放弃在原来网站所建立的关系——问题，许多用户仍坚持继续作为原门户网站用户的选择。

4. 实现零库存经营

门户网站建设的固定成本相对很小，它们提供的是虚拟产品或服务，不必建立仓库，堆积大量库存，结算方式多为预付或即时清付，因而无因赖账、呆账遭受损失之虞，现金流动性好，给企业平添一分活力。在一定的规模下，门户网站有相对较小的资本投入就可启动网站的建立并维持网站的日常运营，营销收入几乎不受或很少受到生产场地、生产流程、产出率、运输、投递等物理因素的限制，因此毛利率、净利率、资产收益率和投资回报率较高。像 Yahoo！历年的毛利率基本保持在 75% ~85%，2003 年第三季度新浪的毛利率试算额达到 72%。

5. 具备广告优势

门户网站可以在整个站点放上按钮广告和横幅广告，取得最大的广告页面印象（Page Impressions）。通过收集整理注册资料，结合跟踪在线用户特征，可以把广告投放在最符合广告主对受众特征的要求的站点、频道、时段或关键词搜索结果显示页面上。现在的技术可以使不同的人在同时访问雅虎的同一个页面时，看到的是不同的广告条幅，广告商乐于为这种定向投放的广告付更多的钱，雅虎网站的广告空间则成倍增加。

6. 有利于发展无线增值业务

门户网站拥有丰富的内容资源，品牌优势，庞大的用户群，雄厚的资金，以及合作伙伴的建立、新产品的包装与推广、资源整合等方面的优势，是最具优势的 SP，有利于发展无线增值业务。从 2002 ~2004 年新浪的收入结构可以看出，新浪无线增值服务收入占总收入的比例逐年增加，从 2003 年开始，无线增值服务已成为新浪最大的收益项目。2004 年无线增值服务收入达 12 395 万美元，占总收入的 62%，一举成为中国移动最大的 SP。①

二、门户介绍

（一）综合门户网站——新浪

新浪是一家服务于中国大陆及全球华人社群的领先在线媒体及增值咨讯娱乐服务提供商。新浪的前身是四通利方信息技术有限公司和华渊生活资讯网公司。1996 年，出于技术的考虑，四通利方开始建立网站，取名利方在线。1997 年，世界杯十强赛预选赛期间，发生一起对四通利方具有历史性意义的事件——老榕的一篇文章《大连金州不相信眼泪》在其网站上发表并被广为转载，从此，四通利方开始在国内外小有名气。1998 年 12 月 1 日，四通利方宣布并购海外最大的华人网站公司“华渊资讯”，成立全球最大的华人网站“新浪网”（见图 4-1），引起海内外极大关注。

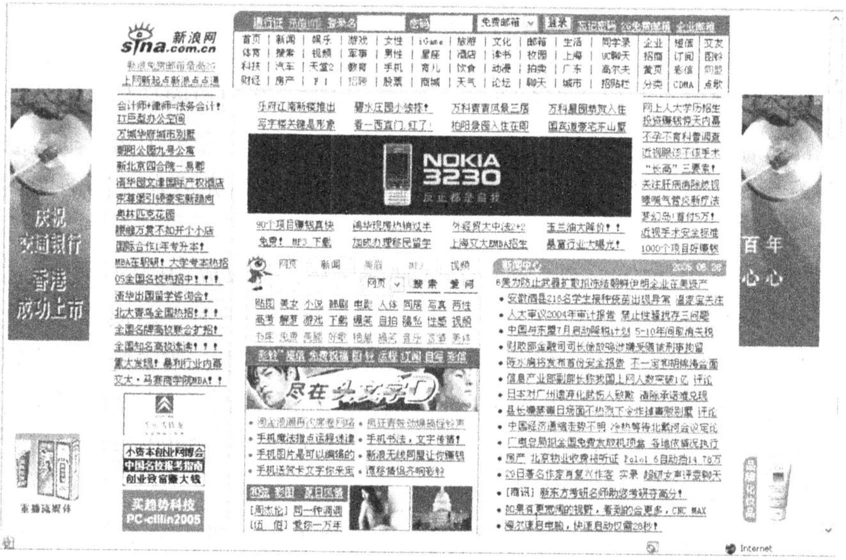

图 4-1　新浪网

① 数据来源：《2004 年新浪财务分析报告》，艾瑞网。

新浪坐上中国门户网站的第一把交椅，它的每一个发展策略都引人注目，通过分析新浪的发展历程可了解门户网站经营策略所经历的各个阶段。

成立之初，新浪的经营策略是“内容为王”和“注意力经济”，这也是当时三大门户共同的主要发展策略。凭借着体育资讯专家的声望，新浪开始做起新闻资讯服务。1998 年，新浪曾委派记者直赴法国，被法国官方站点指定为网上直播比赛的惟一中文站点，其“法国 98 世界杯风暴”创中文站点访问的最高记录——200 万次每日，取得“看新闻，上新浪”的口碑。新浪新闻无论从量还是质来说，都是国内最好的。几乎所有的热点新闻在新浪都能得到及时报道。新浪对于新闻背景及动向的分析较为客观。新浪自己并没有多少原创新闻，它只是提供一个最基本的新闻资讯平台，新浪与同其合作的新闻源共同打造这个平台，新浪是这些新闻资讯产品的总代理。新浪的“主题社区”是从“新浪论坛”演变过来的，人气很旺，是新浪提供的内容粘性最大的栏目。在人们常说的网络“烧钱”时代，新浪采用先占策略，以牺牲短期收益为代价，吸引客户群，抢占市场份额。

1998 年以后，网络进入膨胀时期，门户网站也随之进入成长期。在这一时期，由于有众多风险投资者热衷资本运作和炒作，网站获得投资相对容易。网站的创办者、经营者更多考虑的是如何在资本市场上圈钱，而不是在经营方面如何寻找到更多更好的赢利途径。在这一时期，各门户网站的基本发展策略是经营品牌，通过战略联盟和增值服务，先建立品牌，争取上市，通过股票价格上扬，实现资本增值。2000 年，国内三大门户网站先后在美国纳斯达克上市。

2000 年 4 月 13 日，新浪股票正式挂牌交易，新浪成为国内第三家在国外上市的因特网公司。为巩固门户地位，新浪推出新浪搜索、新浪个人主页等栏目，并尝试开拓电子商务市场。同年，新浪与易趣联手，改善邮局方案以完善营销渠道。与此同时，新浪秉承“内容为王”的宗旨，继续发展新闻资讯服务。新浪还逐步扩充频道的建设，发展线上娱乐业务。2000 年底，新浪成为首批有资格登载新闻的商业网站。

2001 年，IT 行业进入了严冬。由于纳斯达克崩盘，新浪的股票也沦为“垃圾股”。新浪开始寻找新的出路，大力发展宽带业务，更多地集中精力做渠道。2001 年 9 月，新浪收购阳光卫视 29% 的股权，向实施跨媒体战略的方向迈进了一步。2001 年底，新浪网的业务主要包括网络广告、电子商务和增值服务三个部分。新浪2001年的年度报告显示，其广告收入占总收入的87.3%，软件收入占8.5%，电子商务和其他服务的收入占3.8%。

2002年底，中国因特网开始复苏，各大门户网站实现了季度赢利。中国网民和中国手机用户的快速增长为互联网的发展提供了新的机遇。新浪在完善门户业务的同时，开始大力发展短信业务和网络游戏。可以说，短信救了中国的因特网产业，这是很多人始料未及的。网络游戏、虚拟社区这种粘性较大的栏目也成为门户网站的新赢利点。

2004年，门户网站进入稳定发展阶段，以短信、网络游戏和网络广告为主的门户赢利模式逐渐形成。

2005年初，盛大收购新浪19.5%的股票，新浪的中国第一大门户的地位有所动摇。2005年2月，广电总局禁止部分根据使用量计费的短信业务通过电视和广播电台进行广告宣传，对倚重短信收入的各大网站是一大打击。2005年第一季度，新浪短信营收较上季度下滑30%，为2 020万美元。受中国移动2005年1月初变更彩信服务收费流程的影响，新浪第一季度彩信营收较上季度下滑50%，为220万美元。搜索大王“百度”异军突起，使人们大为看好搜索的市场价值。2005年6月，新浪也推出了自主研发的搜索引擎“爱问”。

目前，综合门户网站已经有了赢利，但各种垂直门户网站纷纷兴起，国外门户的冲击强劲，国内综合门户网站仍举步维艰。门户网站拥有巨大的用户群和市场影响力，如何巩固已有地位，并将影响力转换为实际赢利，是综合门户网站经营者必须考虑的问题。

（二）垂直门户网站——和讯网

2004年是垂直门户扬眉吐气的一年，掌上灵通、空中网、金融界、前程无忧、e龙等一大批垂直门户相继上市；国外垂直门户网站巨头纷纷以不同的方式进入中国市场。美国Cnet媒体集团斥资1 600万美元并购中关村在线和峰鸟网，更加强了人们对垂直网站发展的信心。垂直门户具有专业性，赢利模式比综合门户网站清晰。和讯（见图4-2）作为国内财经行业的垂直门户，经历了几年的洗礼，终于找到自己的发展战略。

1995年5月，和讯信息科技有限公司成立，是国内最早的5家ISP（接入服务商）之一。一年后，和讯推出ICP（内容提供商）业务。1997年，和讯开通中国金融资讯网。1999年5月，中国金融资讯网更名为和讯网

图 4-2　和讯网

(www. hexun. com)。现在，它已成为国内规模最大、最有影响的财经类垂直门户网站。

早期的和讯，以言论集市著称，但没有形成清晰的赢利模式，也没有意识到应该把信息沉淀成服务。

2003 年 9 月，和讯经历了一次脱胎换骨的转变，除了品牌，从战略到商业模式都推倒重来，确定了致力于全面服务中国新兴中产阶级，为该阶层人士全方位提供专业的财经资讯服务、网络社区服务和独特的在线理财、商务、休闲娱乐服务的宗旨。和讯公司的 CEO 谢文认为，中国中产阶级成长速度非常快，他们支撑着现在的房地产业和汽车行业。和讯希望为这个阶层的成熟发展提供丰富的信息、真实的服务和交流的空间。

《财经新闻》、《和讯投资》、《和讯论坛》是和讯网的三大王牌栏目，日访问量超过 200 万人次，注册会员近 50 万。2004 年以来，和讯网连续获得中国优秀网站评比金融与证券类专业网站第一名和全国十佳最具潜力站点。根据艾瑞市场咨询（iResearch）《2005 年中国网络媒体数据报告》数据显示，2005

年3月和讯的月均网民覆盖数居全行业首位，遥遥领先于第二位的金融街（见图4-3）。

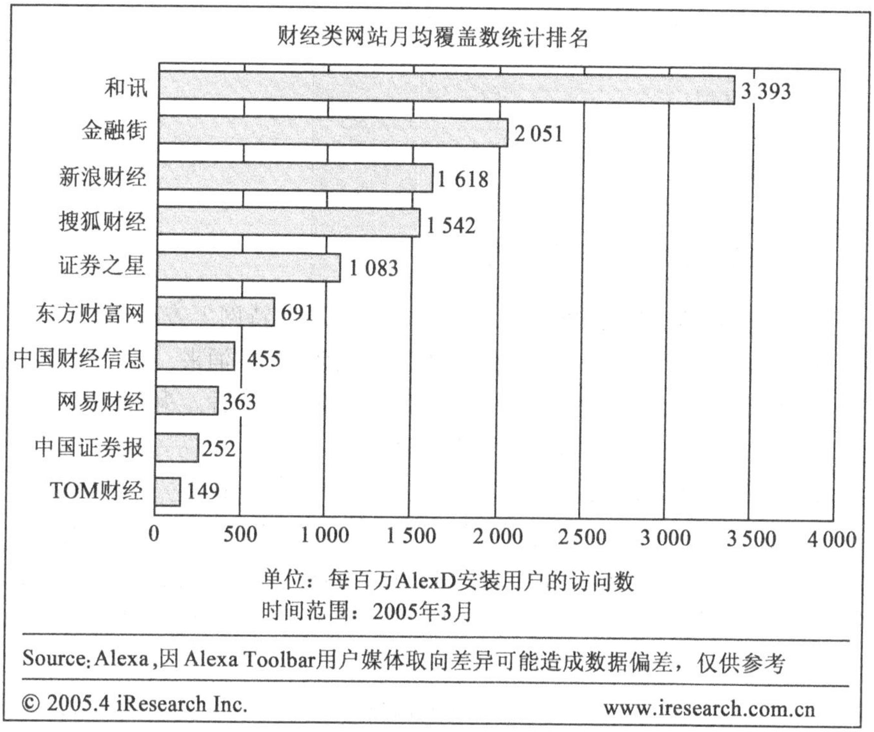

图4-3　2005年财经类网站月均覆盖数统计排名

和讯网与中国证券市场研究设计中心联办《证券市场》周刊、《财经时报》、《财经》月刊，构建国内财经领域的强大媒体组合，以每时、每日、每周及每月的不同频次和各自的鲜明特色，全面提供国内外财经资讯。和讯拥有众多的财经专家、最新研发的数据分析系统、专业背景的采编队伍，将海量然而简单的信息快捷整理分析成为更具价值的二次资讯。

始终坚持“第三方中立立场”是和讯最吸引投资者的地方。和讯并不是孜孜矻矻地想从人们从投资到理财的资金里分一杯羹，而是提供尽可能充分的信息和评估，让人们比较理性地进行投资、理财的决策。2004年1月，和讯开始赢利，2004年是和讯的规模化赢利年。

第二节 搜索引擎

搜索引擎已成为网民获取信息的必备工具，只需输入关键词，搜索引擎便会将散落在世界各个角落的资讯汇集到网民的眼前。搜索引擎走到今天，经历了一段发展过程。

一、概述

（一）搜索引擎的产生与发展

在因特网发展初期，网站相对较少，用户在因特网上查找信息还比较容易。随着因特网爆炸性的发展，信息铺天盖地地向用户涌来，一个普通网络用户，想在因特网上找到所需要的资料，简直如同大海捞针。为满足网民快而准地搜索网上信息的需求，搜索引擎应运而生。

搜索引擎（Search Engine）并不是一个实体引擎，它是一个适应客户查询需求，对因特网上的信息资源进行搜集整理，向客户提供他所需要的信息的检索系统；它包括信息搜集、信息整理和用户查询三部分。搜索引擎通常是一个为用户提供信息“检索”服务的网站，使用某种程序，把因特网上所有的信息归类，形成Internet数据库，再根据用户输入的关键字或其他搜索参数搜索相应的数据库，向用户提供他所需要的信息。根据技术的发展可以将搜索引擎大致划分为三个时代：①

1. 网站目录浏览时代

搜索引擎的鼻祖是1990年由Montreal的McGill University学生Alan Emtage、Peter Deutsch、Bill Wheelan发明的Archie（Archie FAQ）。当时，World Wide Web还未出现，但网上文件传输已经非常频繁，大量文件散置于各FTP主机中，查询起来，非常不方便。Archie是第一个自动索引互联网上匿名FTP网站文件的程序，还不是真正的搜索引擎，而是一个可搜索的FTP文件名列表。用户输入精确的文件名，Archie告诉用户从哪一个FTP地址可以下载该文件。Archie工作原理与搜索引擎非常接近，它依靠脚本程序自动搜索网

① 参见：《搜索引擎发展历史》，威特迈科技网，http：//www.0it.cn/seo/seo7.htm。

上的文件，然后对有关信息进行索引，供使用者查询。Archie 大受网民欢迎，受其启发，美国内华达大学（Nevada System Computing Services）于 1993 年开发了与其类似的搜索工具 Gopher（Gopher FAQ）和 Veronica（Veronica FAQ），不仅能索引文件，而且能检索网页。

“机器人（Robot）”程序能以人工无法达到的速度，不间断地执行某项任务。专门用于检索信息搜索引擎的“机器人（Robot）”程序像蜘蛛（spider）一样在网上爬来爬去，被称为 Spider（Spider FAQ）程序。世界上第一个 Spider 程序，是 MIT Matthew Gray 的 World Wide Web Wanderer。它开始只用来统计因特网上的服务器数量，后来发展到能检索网站的域名。

与 Wanderer 相对应，1993 年 10 月，Martijn Koster 创建了 ALIWEB（Martijn Koster Annouces the Availability of Aliweb）。它相当于 Archie 的 HTTP 版本。ALIWEB 不使用网络搜寻 Robot，而是靠网站主动提交网页的简介索引信息来建立自己的链接索引，类似于人们熟知的 Yahoo！。

1993 年底，一些基于同一设想的搜索引擎纷纷涌现，其中最负盛名的三个是：Scotland 的 JumpStation、Colorado 大学 Oliver McBryan 的 The World Wide Web Worm（First Mention of McBryan's World Wide Web Worm）、NASA 的 Repository-Based Software Engineering（RBSE）Spider。

早期搜索引擎的特点是把因特网中资源服务器的地址收集起来，按提供的资源类型不同分别划归不同的目录，一层层地进行分类。人们按搜索引擎的分类，一层层进入，最后到达目的地，找到自己想要的信息。这是一种很原始的方式，只适用于因特网上信息还不太多的时候。

2. 目录搜索时代

适应于因特网上的信息按几何级数的增长，可搜索分类目录的搜索引擎出现了。这些搜索引擎知道网站上每一页的开始，随后搜索因特网上的所有超级链接，把代表超级链接的所有词汇放入一个数据库。这就是现在搜索引擎的原型。

1994 年 1 月，第一个既可搜索又可浏览的分类目录 EINet Galaxy（Tradewave Galaxy）出现。除了网站搜索，它还支持 Gopher 和 Telnet 搜索。

1994 年 4 月，Stanford 两名博士生，美籍华人 Jerry Yang（杨致远）和 David Filo 共同创办 Yahoo！。随着 Yahoo！的出现，搜索引擎的发展进入了黄金时代。Yahoo！的搜索性能优越。随着访问量和收录链接数的增长，Yahoo！目录开始支持简单的数据库搜索。Yahoo！的数据是手工输入的，不能被归为真正的现代意义上的搜索引擎，只是一个可搜索的目录。Yahoo！以后，还有Altavista、Inktomi、Google提供的搜索引擎服务。

3. 全文检索时代

1994年初，Washington大学CS学生Brian Pinkerton开始研制WebCrawler项目（Brian Pinkerton Announces the Availability of Webcrawler）。1994年4月20日，WebCrawler正式亮相，那时，它仅包含来自6 000个服务器的内容。WebCrawler是因特网上第一个支持搜索文件全部文字的全文搜索引擎，在它之前，用户只能通过URL搜索摘要，摘要一般来自人工评论或程序自动摘取的正文的前100个词。

1994年7月，Carnegie Mellon University的Michael Mauldin将John Leavitt的Spider程序接入索引程序中，创建了Lycos（Carnegie Mellon University Center for Machine Translation Announces Lycos），它是搜索引擎史上的重要进步，是最早的现代意义上的搜索引擎。7月20日，Lycos正式发布，数据量为54 000文档，除相关性排序外，还提供前缀匹配和字符相近限制。Lycos第一个在搜索结果中使用网页自动摘要，其最大优势是远胜过其他搜索引擎的数据量：1994年8月——394 000文档；1995年1月——1 500万文档；1996年11月——超过6 000万文档。1999年4月，Lycos停止自己的Spider的运行，改由Fast提供搜索引擎服务。

1995年，时为博士生的Larry Page开始学习搜索引擎设计。1997年9月15日，他注册了google. com的域名。1997年底，在Sergey Brin和Scott Hassan、Alan Steremberg的共同参与下，BachRub开始提供Demo。1999年2月，Google完成了从Alpha版到Beta版的蜕变。Google在网页级别、动态摘要、网页快照、逐日更新、多文档格式支持、地图、股票、词典、寻人等集成搜索、多语言支持、用户界面等功能上的革新，再一次改变了搜索引擎的定义。Google不只是使用关键词或代理搜索技术，它建立在高级的PageRank（网页级别）技术基础之上，确保最重要的搜索结果最先向用户呈现。

中文搜索引擎技术发展较晚。搜狐以分类目录搜索起家，是中国搜索引擎的鼻祖。1998年2月，中国人自己的搜索引擎“搜狐”问世，“出门靠地图，上网找搜狐”，搜狐开始了中国因特网的门户时代。北大天网是国家“九五”重点科技攻关项目“中文编码和分布式中英文信息发现”的研究成果，由北大计算机系网络与分布式系统研究室开发，于1997年10月29日正式在CERNET上提供服务。2000年初成立天网搜索引擎课题组，由国家973重点基础研究发展规划项目基金资助开发，收录网页约6 000万个，利用教育网优势，有强大的FTP搜索功能。

2000年1月，超链接分析专利发明人、前Infoseek资深工程师李彦宏与好友徐勇（加州伯克利分校博士）在北京中关村创立百度（Baidu）公司。2001年8月，Baidu. com搜索引擎Beta版发布。此前，Baidu只为其他门户网站如搜狐、新浪、Tom等提供搜索引擎。2001年10月22日，Baidu搜索引擎正式发布。Baidu只提供中文搜索，目前收录的中文网页超过9 000万个，是最大的中文数据库。Baidu搜索引擎的其他功能包括：网页快照、网页预览/预览全部网页、相关搜索词、错别字纠正提示、新闻搜索、Flash搜索、信息快递搜索等。闪电计划（Blitzen Project）于2002年3月开始后，技术升级明显加快。

根据对结果排序的依据不同，搜索引擎分为两代①：

第一代搜索引擎以1995年出现的Yahoo!、altavista和infoseek为代表。搜索结果的好坏往往用反馈结果的数量来衡量。第一代搜索引擎“求全”。它们根据相关程度对结果进行排序。相关程度由匹配到的关键词的多少、关键词在页面上出现的位置以及关键词在页面上出现的频率加权计分度量。这种相关程度排序，仅仅是系统对检索结果的一种判断，并不一定符合用户的特定要求。

第二代搜索引擎以1998年的Google和Directhit为代表，主要特点是提高查准率，注重网站内容的丰富性和准确性，根据以往用户实际访问一个网站并在该网站上所花费的时间或者根据一个网站被其他网站链接的数量来确定一个网站的重要性，更具备客观性，使用户所获得的信息更准确。Google搜索引擎采用新的搜索方式，通过复杂的数学分析，估算反馈网页质量及相关程度，决定排名次序。Google按有多少网页与之链接来判断某个网页的质量，因为人们一般不会与低质量的网页链接。Google使用对整个网络的链接结构进行分析的大规模资料挖掘技术，不仅扫描搜索关键词，还阅读页面全文，考虑图像和所有链接，把一个页面与类似页面区分开来。

---

① 参见：《第一代搜索引擎和第二代搜索引擎》，网络营销教学网站，http://www.wm23.com/resource/R04/4007.htm。

对于正在发展中的第三代搜索引擎，人们说法不一。

2003 年 11 月慧聪发布第三代搜索引擎，“相对于前两代，第三代中文搜索引擎更注重智能化和用户使用的个性化，采用了中文自动分类、自动聚类等人工智能技术，而且使用了中文内容分析技术，以及区域智能识别技术，增强了搜索引擎的查询能力”。①

2004 年 8 月 3 日，国内知名门户网站搜狐正式推出全新独立域名专业搜索网站“搜狗”（www. sogou. com），声称该搜索引擎是全球首家第三代中文互动式搜索引擎服务提供商，其显著特点是互动式搜索、分类导航和查询精确相关，更新速度较快。②

尽管我们对于第三代搜索引擎的主要特性没有统一认识，但至少可以肯定的是：第三代搜索引擎是对第二代搜索引擎在搜索技术上的改进，主要增加互动性和个性化等高级技术，使用户获取信息时有更完美的体验。

（二）搜索引擎的分类

按照信息收集方式和技术原理的不同，搜索引擎系统可以分为三大类：全文搜索引擎（Full Text Search Engine）、目录索引式搜索引擎（Search Index/Directory）和元搜索引擎（Meta Search Engine）。③

1. 全文搜索引擎

由 Robot 程序以某种策略自动地从因特网上搜集和提取各个网站的信息（主要是网页文字），检索出与用户查询条件匹配的相关信息，将查询结果按一定的顺序排列后传送给用户。全文搜索引擎提供面向网页的全文检索服务，优点是信息量大、更新及时、无须人工干预；缺点是返回信息过多，有很多无关信息夹杂其中，用户必须自己从中进行再筛选。国外具有代表性的全文搜索引擎有 Google、AltaVista、Northern Light、Excite、Infoseek、Inktomi、FAST、Lycos、Teoma、WiseNut 等，国内著名的全文搜索引擎有百度（Baidu）、天网、悠游、OpenFind 等。

---

① 《慧聪发布第三代搜索引擎　国内市场规模三年要达 20 亿》，新华网，http：//news. xinhuanet. com/newmedia/2003-11/10/content_ 1169677. htm。

② 《第三代搜索引擎揭密》，搜狐网，http：//it. sohu. com/20040803/n221336473. shtml。

③ 《搜索引擎分类》，搜索引擎直通车，http：//www. se-express. com/about/about1. htm。

根据搜索结果来源，全文搜索引擎可分为两种：一种全文搜索引擎拥有自己的 Robot 程序，并自建网页数据库，搜索结果直接从自身的数据库中调用；另一种全文搜索引擎租用其他引擎的数据库，改按自定的格式排列搜索结果，如 Lycos 搜索引擎。

2. 目录索引式搜索引擎

严格来说，这种搜索引擎已不能算真正意义上的搜索引擎。这种搜索引擎以人工方式或半自动方式搜集信息，人工形成信息摘要，并将信息进行分类，形成按目录分类的网站链接列表。目录索引式搜索引擎面向网站，提供目录浏览服务和直接检索服务。用户可以不用关键词进行查询，仅靠分类目录找到需要的信息。由于人的智能的加入，该类搜索引擎信息准确、导航质量高。其缺点是需要人工介入、维护量大、信息量少、信息更新不及时。

最具代表性的目录索引式搜索引擎是大名鼎鼎的 Yahoo！，其他著名的目录索引式搜索引擎有 Open Directory Project（DMOZ）、LookSmart、About、Go Guide 等。国内搜狐、新浪、网易的搜索引擎也是目录索引式搜索引擎。

3. 元搜索引擎

这类搜索引擎没有自己的数据，接受用户的查询请求后，将检索请求按照不同搜索引擎的语法加工成不同的格式，提交给多个搜索引擎进行搜索，可将返回的结果进行重新排序等格式处理，将处理后的结果作为自己的结果返回给用户。① 它面向网页，实行全文检索。元搜索引擎的优点是返回结果的信息量更大、更全；缺点是功能不全，用户要做更多的再筛选工作。著名的元搜索引擎有 InfoSpace、Dogpile、Vivisimo 等。搜星是具有代表性的中文元搜索引擎。有的元搜索引擎直接按来源引擎排列搜索结果，如 Dogpile；有的元搜索引擎按自定规则将结果重新排列组合，如 Vivisimo。

搜索引擎还有以下几种非主流的形式：②

1. 集合式搜索引擎

该类搜索引擎类似于元搜索引擎，区别在于：它不是一律同时调用多个引擎进行搜索，而是由用户从其提供的几个引擎中自行选择，如 HotBot 在 2002 年底推出的引擎。

① 王炼：《从用户角度评价网络搜索引擎》，《情报科学》2005 年第 3 期。

② 《搜索引擎分类》，搜索引擎直通车，http：//www. se-express. com/about/about1. htm。

2. 门户搜索引擎

提供搜索服务，但自身既没有分类目录也没有网页数据库，搜索结果完全来自其他引擎，如 AOL Search、MSN Search 等。

3. 专业搜索引擎

提供对特定专业信息的搜集与检索服务。专业信息特指行业信息或主题信息（如购物搜索，医学搜索）。专业搜索引擎是针对专门需要而开发的对特定专业信息进行功能强大的搜集与检索，提供专业化信息服务，目标是：有序提供精深信息，对信息资源实行再开发，增加其利用价值。

4. 免费链接列表（Free For All Links，简称 FFA）

FFA 网站一般只简单地滚动排列链接条目；少部分 FFA 有简单的分类目录，不过规模比 Yahoo！等目录索引式搜索引擎小得多。

二、"搜索力"经济

百度、Google 的崛起让人们意识到互联网已经从"注意力"时代发展到"搜索力"时代，各大网站纷纷推出自己的搜索引擎，在搜索市场上展开角逐。

（一）赢利分析

市场人士这样分析大家纷纷进入搜索领域的原因："当网民与互联网的关系由被动浏览晋级到有选择地查找从而为企业带来商机时，搜索引擎就成了一个可以带来利润的发动机。这个发动机在互联网普及时代并没有开动起来，只是被一些网站用来提高自己的知名度，但随着其赢利模式逐步浮出水面，在互联网上淘金的人已迫不及待地推动网络热点从门户转移到搜索。"① 在搜狐高调推出大众搜索引擎"搜狗"后一个月，搜狗在因特网的排名升到前 150 名；搜狗 2004 年的收入达到了 1 000 万美元；同时，搜索业务关联广告收入在搜狐全部广告收入中占 18% 的比例。在香港上市的慧聪在搜索方面的收入达到 2 200万元，占其总收入的 11% 。

1. 市场规模

根据美国知名投资银行 Bancorp Piper Jaffray 的数据，2004 年全球收费搜

① 陈金国：《搜索迷局》，《互联网周刊》2004 年第 10 期。

索服务市场规模约为29亿美元，接近整个网络广告市场销售额的25%。Bancorp Piper Jaffray那时预测：未来4年，搜索市场每年将以35%的速度增长；到2007年，全球整个搜索市场的规模可望达到70亿美元。

根据CNNIC互联网用户调查数据，随着互联网用户逐年增加，搜索引擎作为用户使用互联网的主要工具的使用率逐年上涨。2004年中国互联网用户使用搜索引擎的用户比例为80%，使用搜索引擎的用户呈稳定增长态势。根据iResearch的数据，预计2007年互联网用户增长至接近1.9亿；2003年中国搜索引擎市场规模为6.9亿元人民币，年增长率为147%；2004年中国搜索引擎市场规模达12.5亿元人民币，年增长率为81%；预计2007年中国搜索引擎市场规模将达到56.2亿元人民币（见图4-4、图4-5）。

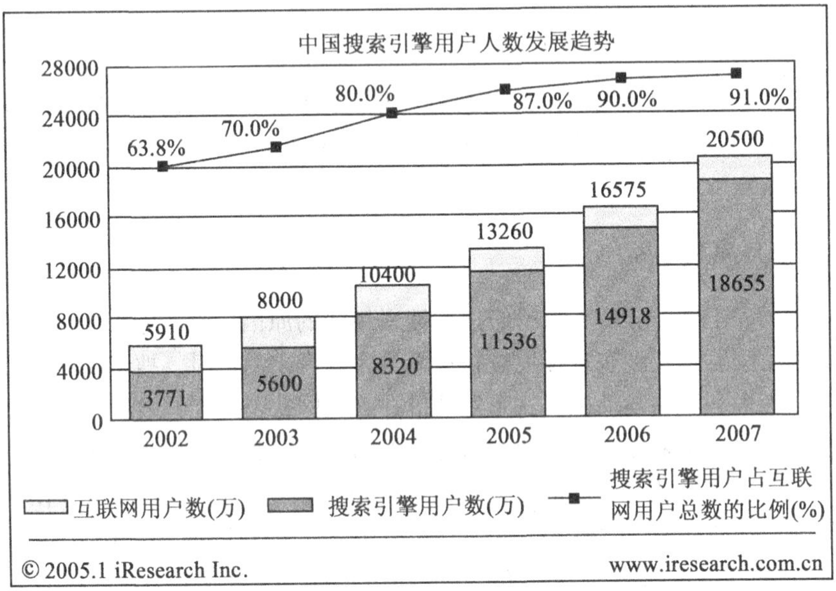

图4-4　中国搜索引擎用户人数发展趋势

2. 搜索引擎的产业链结构

搜索引擎行业产业链结构有五大主体。

（1）搜索引擎技术提供商

搜索引擎技术提供商是搜索引擎行业发展的基础和核心。搜索引擎技术提

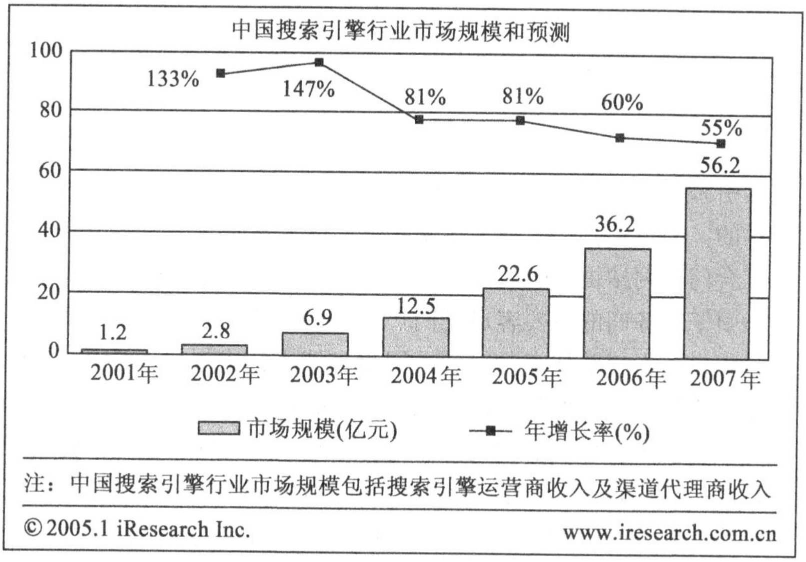

图4-5　中国搜索引擎行业市场规模和预测

供商向搜索服务提供商提供搜索引擎的产品和技术，向企业提供定制化的搜索引擎相关产品，包括企业资源管理系统、竞争情报系统等。在激烈的竞争当中，有的搜索引擎技术提供商逐渐从后台走向前台，直接充当搜索服务提供商。

（2）搜索服务提供商

搜索服务提供商直接面向用户，是实现搜索引擎价值的平台。搜索服务提供商向网民提供以免费为主的搜索服务，向企业用户提供搜索服务和一些相关增值服务。

（3）企业用户

企业用户付费使用搜索引擎服务的广告空间和时间，推广自己的品牌和产品。

（4）个人用户

他们使用搜索引擎服务，获得所需的资料和信息，同时成为企业用户的潜在客户群体。

（5）搜索引擎渠道代理商

搜索引擎渠道代理商是企业用户与搜索服务提供商之间的桥梁。搜索引擎渠道代理商为搜索服务提供商代理搜索广告的营销，进行市场推广、寻找企业客户，赚取营销服务代理费。中国搜索引擎市场规模包括代理商费用。谈及百度、3721、中搜、Google 这些搜索引擎市场运营商的收入和整体市场规模，需扣除支付给代理商的费用。

3. 以 B2B 为主的赢利模式

搜索引擎是方便用户检索信息的工具。在很多人眼里，它是网站为吸引用户而提供的一种免费公共服务。在搜索引擎技术发展的早期，用户直接面对的一般是综合门户网站提供的免费搜索。综合门户网站与搜索服务商形成紧密联系。搜索引擎服务商的主要客户是门户网站，而不是搜索技术的直接使用者。他们通过提供搜索引擎技术获得利益回报。搜索技术提供商向门户网站收费，门户网站却不知道该向谁收费，形成了产业链断层。

没有人会想到，单纯的搜索技术会有如此快速的发展步伐，更没有人想到搜索会成为一个极具商业价值的网络技术。如今，搜索引擎跨越简单依靠出售搜索技术取得收入的模式，成为继无线增值、网络游戏之后，又一个成功的因特网“商业神话”。根据 iResearch 的调查，2005 年中国发达地区有 84.49% 的企业使用搜索引擎作为企业的推广方式（见图 4-6）。

当前，搜索引擎市场的赢利模式主要有以下几种：技术支持、关键字广告、登录排名、固定排名、竞价排名、地址栏搜索广告。

（1）技术支持

技术支持指的是为其他网站提供租借、出售、定制搜索引擎的服务。这是搜索引擎发展初期最主要的赢利方式。

（2）关键字广告

关键字广告是搜索引擎与广告结合的最初形态。网民利用搜索引擎检索信息时，输入某个产品品牌的名字，除得到有关这个品牌的网络链接外，与这个品牌密切相关的广告——关键字广告会出现在页面上（见图 4-7）。生产厂商发现，这种区别于传统广告方式的关键字广告效果很好，他们的产品广告可以比较准确地传送到目标消费者群体。网络用户流量巨大，为关键字广告提供了巨大的潜在受众。网络广告点击率高达 3%，可以使潜在受众转变为现实的广告接触者，有望导致直接或者间接的商品购买行为。

相对于传统广告及网络旗帜广告、弹出广告而言，发布关键字广告的费用较低。大批急于打开市场而又苦于难以支付巨额广告费的中小厂商成为关键

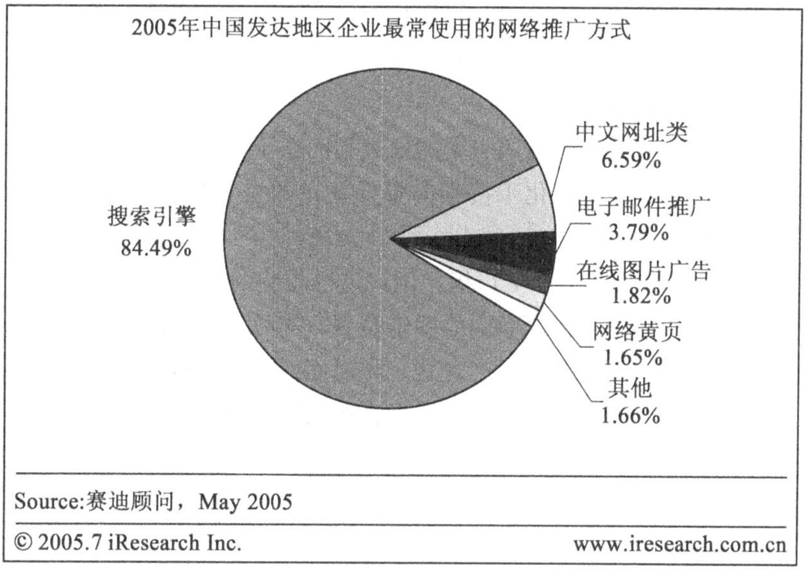

图 4-6　2005 年中国发达地区企业最常使用的网络推广方式

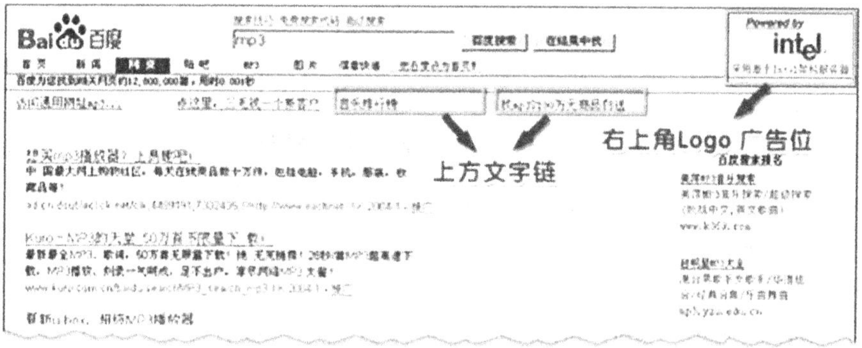

图 4-7　关键字广告

字广告的第一批客户。搜索服务商根据网络广告的点击量向广告主收取相应费用，这种收费模式也颇受广告主欢迎。

关键字广告为搜索服务商带来经济利益，成为出售搜索技术之外的又一重大收入来源。大多数搜索系统的表现与用户的期望值之间相去甚远，有时候用户要在十几页夹着广告的检索结果中苦苦筛选，还可能最终无功而返。

(3) 登录/固定排名

行业搜索引擎与一般通用引擎的最大不同在于：它主要通过收取登录费用的方式赢利。比如，中国化工搜索向想要登录的企业按年收取800元或2 400元不等的费用。

固定排名搜索（见图4-8）指：用户进行关键词搜索时，广告客户的网站将出现在关键词搜索结果页面中的固定位置（名次）；广告客户按照预先确定的价格给搜索引擎运营商支付广告费。相对而言，固定排名费用较高、周期较长、覆盖面广，但缺乏针对性，适合大企业采用。固定排名搜索是一种比较传统的搜索排名方式，相对于竞价排名而言，其广告效果及灵活性较差，其广告市场的增长速度最为缓慢。

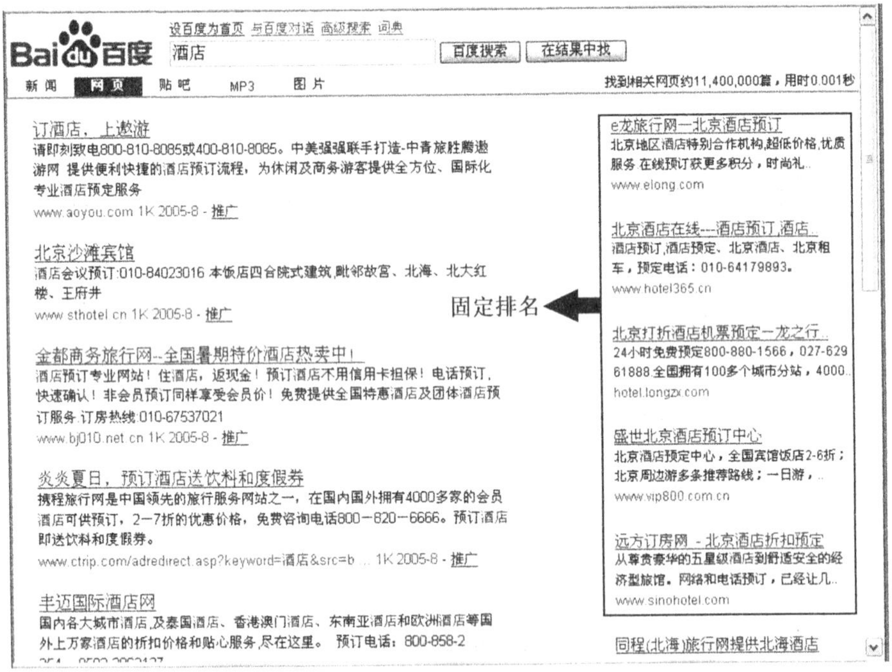

图4-8 固定排名

(4) 竞价排名

根据搜索技术的特点，搜索结果的排名是由网页被引用次数的多少决定的，网页被引用次数多表明它具有更大的吸引力和权威性，它就出现在搜索列表的前面。这种按引用次数排名的方式基本公正，但不能为搜索引擎公司带来收入。竞价排名打破常规，定下另一种规则：“金钱可以提高网页的排名”。出钱多的客户，其网页放在相关搜索结果的前列。竞价排名这种新的商业模式适合于某些社会需求。

搜索引擎竞价排名（见图4-9）是近几年风靡世界的网络推广服务。这种全新的商业模式是由美国一家搜索引擎服务商 Overture 最先开发出来的；Google 右侧的广告服务也采用这种模式；国内首先开展竞价排名服务的搜索引擎服务商是百度。

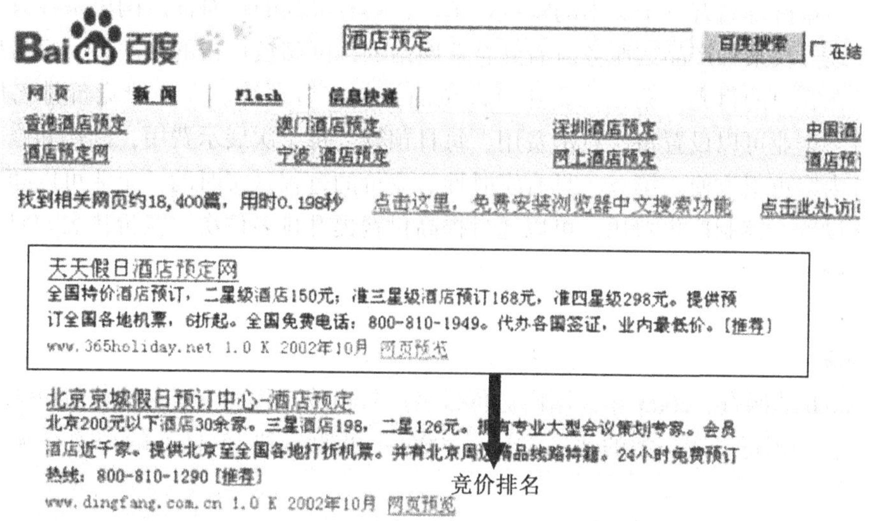

说明：“天天假日酒店预定网”是百度竞价排名客户，选择了包括“酒店”、“酒店预定”、“订房”在内的10个关键字，在百度搜索引擎上搜索“酒店预定”时，它的网站排在最前面。

图4-9　竞价排名

竞价排名不是按照排名的时间长短收费，而是按照客户网站的实际访问量收费。具体方式是：记录下有效点击次数，根据与企业商定的每次点击费用（CPC）和每日预算收费，是一种按照效果收费的网络推广服务。CPC（cost per click）有时候也以 PPC 表示。PPC 是 Pay-Per-Click 缩写，即按点击付费，也就是说用户点击广告后广告主才为此付费，是不同于 CPM（千人次展示付费）的网络广告计费模式。

竞价排名解决了搜索引擎服务商的商业利益与广告主对广告实际效果的追求之间的矛盾，发展前景最为乐观。由于采取关键词点击付费，竞价排名较有针对性，且周期较短，适合于中小型企业采用。

发布传统广告及网络旗帜广告、弹出广告需要支付高额费用，实力较弱或者处于发展过程中的企业无法支付。于是，占据公众视线的往往是大公司，规模较小的企业常常被排挤在公众视线之外。网络的发展为它们提供一个比较合适的展示机会，它们可以通过因特网来提升影响力。

竞价排名有三个突出的特点：第一，具有极高的针对性。网民是在有针对性地寻找某种产品或服务时看到企业网站的，网站被点击的几率高，容易抓住潜在客户的目光。第二，企业可以全面控制广告预算。在注册竞价排名广告时，企业可以设置每次点击费用、每日预算、每千次展示费用，制作和修改广告内容也很方便。第三，具有实时性。竞价的过程是实时的。企业可以随时调整设置，控制广告费用，可以通过提高付费提升排名位次。竞价排名相对廉价又颇见时效，被很多中小企业采用。

中国搜索总裁陈沛认为，竞价排名是搜索引擎的最主要收入来源，它的比例应该超过 50%。百度竞价排名广告收入占全部广告收入的 80%。根据 iResearch 的调查，2003 年，国内竞价排名广告市场规模为 1.9 亿元。预计未来几年，每年将以翻一番的速度增长；2006 年可望达到 15 亿元的规模（见图 4-10）。

（5）地址栏搜索广告

地址栏搜索广告（见图 4-11）指的是将企业名称或主要产品预先设置在××搜索的浏览器上，例如，百度提供的地址栏搜索广告将淘宝网设置为“淘宝促销一折起价”一词，网民点击后便可直接进入淘宝网。这主要是由 3721 公司提供的地址栏搜索服务——“3721 网络实名”。“3721 网络实名”是第三代中文上网方式，用户无须记忆复杂的域名，只要直接在浏览器地址栏中输入中文名字，就能直达企业网站，找到企业、产品信息。这种中文上网方式能为企业带来更多的商业机会。

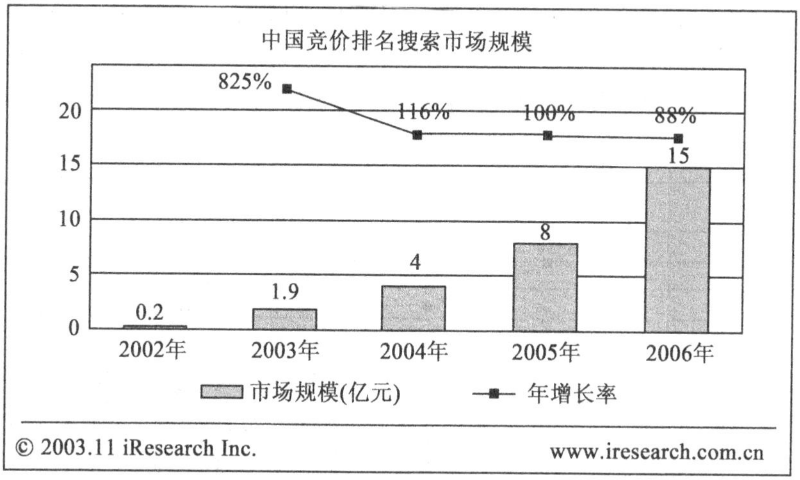

图 4-10　中国竞价排名搜索市场规模

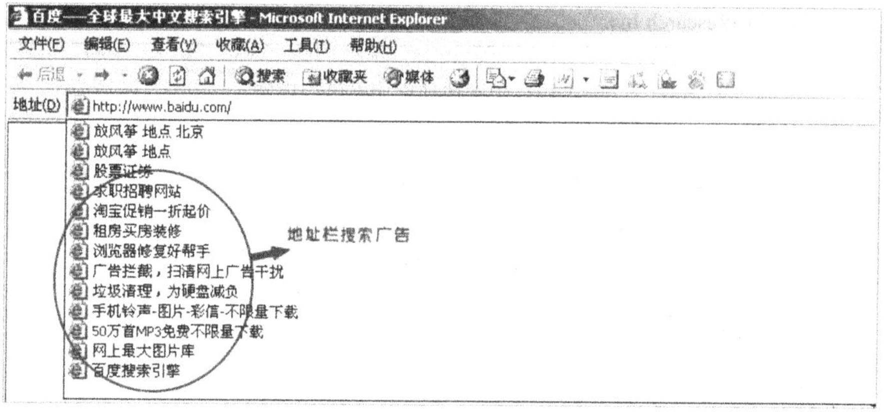

图 4-11　地址栏搜索广告

目前，地址栏搜索覆盖了 80% 以上的中国因特网用户，每日使用量超过 3 000 万人次，是用户常用的网络搜索服务之一。广告客户将自己的公司名、产品名注册为3721网络实名，用户输入企业的名字就可以直达企业网站。已经有超过30万家的企事业单位注册了3721网络实名。3721占据了地址栏搜索的绝大部分份额，但也面临着来自CNNIC的竞争。根据iResearch的调查，2002年国内地址栏搜索广告的市场规模为1.4亿元人民币，预计未来几年内将保持35%的增长速度（见图4-12）。

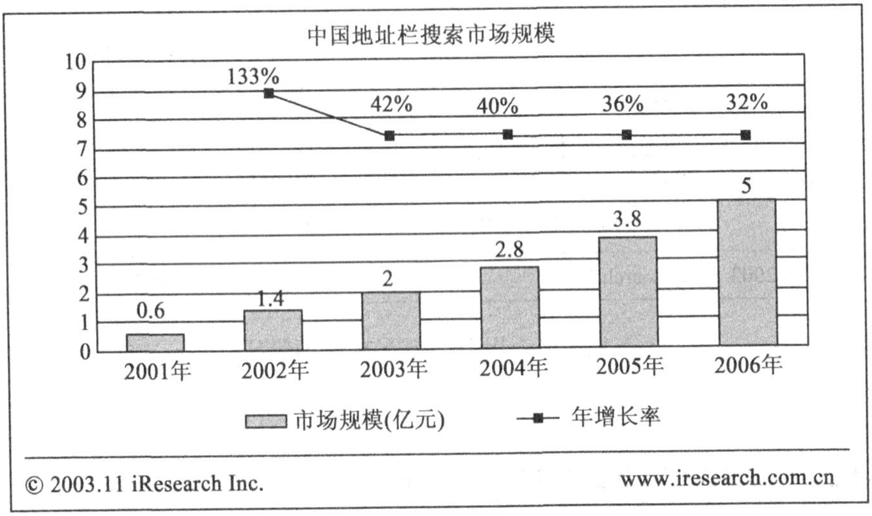

图4-12　中国地址栏搜索市场规模

调查还发现，中国企业使用搜索功能的主要途径是搜索引擎首页，其次是地址栏直接输入，也有企业选择门户网站首页和网址站首页。通过搜索引擎首页和地址栏直接输入的途径占到近81%的比例（见图4-13）。

（二）搜索引擎营销

1. SEM的概念

搜索引擎营销（Search Engine Marketing，缩写为SEM）是网络营销的一种新形式，指的是根据用户使用搜索引擎的方式，利用用户检索信息的机会，尽可能将营销信息传递给目标用户。有时也指Search Engine Marketer，即从事搜索引擎营销的人。搜索引擎营销的目的是帮助企业降低成本、提高收益、促进销售、获得利润。

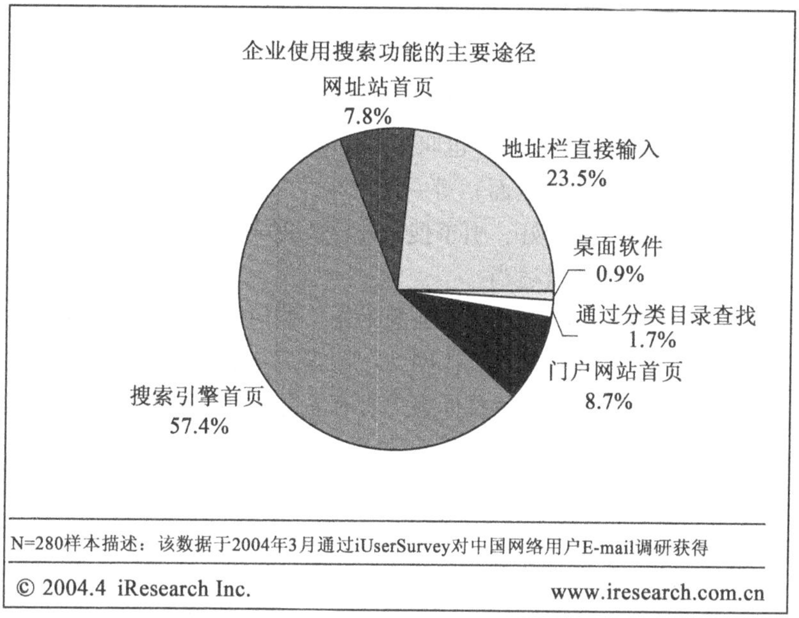

图 4-13　企业使用搜索功能的主要途径

SEM 包括 SEO 和 PPC 两部分。SEO 是 Search Engine Optimization 的缩写，译为搜索引擎优化。作为一种职业，SEO 于 1998 年在美国开始形成；直至 2004 年，国内才开始出现 SEO。SEO 有时也指 Search Engine Optimizer，即搜索引擎优化师。SEO 针对各种搜索引擎的检索特点，按搜索引擎的自动收录规则对网站进行网页设计、文字描述等技术处理，使网站能够快速有效地登录搜索引擎，并获得较靠前的排名。它是一项非常重要的基础性网站推广工作。一个网站正确进行搜索引擎优化后，能够使用户方便地通过搜索引擎检索到它的信息，并且返回的检索信息对用户更有吸引力，更有利于达到搜索引擎营销的目的。搜索引擎友好的网站具有如下特点：

（1）网页中图片、动画与文字的比例适当

（2）网页正文内容能适当凸现关键字

（3）网页标题中包含关键字

（4）有意识地在网站导航、网站地图、超链接中使用关键字

(5) 高质量的超链接

(6) 网站中的“搜索引擎垃圾”——如垃圾邮件制造者、镜像网站(在不同的服务器放置同样的网页，以便用户自己选择速度快的服务器进行访问，在其中某个服务器出现当机的时候，可通过其他的服务器继续访问)、桥页(也叫过渡页，指一个页面打开之后会自动(或手动)转到别的页面)等——较少

(7) 网站目录结构良好，引擎搜索能深入搜索到第三层、第四层的网页

(8) 动态网页的数量适当

搜索引擎优化是一项技术性较强的工作，如何优化，要考虑企业的具体特点。实践证明，搜索引擎优化能让网站在搜索引擎上表现良好：网站整体设计轻松明快，页面简洁大方，使目标客户直奔主题，从而使企业与客户的沟通效果最佳。

2. 如何做好 SEM

搜索引擎营销在网站推广、网络品牌塑造、产品推广、在线销售等方面具有明显效果，被企业广为运用。

利用搜索引擎进行网络营销有以下几个工作步骤：①

(1) 建立搜索引擎友好、用户友好的网站

一个商业网站要以其核心关键字在主流搜索引擎上获得自然排名优先，首先应该构建适合搜索引擎检索的网页资源，这是搜索引擎营销的基础。企业网站的网页、导航系统和超链接是搜索引擎检索的基础，应进行总体规划，使网页内容能很容易地被搜索引擎搜索到，且能实现用户友好；网页资源最终要面向用户，建设网站，不但要注意搜索引擎友好，而且要注意用户友好。

(2) 创造网页/网站被搜索引擎收录到索引数据库的机会

仅仅把网站建设完成，在因特网上登场，还没有达到搜索引擎营销的目的。无论网站设计多么精美，如果不被搜索引擎收录，用户便无法通过搜索引擎发现网站，接触网站欲向他们传送的信息，不能实现网络营销的目的。让尽可能多的网页被搜索引擎收录，是网络营销的基本任务之一。

(3) 使网站出现在搜索结果中的靠前位置

---

① 参见冯英健：《搜索引擎营销的五个基本要素和五项基本任务》，网上营销新观察，http://www.marketingman.net/wmtips/p154.htm。

网页/网站被搜索引擎收录，有一个在搜索结果中靠前还是靠后的问题。搜索引擎优化的一个任务，就是要让网页/网站在搜索结果中靠前。搜索引擎收录的信息很多，用户进行关键词检索时，会有大量反馈结果扑面而来。如果企业的网页/网站出现的位置靠后，被用户发现的机会就大为降低，无法保证搜索引擎营销的效果。

（4）要以搜索结果中出现的有限信息获得用户关注

用户进行关键词检索（对于分类目录，则是按目录逐级查询），检索结果中会罗列相关的索引信息及 URL（Uniform Resource Locator，统一资源定位器）链接。通常，用户并不会点击浏览检索结果中的所有页面，而是对搜索结果进行判断，从中筛选一些他认为相关性最强，最引人关注的信息，再行点击，进入相应网页，获得更为完整的信息。要让用户选择自己并点击进入，网站需要对搜索引擎收集信息的方式进行针对性研究，使出现在搜索结果中的索引信息能吸引用户。

（5）用户点击搜索结果进入网页/网站

这是搜索引擎营销产生效果的基本表现形式，用户进入网页/网站后，才有可能进一步采取网上或网下的购买行动，使搜索引擎营销最终获得收益。在此阶段，搜索引擎营销将与网站信息发布、客户服务、网站流量统计分析、在线销售等其他网络营销工作结合起来。

三、著名的搜索引擎介绍

（一）通用搜索引擎

1. Yahoo!

Yahoo! 是最早的目录索引之一，最重要的搜索服务网站，在全部因特网搜索服务市场中所占份额高达 36% 左右，号称搜索引擎之王。Yahoo! 数据库中的注册网站，无论在形式上，还是在内容上，质量都很高。Yahoo! 属于目录索引类搜索引擎，提供类目、网站及全文检索功能。Yahoo! 有高级检索方式，支持逻辑查询，可限时间查询，设有新站、酷站目录。Yahoo! 的目录分类合理，层次深，类目设置好，网站提要清晰，但部分网站无提要。Yahoo! 网站收录丰富，检索结果精确度较高，有相关网页和新闻的查询链接。Yahoo! 的全文检索由 Inktomi 支持。

2. Google

Google 成立于 1997 年，在几年间，迅速发展为目前规模最大的搜索引擎，为 AOL、Compuserve、Netscape 等门户网站和搜索引擎提供后台网页查询服务。Google 是全文（Full Text）搜索引擎，提供常规及高级搜索功能。在高级搜索中，用户可限制某一搜索必须包含或排除特定的关键词或短语。在普通搜索按钮旁有“I'm Feeling Lucky”按钮，具有网站直达功能，使用户直接到达与所搜索的关键词最相关的网站，这是 Google 很有特色的一项功能。当用户查找目的明确时，直达功能极大地提高了查询效率。Google 还提供特别主题搜索，如 Apple Macintosh，BSD Unix，Linux 和大学院校搜索等。Google 借用 Dmoz 的目录索引提供分类目录查询，并非按照字母顺序，而是根据网站 PageRank 的分值高低排列网站呈现顺序。Google 的“蜘蛛”程序名为“Googlebot”。Google 一般每隔 28 天派出“蜘蛛”程序检索一定 IP 地址范围内的新网站。根据现有网站的等级不同，更新有快慢之分；一般来说，等级越高，更新越快速、越频繁。

3. Lycos

Lycos 是最早提供信息搜索服务的网站之一。2000 年，西班牙网络集团 Terra Lycos Network 出资 125 亿美元将其收归旗下。Lycos 为多功能搜索引擎，提供网站评论、图像及包括 MP3 在内的压缩音频文件下载、链接等服务。Lycos 的目录分类，规范、细致，类目设置较好，网站归类准确，提要简明扼要，收录丰富。其高级检索功能，支持逻辑条件限制查询，还具有多语言搜索功能，在首页下部显示部分 Open Directory 的目录索引。Lycos 的“蜘蛛”程序名为“Lycos Spider（T-Rex）”，登录周期为 3～6 周。Lycos 升级数据库的速度很慢，经常碰到在搜索时找不到 Spider 已访问的网站递交的网页的情况。①

4. 百度（Baidu. com，Inc）

百度公司 1999 年底成立于美国硅谷；2000 年 1 月，百度在中国成立全资子公司百度网络技术（北京）有限公司；同年 10 月，成立深圳分公司；2001 年 6 月，成立上海办事处。百度是国内最大的商业化全文搜索引擎，占国内搜索服务市场份额的 80%。百度是目前国内技术水平最高的搜索引擎，其功能

① 注：Lycos 现已放弃自己的 Spider 索引数据库，目前搜索结果大部分来自 FAST/All The Web 引擎。

完备，搜索精确度高，除数据库规模及部分特殊搜索功能配置外，可与 Google 媲美，在中文搜索支持方面，有些地方甚至超过 Google。百度目前主要提供中文(简/繁体) 网页搜索服务，还为 Lycos 中国、Tom. com、21CN、广州视窗等提供搜索方面的后台服务，为中央电视台、外经贸部等机构提供后台数据搜索及技术支持。百度还在搜索结果页面，设置关联搜索，方便访问者查询与输入关键词有关的其他方面的信息。百度提供“百度快照”服务，这是百度网站最具魅力和实用价值的服务之一。用户上网遇到“该页无法显示”，或碰上网页链接速度缓慢，十几秒甚至几十秒都不能打开等问题的时候，百度快照能为他们排忧解难。百度预览各网站，拍下网页快照，为用户贮存大量应急网页。在百度的服务器上，保存了几乎所有网站的大部分页面。用户在不能链接所需网站时，百度的暂存网页可以救急；通过百度快照，链接速度能大幅度提高；这就使用户不再受死链接或网络堵塞的困扰。在快照中，用户的关键词在网页中用不同颜色标明;点击快照中的关键词，可以直接跳到它在文中首次出现的位置。

百度能进行新闻搜索、MP3 搜索、图片搜索、Flash 搜索。2001 年 9 月，百度推出类似 Overture 的“竞价排名服务”，市场反应强烈。雅虎中国、Lycos 中国、263、Tom . com、21CN、163. net、上海热线、广州视窗、福建在线等门户网站都加入了百度竞价排名阵营。①

（二）专用搜索引擎

搜索引擎虽然历史不长，但发展迅速，技术日趋成熟。近年来，搜索引擎呈现从综合性向专业化方向发展的趋势。因特网上，网站和网页数量增长快速，综合性搜索引擎的搜索功能越来越显得捉襟见肘，甚至挂一漏万。据研究，目前最著名的搜索引擎只能检索互联网上不到 20% 的网页。受专业知识限制，引擎编辑很难全面、深入地顾及所有专题，引擎的分类编排也未必科学合理，往往不能满足专业人员的需要。有鉴于此，很多通用搜索引擎开始细化市场,提供专业搜索服务（见图 4-14）。下面介绍几个著名的专用搜索引擎：

① 注：百度现已去掉了关键词分类搜索。

功能	百度	雅虎	一搜	Google	中搜	网易	搜狐	新浪
新闻搜索	√	√	√	√	√		√	√
网页搜索	√	√	√	√		√		√
贴吧搜索	√							
MP3 搜索	√		√		√	√	√	√
图片搜索	√	√	√		√	√	√	√
网站搜索	√			√	√	√	√	√
音乐搜索		√						
实名搜索		√						
图象搜索				√				
商机搜索							√	
购物搜索					√		√	
地图搜索					√			
黄页搜索								√
分类目录搜索		√				√		√
网上论坛搜索			√	√				

图 4-14　中国主要搜索引擎运营商提供的功能①

1. 和讯 hexun.com

收录股票、债券、期货等 17 个类别的金融网站，以中文为主，收有部分国际知名金融网站。分类明晰，提要简明。

2. 中国化工搜索

有“产品搜索”、“网页搜索”及“供求搜索”三种形式。

“产品搜索”以企业经营的产品为查询主线，搜索结果为经过专业加工的数据，直观反映客户想通过搜索引擎了解的产品信息。

“网页搜索”自动抓取互联网上的数据，搜索结果为一个个的网页，搜索出的数据条数多，但重复性大。

① 艾瑞网：《2004 年中国搜索引擎研究报告》。

“供求搜索”的搜索结果是在网上交易市场上的企业产品的供货、求货信息。

3. healthoo 健康网.com

健康网的网上药店的货品包括常用药品、新特药、保健品、妇女儿童药品及医疗器械等八大类，品种齐全。详细介绍有关货品的材料被制成网页，放在健康网数据库内。用户输入药品名称或疾病名称，可以方便地查到所需的信息。健康网的电子商务平台把网络当作加强企业间的交流与合作的工具，构筑企业间的“B to B”商务模式，实现无纸贸易。

第三节　虚拟社区

一、概述

（一）虚拟社区的起源与发展

虚拟社区（Virtual Community）是一个新生事物。在国外，虚拟社区的数量正以前所未有的速度增长。最初，虚拟社区的设想出现在科幻小说中。1984年，Willian Gibson 在《Neurom acer》（神经漫游者）中提出赛博空间（Cyberspace）的概念。他将赛博空间描述为一个三维的笛卡儿矩阵，是对网络数据的图表式再现。1990 年代，Neal Stephenson 在小说《Snow Crash》中设想：引入虚拟现实技术，电子空间作为一种可视环境取代了真实世界。①

最早的实际上的虚拟社区是 1984 年 Brand 和 Brilliant 创建的 The Well（Whole Earth Lectronic Link，全球电子讨论链）。它是洛杉矶的一家杂志为联络用户而开辟的 BBS，后来发展为颇具规模的网络社区。在 Well 中，有许多各种主题的讨论组，由兴趣相投的社区成员组成，他们以网名或真名进行文字交流，发表见解，联络感情，分享价值，建立关系。早期的 Well，还没有建

① 黄铁军、高文：《虚拟社区及其交互式媒体实现技术》，《中国图像图形学报》2000 年第 2 期。

章立制，有人滥用自由，造成种种令人不快的事件。为了避免此类事件的发生，Well 成员订立契约，规范交往行为。

1990 年，Well 引进 Cyberspace 的名称，目前，它仍是最著名的虚拟社区之一，其创建者被称为因特网上的第一市民。The Well 的榜样促使网上虚拟社区迅速发展。20 世纪 90 年代中期，被 Yahoo！并购的 Geocities、被 Lycos 并购的 Pridpd. com、The Globe. com 和女性网站 iVillage. com 是最负盛名的以虚拟社区起家的网站。

在我国，网易于 1999 年第一个创建虚拟社区服务，并制订了详细的“虚拟社区基本法”；随后，新浪也把虚拟社区作为一个主攻方向。

（二）虚拟社区的概念

虚拟社区是从英文“Virtual Community”翻译过来的。“社区”一词源于 Community。《韦氏大辞典》对 Community 的解释是：（1）任何大小的一个社会组织，其成员居住在一定的特定区域内，共有同一个政府，并有共同的文化和历史传统；（2）具有共同特征或兴趣，使它在其存在的较大社会组织中突出来的团体；（3）一群遵循一定规则、过着同样生活的男人和女人；（4）作为整体的社会和大众。第二次世界大战以后，“社区”作为公民社会的最基本的组织形式蓬勃发展起来。

作为社会学研究的基本单位，“社区”概念的定义有各种说法。德国社会学家 F. 腾尼斯认为，社区指的是一种基于血缘关系或自然情感的社会有机体，有点接近平常所说的乡村小社会。爱德华和琼斯着眼于社区结构与组织形式，对社区作了这样的描述：有一群人，居住在一定的地方，在组织他们的社会生活时行使一定程度的自治；他们组织社会生活时以地方为基础来满足他们各方面的生活需要。怀特指出：社区一词一方面有一种情感上的力量，另一方面它还是一种对于地方的、发生在身边的和熟悉的社会环境的归属感。① 我国的一些学者认为：社区是以一定地理区域为基础，进行一定的社会活动、具有某种互动关系和共同文化维系力的人类群体及其活动区域。②

一般来说，构成“社区”有四个要素：地域、人群、相应的组织和管理

---

① 田丹婷：《社区与虚拟社区》，《探索》2000 年增刊。

② 袁海波，袁海燕：《网络虚拟社区的营销价值》，《江苏商论》2003 年第 11 期。

机构、共同的意识和文化；社区是在特定的区域内，通过某种方式进行交流形成共同文化和意识的群体。

在《现代汉语词典》中“虚拟”一词被解释为“不符合或不一定符合事实的；假设的；虚构的”。就汉语的表达方式来理解，虚拟社区是人们在网络世界构造的虚幻世界。

实际上，在英语中，“虚拟”一词来源于“虚拟现实”（Virtual Reality）的“Virtual”。虚拟现实是一种可以人为创建、可以被人们实际体验的一种实时的、三维的虚拟环境（Virtual Environment）。就可以人为创建而言，它是一种计算机系统。使用者进入虚拟环境，体验计算机系统营造的虚拟世界，实施人—机交互操作。虚拟环境极具真实感，人们可以看、可以听、可以嗅，可以说话，说出话后会得到应答，做出种种动作会得到反应。虚拟环境存在于网络中，如同虚拟现实一样，以计算机程序为技术基础。

与虚拟现实中的人—机交流不一样，虚拟社区中的交流不是人与计算机的交流，而是人与人的交流。虚拟社区中，人们相互交流的想法、观点、感受、情感、友谊都是真实的。“虚拟社区”可以理解为存在于网络上的社区，与一般的社区比较，在四要素中，它没有地域界限，也没有严格意义上的组织和管理机构，但它汇聚了兴趣、爱好相同，从而具有意识和文化的共性的人群，这些人通过计算机网络进行交流、沟通，共享知识、经验。

（三）虚拟社区的特点

1. 空间结构的跨地域性

虚拟社区突破了地域限制，在世界范围内，不同国家和地区的人们按照兴趣、专长、文化、需要、价值观等在网络上自由选择生存空间，“自发”形成各个虚拟社区。在一个虚拟社区里，非洲的农夫、美国的律师、中国的学生等可以一起交换意见、探讨问题。它扩大了人们的交流空间，改变了人们的交往形式。

2. 群体流动的频繁性

虚拟社区具有论坛、聊天、学习、娱乐、购物等多种功能，人们可以根据需要、喜好在不同的社区间流动，正如尼葛洛庞帝所言：“数字化生存所以能让我们的未来不同于现在，完全是因为它容易进入、具备流动性以及引发变迁的能力。”①

3. 信息的互动性

传统的大众媒体的传播方式主要是单向传播。聚集在虚拟社区的人们，能够检索并“拉”出他们感兴趣的讨论内容，在互动中进行交往。

4. 社区成员的主体性

“推动组成虚拟社会的一个关键设想是，成员从由成员产生的内容中获得的价值将大于从更常规‘出版’内容中获得的价值。由成员产生的内容通常在交谈区实时产生，在公告牌的公告中积累。”② 社区成员可以建立自己的个人档案，诸如相册、信息板和地址簿等，可以在虚拟社区提供的聊天室、公告板上发布信息，社区成员不再是信息的被动接收者，而是信息的发布者和传播者，其主动精神和主体意识是传统的大众媒体受众难以具有的。

5. 管理的自治性

虚拟社区是社区成员自治的组织。一个社区存在期间，网络管理员仅提供技术保障，社区的活力则取决于社区成员的自觉参与和积极投入。虚拟社区为成员提供了一个施展其才能的环境，鼓励自由创造。社区主题的设计、交流内容的充实、社区规则的制定、社区秩序的维持、成员义务的履行、社区责任的担当，都是通过社区成员的自治来实现的。

二、虚拟社区的价值

（一）虚拟社区提供的服务

虚拟社区成员能分享其他成员、社区服务供应商（VCP）、其他社会机构在社区中发布的信息、知识、经验，能得到社交及角色扮演的满足。现在，虚拟社区为提高成员交流信息、共享经验的积极性，不仅有简单的异步互动，而且有更具吸引力的同步互动。

1. 异步互动方式

（1）电子邮件（E-mail）

---

① 尼葛洛庞帝：《数字化生存》，海南出版社1997年版，第271页。

② 哈格尔三世，阿姆斯特朗著：《网络利益：通过虚拟社会扩大市场》，王国瑞译，新华出版社1998年版，第33页。

电子邮件是最基本的虚拟社区服务之一，适用于社区成员间的知识交流活动，是人们使用因特网进行信息传播的主要途径。它可以传播文本，还支持各种多媒体格式，如声音、图像等。为了在社区成员间的群体传播，许多虚拟社区提供邮件组（Mailing List）服务，社区成员可以将邮件提交至某一邮件组公共地址，转发至该组所有成员的邮箱。

（2）电子公告牌（BBS）

这是 Bulletin Board System 的简称。这种方式在社区中使用频繁，是社区成员交流思想、建立新型互动关系的场所。在 BBS 中，用户可以在各个特定主题的讨论区内，针对张贴与主题相关的意见或问题，与他人展开讨论，征求答复，由此引发群体讨论，激发更多人参与。这种讨论和参与，完全不受时间、地域的限制。一般情况下，一个 BBS 有很多不同的讨论区，每个讨论区叫一个版，版的管理者称为版主。参与讨论者称版主为“斑竹”。除分类讨论外，BBS 系统还可以实现聊天、留言、自动转信、发布信息和下载文件等功能。

（3）新闻组（Newsgroup）

这是社区成员获取信息的直接而有效的工具。社区服务提供商和电子商务企业将产品信息、社区动态等新闻提交到社区新闻组服务器上，以便社区成员浏览、下载。新闻组是一个全交互式的电子论坛。不同时间、不同地点上网的网民可以通过新闻组进行对话、实现交流。新闻组放大了两个人或几个人之间的交往环境，为成千上万的人参与讨论一个他们共同关心的问题提供了条件；人们可以随时发表意见，补充、修改别人提出的观点。总有一些热心人参与新闻组的活动，人们不必担心自己向新闻组提交的问题没有人回应。

2. 同步互动方式

（1）聊天室（Chat Room）

几乎所有的虚拟社区都提供在线聊天室。在聊天室里，社区成员实时与其他成员交流信息，充分满足扩大社交圈子、张扬自我的需求。这种交流方式，随意性较大，甚至可以不注册就参加聊天，也允许成员开设私密聊天室，一对一地谈话，还能为成员设计动画聊天界面和虚拟场景，使互动环境更有真实感。

（2）拍卖会（Bidding Block）

虚拟社区在线拍卖会与一般的网络拍卖会不同，它拍卖的物品往往是社区的标志物或用以代表社区成员身份的物品。这种拍卖活动，可以增强社区成员的归属感，也能使成员间的信息共享活动更为生动有趣。

(3) 泥巴 (MUD)

这是一种社区成员以对话的形式进行的多人网上并行的角色扮演游戏。最初，泥巴这种形式纯属游戏，成员间共享的知识有限。现在，泥巴已经转向社交、科研、教育、医疗等领域，成员间共享的知识面大为拓展。

(二) 虚拟社区的种类

网络虚拟社区的形式多种多样，我们可以根据不同的标准对虚拟社区进行分类。

根据社区规模和参与者的身份可将虚拟社区划分为综合性社区和专业社区。两类社区通常又按不同主题分成若干板块。如人们熟知的网易虚拟社区是一个包含几十个板块的综合性社区，内容覆盖生活、情感、文学、电脑、音乐、股票等方面；Alibaba. com 定位为网上商人社区，根据行业性质划分不同板块。综合性社区通常可以汇聚大量人气，吸引网民眼球，通过发布网络广告取得营业收入。专业性社区直接蕴涵商机。如关于汽车的社区，其成员中就有大量潜在的汽车购买者。

阿姆斯特朗和哈格尔 (Armstrong and Hagel) 根据社区形成的原因将虚拟社区划分为四类:①

1. 交易社区

这是典型的商业性虚拟社区，为买卖活动提供便利。社区成员包括买方、卖方、中介商等；主要收入来源于交易佣金和广告收入。交易社区作为集聚商业信息的场所，能提高交易行为的透明度，有助于改变消费者在交易活动中的信息劣势，增进消费者和企业之间的相互信任，激发消费者采取购买行为。如“虚拟葡萄园”除了销售酒类商品外，还提供品酒专家的意见，让爱酒者交流品酒方法，品酒经验。通用电气 TPN 网络为交易者提供竞价场所，促成产品买卖。

---

① 哈格尔三世，阿姆斯特朗著：《网络利益——通过虚拟社会扩大市场》，王国瑞译，新华出版社 1998 年版，第 20~26 页。

2. 兴趣社区

在此类社区中，散处各地的兴趣相投或具有相同职业、专长、背景的人们就特别主题展开交流。如 Motley Fool（fool. com）是一个个人投资者论坛。City411 提供许多当地的娱乐、交通、天气预报等方面的信息。

3. 关系社区

此类社区建立在社区成员共同的生活经历、生存需要的基础上。如 CompuServe 上的癌症社区专门发布和交流与癌症诊断、治疗有关的信息。Parent Soup 是一个为人父母者聚会的地方。老年人喜欢访问 SeniorNet。Women's Wire 是一个著名的妇女在线社区，经常举办与名人聊天的活动。

4. 假想社区

此类社区为其成员提供一个角色扮演的假想环境，实现他们在现实生活中无法实现的幻想。如美国在线的用户可以在 Red Dragon 旅馆扮演中世纪的爵士。ESPNet 的参与者可以自己组队与“乔丹”比赛。在线网络游戏就是一个场面盛大的假想社区，游戏参加者可以扮演虚拟角色，融入虚拟情节，体验假想的冒险、奋斗、拼搏、胜利。

虚拟社区成员之间的关联纽带各有不同。①

虚拟社区成员间可以存在某种现实联系，其联系纽带可以是友情，如同学会；可以是某一共同的寄托于实际物件的兴趣，如网上集邮协会；可以是某一既成交易，如网上的 IBM 的 Think Pad 笔记本用户论坛。可以把这种社区看成是现实社会中的组织社团的行为在因特网上的延伸。

虚拟社区成员间的联系也可以是虚拟的。如球迷、歌迷、网络游戏爱好者、明星崇拜者在某一精神或智力活动上有共同的趋向或迷恋，他们的交流主题明确而单一。

根据社区的经营模式可以将虚拟社区划分为两种：作为企业网络营销一部分的虚拟社区和具有独立商业模式的虚拟社区。②

1. 作为企业网络营销一部分的虚拟社区

这种社区主要是为了在因特网上推广企业品牌，构建与客户交流的场所，通过强化社区成员对社区的归属感来提高顾客对企业产品的忠诚度，实际上是

---

① 参见袁海波、袁海燕：《网络虚拟社区的营销价值》，《江苏商论》2003 年第 11 期。

② 参见袁海波、袁海燕：《网络虚拟社区的营销价值》，《江苏商论》2003 年第 11 期。

企业的销售渠道。门户网站希望通过提供这种高“粘性”的虚拟社区服务来吸引访问者和留住访问者，聚集人气，从而吸引广告主投放广告，吸引风险投资商投入资金。

2. 具有独立商业模式的虚拟社区

这种社区的经营者按照独立商业模式运作社区服务。其社区成员加入社区的目的主要是为了与新老朋友进行联系，于是，社区中形成一种不涉及经济利益的中性环境，使社区经营比较困难。社区经营者主要通过发布广告、收取会员费、接受会员捐款、出售社区纪念品来维持社区生存。由于缺乏稳定可靠的收入来源，这种社区的生存空间有限，多数被大的因特网企业并购。

（三）虚拟社区的价值

事实证明，成功的网站往往建立在虚拟社区之上。新浪靠四通利方虚拟社区起家，其体育聊天室、汽车论坛、IT 业界论坛等，至今仍然是粘度最高的栏目。网易成功上市靠的也是其核心业务——虚拟社区。网民在虚拟社区丰富而个性化的服务中充分享受网络所带来的另类交流乐趣，展现才华，获得精神享受。企业通过虚拟社区中的互动交流找到节约成本、创造价值和解决业务问题的方法。站在企业营销的角度，在电子商务中充分重视虚拟社区的作用，有助于提高企业品牌认知度，提高客户对企业的满意度和忠诚度。

1. 虚拟社区能吸引人气，增加潜在客户数量

网民访问社区，可以被视为一种“消费”行为，是一种资金、注意力、时间乃至个人感情的综合投入。在访问过程中，网民展示个性、交流情感、实现人际沟通，获得解决各种问题的方案，久而久之，对社区产生较高的依赖性，会介绍更多的人参与社区，为社区累积人气。拥有一批这样的具有高忠诚度的网民，意味着拥有一切商务活动最具价值的核心因素——顾客。加入社区的人越多，社区服务的单位成本就越低，社区对其新成员就越具价值，社区老成员就更加忠诚。

2. 虚拟社区能收集客户信息，挖掘具有商业价值的信息

虚拟社区在留住网民的同时，能为企业提供深入了解消费者的机会。企业通过社区的注册资料可以搜集到丰富的客户资料，了解其生活风格、消费风格、兴趣爱好、主要技能、职业以及大体的收入水平。这些资料有助于企业挖掘客户的特定需求，启发企业进行新产品开发和市场创新，提供个性化产品。

虚拟社区将交易功能融入社区成员聚集之中，使交易成为为社区成员提供服务的过程。如IBM通过虚拟社区开展有关产品使用方面的咨询服务，顾客通过与社区其他成员的交流和讨论，逐渐认识产品的功能，学会使用这些功能，既方便了顾客，又让企业掌握了产品售后情况，缩短了研发换代产品前的市场调查时间。

3. 虚拟社区能促进产品销售

"人以群分"，根据兴趣、专长构建的虚拟社区，其成员是天然的细分市场。通过跟踪社区成员的讨论，可以了解他们的需求，适时向他们推荐产品，有助于促进产品销售。如Onlylady是一个美容社区，每天有数以千计的成员讨论美容、健身一类的问题。商家可以定向跟踪、了解、分析Onlylady成员这个群体的需求与偏好，适时、主动地推出满足相应需求的产品或服务。

4. 虚拟社区能提高客户的满意度和忠诚度

通过分析社区成员发表的言论、提出的问题，企业能掌握消费者的真实想法，从而更准确地满足顾客需求，提供个性化产品。在社区成员相互信任及忠诚于社区的基础上，企业通过提供高质量的服务，使客户产生信任感，提高满意度，从而提高商品的附加价值。只有提高客户满意度，才能使客户产生对品牌的忠诚。尤其值得一提的是，在虚拟社区中，顾客对于品牌的信任和评价是经过反复体验和相互沟通自发形成的，这种品牌忠诚更加长久、更稳固。

5. 虚拟社区能直接面向客户，降低营销成本

虚拟社区是代表其成员向企业争取利益的组织，成员对社区的信任感和归属感使他们很容易形成一致的行动，形成"合作经济"。对企业而言，绕过经销商、分销商直接与客户对话，压缩了中间商的生存空间，节省了中间环节的营销成本，降低了企业的渠道成本。目前，在我国已经出现存在于虚拟空间中的合作经济，如"汽车团购"、"房地产团购"。有些开发商在虚拟社区"搜房"组织购房团伙，如枫丹丽舍利用"搜房"组织团伙购买北京的房地产，购房总金额超过5 000万元人民币。

6. 虚拟社区便于向客户提供服务

虚拟社区促进消费者分享产品资讯、购买经历、使用经验，为消费者提供了与企业交流的场所。在虚拟社区上，企业能迅速听取客户建议，及时掌握客户的疑难问题，更好地向客户提供针对性的服务。

一个成功的虚拟社区要充分考虑成员下列方面的需要：

1. 利益共享

这是虚拟社区的基本出发点。如果社区成员不能从社区分享预期的利益，就不会关注社区。预期的利益包括切实的物质利益和有价值的信息。企业不仅要向社区提供关于自己产品的信息，还要提供关于竞争者的信息，以塑造客观、诚信的形象，获取社区成员的信任。虚拟社区应提供空间，让志趣相投的客户进行充分交流。

2. 开放性

核心成员是虚拟社区最活跃的分子。但仅有核心成员参与是不够的。80%以上的社区成员通常不发表任何言论，但他们为社区带来最宝贵的人气。在虚拟社区中，应该营造一种开放、平等的氛围，新老会员自由参与，有一种熙来攘往、人流如潮的热闹劲。

3. 成员忠诚

要使成员对社区忠诚，增进其忠诚度和依赖性，社区就要为成员提供附加价值，提供详细、系统的信息，举办有创意的主题活动，如特别的折扣、不定期的奖励措施、邀请名人作客社区等。

4. 环境保护

大量的广告会使会员厌烦，特别不要让格调低下、强行推销的广告出现在社区里。可以聘请一些具有意见领袖气质的成员参与社区管理，授权他们删除与主题无关的帖子及非法言论、恶意中伤的信息。

三、案例分析

（一）亚马逊

1995年7月，杰夫·贝佐斯在西雅图创建亚马逊公司。从1996年夏天开始，亚马逊极其成功地实施了连锁网络营销战略，在数十万家连锁网站的支持下，亚马逊（见图4-15）迅速崛起成为网上销售的第一品牌。1997年5月，亚马逊股票公开上市发行。1999年10月，亚马逊市值达到60亿美元，超过它在网络及实体书店行业中的劲敌——巴诺（Barnes and Noble）和疆界（Borders）两家公司的市值总和。亚马逊书店拥有数量庞大的可供图书，提供310万种图书的目录，比全球任何一家书店的存书多15倍以上，是最大的因特网上的图书、唱片和影视碟片零售商。

图 4-15　亚马逊网站

亚马逊的成功，离不开庞大的忠实顾客群的支持。亚马逊最有价值的资产就是 2 300 万注册用户。每天，有来自 220 个国家的上千万网民在亚马逊进行图书交易。亚马逊能够吸引如此多的“眼球”，有多方面的原因，努力创建一种网络社区氛围可以说是其成为电子商务领先者的窍门。亚马逊领导者贝佐斯一直致力于创建一种亚马逊网络社区氛围。他认为，网络社区能成为用户与用户之间、用户与网站之间的情感纽带，增加用户的在线忠诚度。亚马逊在网站上建立了专门供读者进行交流的虚拟社区，“读者评论”和“续写小说”就是其中的两个创新项目，它们至少为亚马逊增加了几十万名顾客。

书评也是亚马逊引以为傲的资产。亚马逊的书评主要分为两种：一是专家书评，包括与亚马逊网站有战略联盟关系的平面媒体提供的专家书评及亚马逊网站的编辑书评，撰稿者多为知名教授或专业人士。二是读者书评，由网上购书者撰写。贝佐斯曾表示，亚马逊特别自豪于读者书评这个部分，因为它是亚马逊网站的最大特色。如对罗琳（J. K. Rowling）的《哈里波特II》一书的读者书评有4 529篇之多。对亚马逊而言，这么多人花时间读书、写评论，能增加书籍销售量、吸引读者上网。也许，读者写书评缺乏深度，但它却是一种阅读方式。书评诠释书的意义，延伸其生命力，它是读者的思想结晶，能激起其他读者的心灵震荡，通过书评，许多有共同阅读嗜好的读者成为好友，成为亚马逊的忠诚社区成员。

大部分的读者、书评家表示不喜欢阅读带有销售性与广告意味的专家或编辑书评。他们喜欢读者书评，因为它是读者真实的阅读反应，比专家书评更诚实。况且，专家对少数的书写书评，那或许是读者不需要的书评。在数量庞大的读者书评中，读者找到与自己阅读兴趣相投的评论的机会总是多一些。Rick Spell说，有了亚马逊的读者书评，他不再去阅读专家书评，或去书店买书。通过亚马逊，他现在买书的数量是以前的4倍。亚马逊使他更加喜爱阅读、喜爱写书评、读书评的互动。

读者书评因匿名性、恶意批评等引起一些争议，而且通常被认为不够专业，缺乏参考价值。为了确立网络媒介上读者书评的地位，使它不至于成为网络垃圾，亚马逊设立"书评家排行榜"（Top Reviewers List），在每篇书评下面有"你觉得这篇书评对你有无帮助？是或否"的投票设计，根据网络读者的投票，产生书评家排行榜，运用公众力量，赋予读者书评一个价值等级，督促读者认真写书评，使书评更中肯、更具有参考价值，并防范恶作剧书评。

为了充分体现网络社区的及时性和互动性的交流特点，亚马逊经常邀请一些名作家在虚拟社区上与读者聊天，同时举办一些活动，如亚马逊首创的网络故事接龙活动——著名作家约翰·厄普代克在虚拟社区上给一篇小说起了头，居然有40多万人给网站寄来小说的后续部分。这些活动使亚马逊不仅是一个卖书的网站，而且还是顾客消费、思考、交友的平台。

（二）iVillage

iVillage（见图4-16）是两位有多年媒体工作经验的女性坎迪丝·卡彭特（Candice Cprpenter）和南希·埃文斯（Nancy Evans）创办的。她们梦想建立一个网络家园，为人们提供一个交流和解决生活中难题——如子女抚养、工作和人际关系等——的机会。她们的目的是"用一种强有力的商业模式把网络上涌现的许多社区的真正优点汇集在一起，建立对人们的生活真正有影响的社区，把电脑空间变成一个除了CNET之外的另一个普通大众非常乐意去的地方，并让人们感到它非常有用”。①

图4-16　iVillage网站

iVillage重视虚拟社区的完善和发展，把虚拟社区作为塑造网络品牌的一种手段。虚拟社区是iVillage业务的核心。通过虚拟社区，帮助妇女度过日益繁忙的生活，提高她们践履各种不同角色——母亲、朋友、配偶、合作伙伴、职业女性、养家糊口的人、雇员——的能力，为她们提供支持环境——一种生活空间。在iVillage，女性可以找到专家或其他女性提出的合理建议和提供的问题解决办法。公司创始人之一的南希·埃文斯认为，“我们实质上是24小时的热线和社区中心”。

在公司发展的早期，公司仅有一个功能社区：Parent Soup。那些关注子女抚养问题的网站均可链接到这一网络虚拟社区。在后来的几年中，iVillage又

① 菲尔·卡彭特：《iVillage网络社区营销典范》（eBook），http：//www.b770.com/downinfo/1155.html。

开设了其他几个在线社区。例如，针对人们身体的健康和强壮问题而设立的 Better Health（健康社区），谈论人际关系问题的 Relationships（人际关系社区），以及有关家庭理财的 Armchair Millionaire（梦想的百万富翁）等等。iVillage 每月的网页访问量在 7 300 万次以上，在网络领域中排名第 35 位。iVillage 吸引了大量的固定用户，每月有 390 万人访问公司的网站，与 Asd. com 这样的搜索引擎网站和 Sportsline. com 这样的体育网站处在同一个水平。固定用户中，已经在 iVillage 上注册的超过 160 万人，为公司提供了价值巨大有关访问量的人口统计学数据。根据这些统计数据，通过预售广告和从事电子商务，公司可以获得更多的收入。

iVillage 网站把许多有共同兴趣的人聚集在一起，为她们提供相应的社区场所，让她们与其他人分享生活经历。访问者可以讨论哺乳技巧或产后忧郁症问题，也可以为处理棘手的人际关系问题寻求建议，还可以求得如何在工作日更快做好营养丰富的晚餐的帮助。iVillage 就像一块磁石，吸引人们进入共享的虚拟社区，交换自己的知识和见解。iVillage 提倡邻里感，经常听取顾客建议，根据成员的需要调整相应服务，有效提高了成员的忠诚度。社区访问者经常登录公司网站，频繁登录使 iVillage 广告收入不断。iVillage 获得巨大的经济收入，成为公司发展的基石。通过社区，iVillage 树立了自己的品牌。成员对公司提供的服务满意度高，进而吸引更多的人成为公司的支持者。

第四节　网络游戏

一、概述

游戏已经成为人们生活的一部分。社会进步推动游戏产业的发展；游戏产业的不断扩展成为社会进步的标志。

（一）网络游戏的发展①

早在原始社会，人们在劳动之余的闲暇就进行游戏活动。棋、牌以及各种

① 参见赵挺：《网络游戏发展史》，博客中国，http：//www. blogchina. com/new/source/122. html。

球类运动都来源于游戏。进入因特网时代，游戏随着科学的进步得到长足的发展，用于游戏的专用设备也由此诞生。

第一款真正意义上的网络游戏的出现可追溯到1969年，当时瑞克·布罗米为PLATO（Programmed Logic for Automatic Teaching Operations）系统编写了一款名为《太空大战》（Space War）的游戏，支持两人远程连线。当时，计算机硬件和软件尚无统一的技术标准，网络游戏大多为试验品，在高等院校——如美国的麻省理工学院、弗吉尼亚大学，英国的埃塞克斯大学——的大型主机上运行。那个时期的游戏只能在同一服务器/终端机系统的内部运行，不能跨系统运行；由于缺乏数据库的支持，重启机器，游戏的相关信息就被丢失，无法模拟出一个持续进展的游戏世界。

1978年，在英国的埃塞克斯大学，罗伊·特鲁布肖用DEC-10编写了世界上第一款MUD游戏——“MUD1”。MUD是英语Multi-User Dungeon的缩写，译成中文就是多人参与历险游戏，其缩写与英语“泥巴”的拼法相同，中文中将其称为网络泥巴，或索性简称“泥巴”。泥巴是多人在线的网络游戏，需要一台计算机作泥巴服务器，控制玩者所经历的事件和场景的转变。它是现代网络游戏的雏形。在MUD中，有三种角色：电脑控制的非玩家角色（NPC），玩家所扮演的角色（Player）和游戏的管理者（Wizard）。MUD1是一个纯文字的多人世界，拥有20个相互连接的房间和10条指令，用户登录后可以通过数据库进行人机交互，或通过聊天系统与其他玩家交流。其后，美国最大的在线信息服务机构之一——CompuServe公司获得这套最古老的MUD系统的授权，将其易名为“不列颠传奇”，至今仍在运行中，成为运作时间最长的MUD系统。

MUD1是第一款真正意义上的实时多人交互网络游戏，可以保证整个虚拟世界的持续发展。尽管这套系统每天可能重启若干次，但重启后，游戏中的场景、怪物和谜题仍保持不变，使玩家所扮演的角色可以持续发展。MUD1的另一个重要特征是，它不局限于埃塞克斯大学的内部系统，可以在全世界任何一台PDP-10计算机上运行。1982年，在英国的Compunet上推出了MUD1的第一个商业版本。

随后，一些专业游戏开发商和发行商开始涉足网络游戏。1984年，马克·雅克布斯组建AUSI公司，它是《亚瑟王的暗黑时代》的开发者Mythic娱乐公司的前身。AUSI公司推出游戏《阿拉达特》（Aradath），是网络游戏史上第一款采用包月制的网络游戏，收费标准为每月40美元。包月制的收费方式有利于加速网络游戏的平民化进程，对网络游戏的普及起到重要作用。

网络游戏界有一个"可持续性"的概念，指玩家所扮演的角色可以长年累月地在同一世界内不断发展，而不是像PLATO上的游戏那样，玩家只能扮演一个匆匆过客。游戏可以跨系统运行，只要玩家拥有电脑和调制解调器，且硬件兼容，就能连入任何一款网络游戏。许多消费者愿意支付高昂的费用来玩网络游戏，网络游戏进入收费时代，网络游戏市场的迅速膨胀刺激了网络服务业的发展。

1991年，Sierra公司架设了世界上第一个专门用于网络游戏的服务平台——The Sierra Network（后改名为ImagiNation Network，1996年被AOL收购），这个平台有点类似于国内的联众游戏，它的第一个版本主要用于运行棋牌游戏。

1996年，"大型网络游戏"（Massively Multiplayer Online Game，简称为MMOG）的概念开始浮出水面。大型网络游戏以1997年的《网络创世纪》（Ultima Online，简称为UO）的影响最大，该游戏推出后，用户人数很快突破10万大关。大型网络游戏不再依托于单一的服务商和服务平台，用户接入因特网，连上游戏公司架设的服务器，即可进行游戏，可形成一个全球范围内的统一市场。与MUD不同，MMOG的客户端比较复杂，包括图片、地图和任务属性设置的复杂程序。此前，网络游戏绝大多数按小时或分钟计费（收费前通常会有一段时间的免费使用期）。《网络创世纪》采用包月付费方式，被玩家广泛接受，使这种付费方式成为主流的游戏计费方式，把网络游戏带入大众市场。

《网络创世纪》的成功使网络游戏产业链的形成加速。随着因特网的普及，越来越多的专业游戏公司介入，网络游戏市场规模迅速膨胀。包月制收费方式的流行使游戏运营商意识到，他们的首要经营目标不是让玩家付出更多的游戏时间，而是保持并扩大游戏的用户群。月卡、季度卡和年卡等付费方式更有利于网络游戏的"可持续性"发展。

进入21世纪后，更多的专业游戏开发商和发行商介入网络游戏，一个规模庞大、分工明确的产业生态环境最终形成。技术的发展带来游戏的跨平台发展，通过网络，个人电脑、大型游戏机、家用游戏机、交互电视、手持终端设备都可以进行互动，运行相同的游戏。

（二）网络游戏的分类

就运行载体而言，电子游戏可分为家用游戏（Console）、掌上游戏机（Handheld）、街机（Arcade）和电脑游戏（Computer Game）四种。

按照游戏的人数，电脑游戏又可以分为下面三种：

1. 单人单机

单人单机即所谓的单机游戏，指由单一玩家在单个机器上玩的游戏，一般的家用主机游戏属于这类单人单机游戏。

2. 多人单机

两个及以上的玩家使用同一台机器同时进行游戏，比如格斗类游戏《街霸》。多人单机游戏的画面通常是两边对抗，相互作战，尽量使对方的血格减少来获取胜利，这就是“保存自己，消灭敌人”。

3. 多人多机

多人多机包括 Web Game、联机游戏和在线游戏，可统称为“网络游戏”；从广义上可以理解为通过互联网或局域网（LAN）由多人共同交互进行的电脑游戏。

（1）Web Game

Web Game 是利用网站架设方式呈现的大众化游戏，特色是使用方便，不受时空限制，如《三国志》、《灵剑江湖》等游戏。玩家通过网络联机，可以进行跨国竞赛。

（2）联机游戏（Network Game）

这类游戏有特定人数限制（多为 4 ~ 8 人），是有回合的即时战略游戏，玩家可以彼此合作，攻击特定的敌人，或互相对打，或单独与计算机对战。此类游戏，攻击目标明确，有时间限制；世界电玩高手选拔赛的游戏均属此类。即时战略游戏指玩家扮演角色，进行各种建设或作战，完全以多人联机厮杀为进行方式，强调团队合作。如 CS（战栗空间）比较强调战术与战略，只有团队紧密合作，才有机会取胜。此类游戏还有：《星际争霸》、《红色警戒》、《二次世界大战》，等等。联机游戏可以单兵作战，与计算机对抗。玩联机游戏，要在 PC 机上安装单机版游戏，多人约定时间，通过网络通信进行游戏，不存在客户端的说法。

（3）在线游戏（Online Game）

这类游戏可以通过因特网连接千名以上玩家同时进行。与联机游戏不同的是，实现在线游戏的一般进程是：

第一，取得客户端软件，可以是游戏光盘，也可以通过网络下载；

第二，在PC机上安装游戏客户端软件，安装软件，大多数是免费的，也有收费的；

第三，连接因特网，注册游戏的用户名和口令；

第四，通过客户端输入用户名和口令，登录由游戏运营商架设的服务器（即进入游戏界面），开始玩游戏；游戏商会先免费赠送一段游戏时间，称为测试期；玩了一段时间（1个月或者2个月）或者取得了一定的等级后，游戏商开始收费，玩家要通过买点卡获得游戏时间；

第五，游戏过程中，玩家上传指令、信息到服务器；服务器发送指令调动本地客户端中的软件内容，进行游戏；

第六，任何一台连接到因特网上，安装了游戏客户端软件的PC机都可以通过账户登录进入游戏，服务器记录玩家以前的游戏过程信息，向玩家提供一个连续的游戏世界；

第七，玩家在网络游戏中通过自己的努力建设一个虚拟世界，可与所有在线玩家进行沟通交流，达到娱乐目的。

在线游戏与单机游戏、联机游戏的差别见表4-1：

表4-1 **在线游戏与单机游戏、联机游戏的差别**

	游戏对象	游戏载体	游戏费用	游戏结果
在线游戏	与在线玩家交流，与游戏程序比拼或与其他玩家斗智	信息保存在服务器上，可在任何一台联网PC机上玩	软件购置费、上网费、游戏服务费	服务器不断更新游戏环境和内容，没有所谓的终结
单机游戏	只与程序比拼	信息只在单机上	一次性花费，反复玩	完成程序设置的关卡即为胜利者，单调
联机游戏	通过局域网与人比拼，也可像单机游戏一样与程序比拼	信息只在单机上，不保存游戏过程	一次性花费，反复玩	多为即时策略性游戏，通过与其他在线游戏者斗智获取胜利

目前，在线游戏市场可划分为益智休闲类游戏（Round game）和大型网络游戏（MMOG）两个细分市场。

益智休闲类游戏是以一定的规则持续进行的游戏，以棋牌类游戏为代表的益智休闲类游戏属于生命周期长的产品，拥有相对广泛而稳定的用户群。

玩家们常说的“在线游戏”、“网络游戏”指的是MMOG，它占在线游戏市场的绝大部分。MMOG，又称多人在线游戏，由多名玩家同时进入一个虚拟环境（人造环境）中去探险，每个进入的玩家可以根据喜好扮演或控制一个角色，透过这个角色，玩家可以在系统中任意游走探险，各个玩家彼此间可以对话与交往，经由频繁的互动，一同作战或交谈，产生社群的联结，进而发展出一个新的层级式社会结构。

目前市场上最大数量的MMOG是在线角色扮演类游戏（在线RPG），一些全球性的名作，例如美国的《网络创世纪》、《无尽的任务》（Ever Quest），都有相当悠久的历史与良好的口碑，在中文世界，在线RPG以韩国产游戏为大宗，例如《天堂》；日本产及中国台湾地区产游戏亦有不少玩家。

RPG是Role-playing Game的缩写，可译为角色扮演游戏。游戏时，玩家扮演虚拟世界中的某个特定人物，在特定场景下通过游戏设置的关卡争取最终胜利。游戏中的人物根据游戏情节设计，以统计数据（如力量、灵敏度、智力、魔法等指标的数据）为其具有的不同能力的计量值；这些数据会根据游戏规则在游戏进程中改变。亚洲产角色扮演游戏，大致上由玩者控制人物砍杀怪物或对手，以此提升角色能力并赚取虚拟金币；美国产游戏则强调完成任务或破解谜语，比如《模拟人生》（The Sims Online）。

在线RPG是RPG的衍生物，与RPG不同的是，在线RPG游戏中通常有几种角色供玩家选择；每种角色由于属性不同，例如性别不同、职业不同、种族不同、身份不同、阶级不同，各有其优缺点；玩家选择角色后，为使角色成长，要通过战斗（比如打怪兽）或者完成系统布置的任务获取经验值，提升角色的各种属性，让角色升级。在线RPG游戏中，每个玩家都是平等的，不存在所谓的“领导者”；而RPG游戏中，玩家扮演的人物通常是主人公，游戏里程序设置的其他人物都是配角。

(三) 网络游戏的特点

1. 虚拟社区

在线游戏不仅仅是一种游戏。在这类游戏中，玩家们如同在真实的人生场景中一样，通过一个又一个回合的实时战斗，发展能力，培育角色；玩家与玩家间进行在线交谈、组队，既竞争、又联合；一个游戏的在线玩家形成相互间有强力联结纽带的虚拟社区成员。

2. 远距离现场感

每位玩家藉由远程模式，仿真战斗，参与游戏情节的实时展开，有如身临其境，体验真切，感情投入，极具现场感。

3. 实时多人互动性

在因特网上，数以千、万计的玩家可以同时参与游戏，彼此实时互动，场面宏大，令人兴奋。

4. 线上活动

遇上传统节日，在线游戏参与者常有相应的活动。遇上情人节，在线游戏参与者可以在游戏时购买巧克力、玫瑰花；遇上圣诞节，在线游戏参与者可以收到圣诞老人的礼物。这些线上活动增强了游戏的趣味性，丰富了在线玩家形成的虚拟社区的交往功能。

5. 角色扮演

在线游戏中，虚拟与真实并存。游戏中，每个人在线扮演的不同角色是虚拟的，他以装扮与现实生活中完全不同的“自我”出场。但这个角色在游戏中的实时行为是由玩家操控的，玩家的素质、心态、优点、缺陷都可以表现出来。

二、网络游戏产业分析

(一) 网络游戏的开发与设计

20 世纪，开发游戏往往被玩家们想象成：一堆电脑奇才窝在几间破旧的小房间里，与此没日没夜，吃方便面，打地铺，想入非非，突现灵光……事实离这种想象也差不了太远，国内早期的游戏制作者无一不是从痴迷到顶的玩家转型过来的。他们是一些骨灰级的玩家，迷恋于游戏编程，希望通过自己的双手编写出心目中理想的游戏。早期游戏开发，靠的是这些人个人的极度爱好、全身心奉献。他们自发结合成带有强烈个性色彩的制作小组，根本谈不上产业化的质量控制和计划评审。20世纪90年代初，流行于市的成熟游戏产品变得复杂起来。做一个游戏的编程工作量，已经不是三两个程序员所能完成的。与此同时，软件工程学迅速发展，游戏设计走向产业化、工程化。

网络游戏业发展至今，游戏的设计与开发已经规模化、市场化。网络游戏复杂度远远大于单机游戏，一般由一个团队完成编程。这个开发团队包括制作人、研发经理、主策划者、主程序员、主美工设计人员、产品经理、测试主管等。其中，制作人负责组建团队、管理资源、指导开发、监督品质；研发经理负责领导整个项目的研发；主策划者负责策划工作的指导和管理；主程序员负责程序工作的指导和管理；主美工设计人员负责美术工作的指导和管理；产品经理监督整个项目的研发；测试主管则指导测试和版本发布工作。

借鉴软件工程中软件编制工程化原理，可将网络游戏（本节讨论的“网络游戏”、“在线游戏”指的是MMOG）的开发分为以下几个步骤（见图4-17）：①

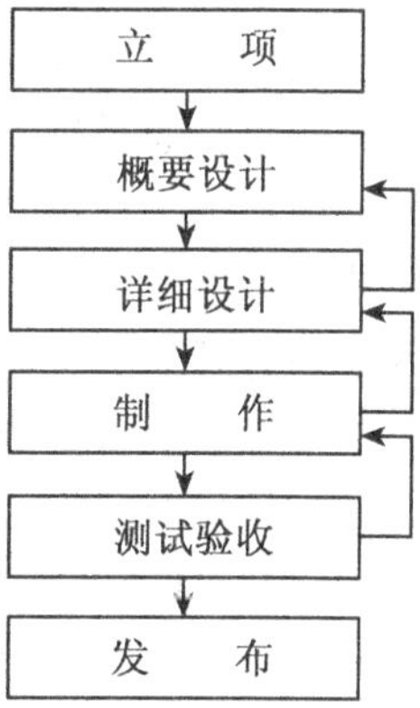

图4-17　网络游戏的开发步骤

在立项过程中，一般由公司投资方、领导层协同市场部和制作人员一起确定《立项报告》。《立项报告》中要阐明游戏的市场定位，游戏类型、题材和风格，游戏开发工作量统计，预计开发费用，人力和时间以及预期收益。此

① 刘刚：《天骄2是怎样开发的?》，《程序员》2005年第6期。

时涉及的一些非常重要的文档是《原型设计》（对游戏内容进行全面说明）、《工作量统计》（对游戏工作量进行全面统计）、《里程碑》（对游戏重要版本的开发时间及相关指标进行记录）。

概要设计就是对游戏的策划，包括总体想法、玩家职业规划、群体活动和经济系统策划。总体想法指的是游戏应该达到的目标。玩家职业规划应该首先定义游戏中各种不同的职业类别（即角色），然后考虑各个职业的成长图，为了保证各个角色的可玩性，要非常重视不同职业的成长过程和多职业的平衡问题。成长图将不同职业的成长路径分为几个阶段（有的用数字等级来表示）。为了满足玩家需求，应该提供多种生活方式，使角色得以成长，如网络游戏中比较经典的"打怪升级"；还可以通过交易、完成系统布置的任务、经商、帮助他人等方式提升等级；角色成长的同时，其装备、宠物、能力、金钱得到相应的提升。群体活动是网络游戏非常重要的一个环节，也是网络游戏有别于单机游戏最主要的方面。它包括玩家间的组队，以及玩家间可能存在的诸如婚姻、兄弟、师徒等类的关系，还允许玩家建立战略联盟、帮派，甚至建立"国家"。在网络游戏中，要提供便捷的交友方式和团队成长路径。经济系统策划是为了吸引更多的人参与游戏，保持游戏的稳定和可持续发展。策划经济系统时，应该考虑货币的发放和回收，通过玩家博弈，应使货币发放量和货币消费量达到平衡。像现实社会一样，金融稳定是网络游戏持续发展的基石。

在详细设计阶段，要对游戏的功能、场景、人物、服务器的架构等进行详细规划。游戏的每一个功能都必须有独立的文档，详细说明游戏的内容，包括角色职业、角色成长过程、道具装备、场景地图、界面操作、背景情节任务、NPC（Non Player Character，非玩家人物；是玩家会在游戏过程中与之打交道的不受控制的人物，他们有的会提示重要线索，有的则无关紧要）、社会系统、音乐音效、CG（Computer Graphics，指用计算机技术进行的视觉艺术创作活动，如平面印刷品设计、网页设计、三维动画、影视特效、多媒体技术、以计算机辅助设计为主的建筑设计及工业造型设计等；内容从纯艺术创作到广告设计，可以是二维或三维、图画或动画）等。

与此同时，程序人员要开始进行模块划分、模块设计和程序注释工作。

网络游戏与原来的单机版游戏相比，程序架构复杂了许多，下面是一个基本的网络游戏程序架构（见图4-18）。①

① 刘刚：《天骄2是怎样开发的?》，《程序员》2005年第6期。

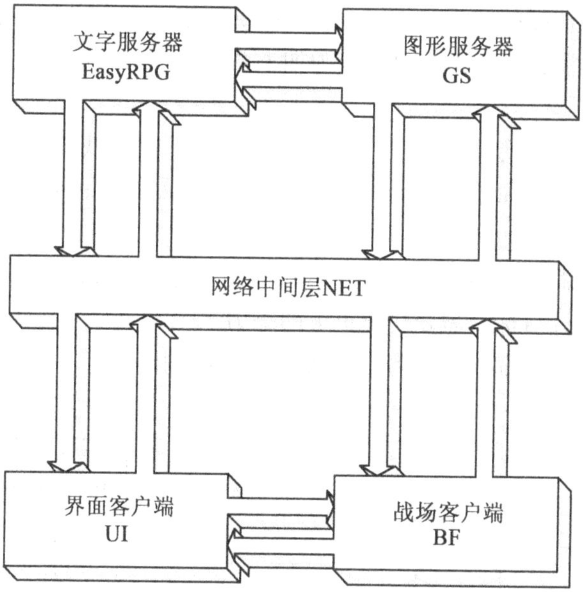

图 4-18　网络游戏程序架构

网络游戏服务器包括游戏中和游戏外两大部分。游戏外部分主要包括客户端的自动更新机制和服务器列表。游戏中部分主要指服务器端。用户一旦选择了一个服务器，开始游戏后，服务器端就像一个黑箱。他只感觉到连接上一个地址，然后就开始数据交换。对于用户来说，网络游戏的框架如图 4-19 所示。

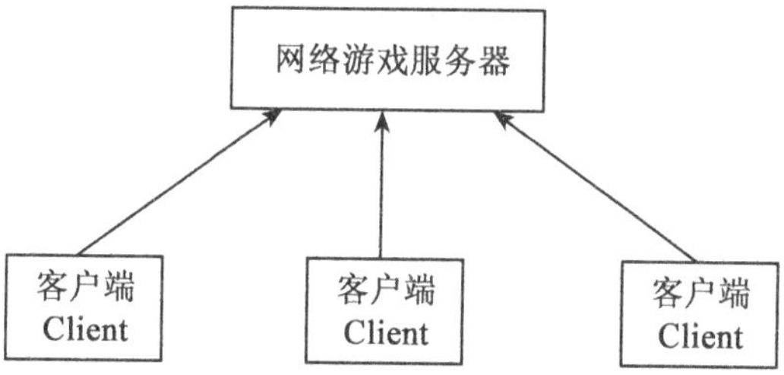

图 4-19　网络游戏的框架结构

实际上，为了满足大批量用户的访问需求，在网络服务器端需要做大量的工作。服务器端的结构非常复杂，不同的网络游戏，服务器端也不相同。大部分网络游戏服务器端架构可划分为如下两类：单游戏服务器架构和游戏服务器组群架构。

采用单游戏服务器架构的，如《奇迹》，一个游戏世界由一台服务器支撑。这种架构比较简单，每个游戏世界承载的玩家数量比较少。正是由于简单，所以比较容易达到稳定、流畅的要求。

游戏服务器群组的结构设计复杂，承载的用户数可以动态调整，要达到稳定、流畅的设计目标，需要付出更大的努力。

图4-20是一个简单的网络游戏服务器的结构图。

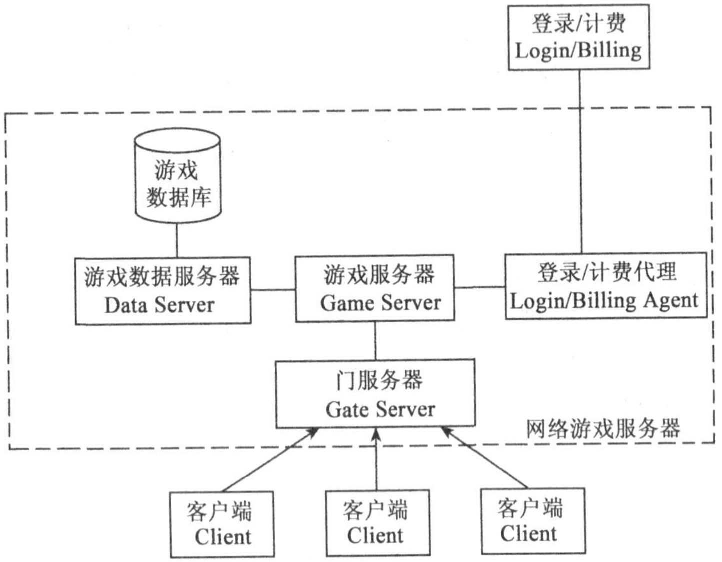

图4-20 网络游戏服务器结构

整个游戏过程中，客户端实际上只与门服务器连接，进行数据交换。图4-20中所示的门服务器、游戏服务器和游戏数据服务器可以是一个服务器也可以是若干服务器，视情况而定，原则是：在尽可能利用服务器硬件资源的基础上，保持最多的客户端连接数，并保证游戏进程的流畅。

门服务器的作用是把网络连接与实际的游戏逻辑隔离开来。这样做，有助于降低游戏服务器处理网络交互的负担，同时提高游戏逻辑服务器的安全性。客户端通过门服务器和游戏服务器相连，游戏服务器的 IP 地址对外不可见，使游戏服务器不易受到攻击，工作更安全。

服务器对用户来说，其实就是门服务器。门服务器与所有的游戏逻辑服务器相连，所以，在使用多场景服务器的情况下，用户切换场景服务，不会导致与原来所在的服务器断开连接，不需要重新与其他服务器建立连接；直接通过门服务器内部标志的切换，就可以把用户随后的数据转发到新的场景服务器上。这样的切换对用户来说是透明的，并且速度很快，玩家在博弈过程中根本感觉不到切换。

门服务器还可以承担一部分安全管理工作，可以在这一层上实现对网络数据的加密解密，减轻游戏服务器的压力。

游戏服务器主要负责与游戏内容具体相关的东西。不同的游戏在这一块有一定的差异，如《刀剑》把游戏服务器分为总控服务器（Master Server）和场景服务器（Zone Server）。① 玩家选择人物，开始游戏后，门服务器将所有玩家的操作指令转交给游戏服务器，玩家的各种操作都是由游戏服务器完成的。

数据服务器是对后台游戏数据库进行处理的服务器。一个网络游戏数据库需要保存游戏环境、所有玩家的信息，数据量非常大，有必要设置数据服务器加以管理。

登录/计费代理（以下简称 LBA）的作用是完成用户的登录、注销、计费。之所以使用登录/计费代理，是因为不同地区的运营商的 Login/Billing 协议不尽相同，但其基本功能相似。使用 LBA，要在 LBA 和游戏服务器之间确定 Login/Billing 协议；更换运营商时，可以直接修改 LBA 与运营商 Login/Billing 服务器间的通信协议，服务器的其他模块不需要作任何调整。

在网络游戏开发中，要特别重视美工设计。除程序员和策划者外，开发团队中人数最多的就是美工设计人员，他们要将各种角色形象生动地描绘出来。一般由主美工设计人员先画出一些游戏人物造型，制定技术规范和制作范例。除了人物之外，美工设计人员还要负责建筑场景、界面、鼠标、图标、道具、特效和宣传的制作。完成二维图形后，美工设计人员还要建模，将其渲染成为

---

① 魏华：《刀剑 Online》服务器构架分析》，《程序员》2005 年第 6 期。

三维图形，因为二维游戏不能满足玩家追求视觉冲击的要求。造型→建模→贴图→动作→修图→实验是美工设计人员的工作流程。

一个网络游戏就是一个人造的世界，这个世界有各种规则。在详细设计中，要制定这些规则。设计人员要进行规则制定、参数设定、脚本编辑、资源整合、关卡拼接和功能测试。网络游戏与其他游戏其实有非常多的共通之处，比如要重视编写规则，包括命名规则、注释、错误处理等，而且要非常重视静态库、动态库、消息通信、多线程等模块间的耦合度。总之，要通过程序员间的传帮带，让代码的生命比程序员的生命更长。

完成了游戏的详细设计后，可开始进行游戏的具体制作，也就是编程工作；包括地图编辑器、人物编辑器、脚本编辑器、特效编辑器、资源打包工具、效率监控程序等模块的开发。

游戏的地图组织形式一般有两种：

大多数情况下，游戏世界由多个并不很大的场景构成，各个场景间通过传送点连接。还有一种方式是：整个游戏世界是一个超大的无缝地图；这种方式在服务器和客户端的设计上要难得多。如果采用一个服务器程序的结构，难度主要落在客户端地图的预加载处理上。如果采用多服务器程序的结构，不同服务器管理地图接缝处信息的同步是一件很麻烦的事情。

游戏开发完成后，进入测试阶段。单机游戏测试一般用 2 ~ 4 周的时间。网络游戏测试一般用 1 ~ 3 个月的时间；海外游戏公司的测试时间更长。

剩下的工作是制作安装程序、设置版本号、版本的回退和进行对内、对外的测试。

（二）网络游戏产业链

现在，中国网络游戏产业已经进入稳定、成熟的发展阶段。从整体来看，网络游戏产业的发展呈现统一性和协调性，逐渐形成完整的产业链，处于其产业链上的渠道销售商、点卡销售商、上网服务业（网吧等）和媒体等，伴随着网络游戏产业的发展，飞速发展起来，占据产业链最关键地位的网络游戏运营商变得成熟和理智，在价值链最高端的网络游戏开发商仍然主要是国外公司。网络游戏产业价值链如图 4-21 所示。

整个价值链的主链条为：网络游戏开发商—网络游戏运营商—网络游戏用户。处于价值链的辅链条上的有：网吧等上网服务业、渠道销售商、游戏周

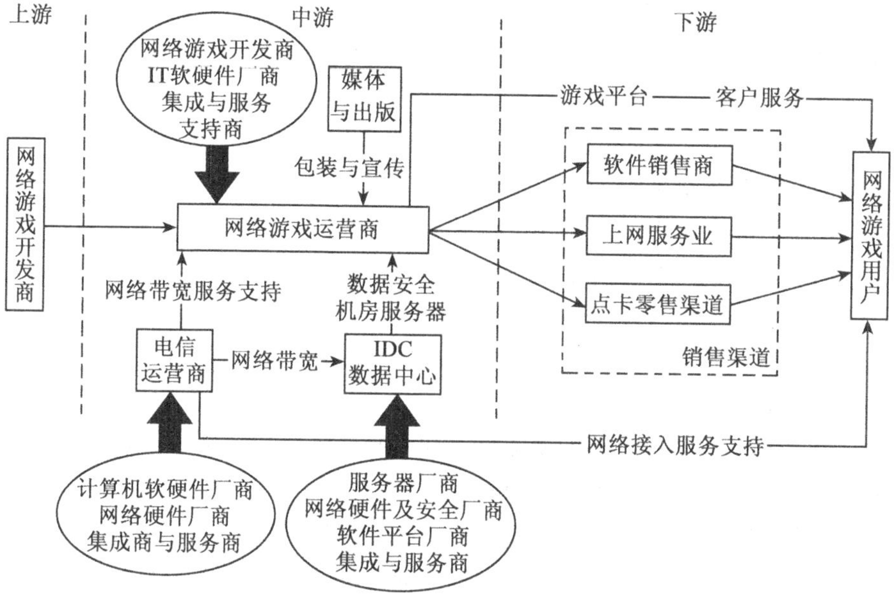

图 4-21　网络游戏产业价值链

边产品、媒体与出版业、计算机软硬件厂商等。

网络游戏开发商：是网络游戏的设计开发者，并按需要将其市场化。

网络游戏运营商：是开发商和用户之间的桥梁，通过代理网络游戏（有些运营商自主开发网络游戏）架设网络平台为玩家提供服务。为此，运营商要架设分布在全国各地的服务器，设置在线销售网点，开设客户服务电话，培养客户服务人员和游戏管理人员。

软件销售商：是网络游戏产业的销售渠道。网络游戏是“以提供服务消费为主”的过程体验商品，使用任何单一的销售模式都有其局限性，必须结合多种销售方式才能做好市场营销工作。软件销售商拥有强大的销售网络，与游戏运营商联盟，将网络游戏中客户端软件（光盘）和点卡分销的折扣收入囊中。

上网服务业：像网吧这种上网服务业在网络游戏中扮演着重要的角色，超过一半的玩家经常在网吧玩游戏。在网吧玩游戏，有一种激烈的战斗氛围。在一个网吧一起玩游戏的玩家可以组成一个小团队，大家可以大声嚷嚷，互相提醒："敌人在你背后，冲上来啦!"那种战友深情的体验、血脉贲张的感受、惊险场面的刺激，是网吧以外的场合所没有的。正因为这样，网吧成为网络游戏的第一"现场"。从营销角度而言，网吧又是各种游戏点/月卡的最主要销售地点。

网络游戏用户：是整个产业的最终消费者。

网络游戏开发商是整个产业的原始发起者。

网络游戏产业的产品流向如下：

(1) 网络游戏开发商完成游戏的策划、设计与制作。

(2) 网络游戏开发商寻找一家或多家游戏运营商代理该游戏的运营，与其进行利润分成，或让其独家买断；网络游戏开发商也可以自己兼作游戏运营商发行游戏。

(3) 运营商架设足够的服务器，开设服务电话和安排客户服务人员，实时解答问题，满足玩家进行游戏的需要。

(4) 运营商销售游戏客户端软件（有些是免费提供的）；一般采取光盘形式委托软件销售公司分销，也可以送到网吧等上网服务业营业点销售，运营商一般只回收光盘制作的成本。

(5) 软件销售商、网吧等上网服务业以网上直销等形式销售点数卡，收取玩家的游戏服务费用，获取收益。

从以上的分析可以看出，网络游戏作为一个娱乐产业，是横跨因特网、计算机、软件、消费、电子诸多领域的综合型产业。它影响着许多与之相关的产业，如信息技术产业（硬件、软件、电信ISP供应商）、商业（渠道销售商）、传媒业（广告业、报业、电视业、网络媒体）、出版业、制造业（玩具生产商）、展览业等。

（三）网络游戏产业的收入结构

1. 最主要的收入：玩家缴纳的游戏服务费

玩家缴纳的游戏服务费是网络游戏产业最主要的收入，包括玩家的上网费和游戏点卡费。计费卡收入占目前行业总收入的80%左右。网络游戏，特别是大型MMORPG网络游戏有强大吸引力，玩家纷纷接受"收费游戏"的概念。目前市场上，大型的、进入正式运营的MMORPG类游戏都实现了全员收费。比较简单的棋牌类桌面游戏基本上还是以免费方式为主，有的实行会员收费制。如联众和QQ游戏都组织了会员俱乐部，俱乐部会员以付费的方式享受各种增值服务。

游戏计费卡主要有两种：点数卡（或叫点卡）和包月卡。点数卡按实际游戏时间计费；包月卡的费用标准在25～35元人民币之间。

2. 网络广告

在网络游戏平台上，有数以万计乃至几十万计的玩家进入，并长时间逗留，吸引了大量的网民注意力和访问量。网络游戏是一个每年365天，每天24小时不间断运作的大众媒介，具有作为广告发布平台的价值。在收费游戏中，玩家支付了费用，希望获得一个纯净的游戏世界。网络广告多以隐性方式出现，比如将广告商品作为游戏的场景或道具，既宣传了产品又不打扰游戏玩家。联众、QQ等益智类游戏，大多数是免费的，配合发布广告的形式主要有标题栏、按钮、弹出窗口等，这些广告对游戏进程的影响很小，玩家比较容易接受。目前，联众的每一款桌面游戏页面上都嵌入了条形广告，每年的广告收入超过500万元人民币。

3. 电信分成

要想成功运行一个大型网络游戏，没有电信的支持是不行的。游戏运营商的利益直接与电信和ISP的利益相联系。三大门户的统计表明，网民用于搜索和阅读新闻的时间基本上不超过2个小时，而玩起游戏，最少的停留时间是3.5个小时，5～6个小时是比较常见的，玩7～8个小时也不稀奇，甚至有连续玩10个小时以上的玩家。玩家的上网时间是电信和ISP的收入来源。

游戏运营商与电信、ISP的合作方式主要有三种：

（1）开放式合作：统计用户在网站上的游戏时间，直接根据累计值分成。

（2）封闭式合作：将游戏服务费和电信上网费捆绑在一起，在账号中内置ISP拨号程序，用户必须通过指定的ISP上网，上网玩的必须是指定的游戏，如果这款游戏吸引人上网的时间很长，运营商就能得到可观的上网费分成。

（3）授权式合作：网络游戏运营商授权ISP或ICP使用自己的网络游戏产品，直接在ISP或ICP设立服务器，收取授权使用费。

4. 周边产品的销售

网络游戏的发展带动了周边产品的销售。广大网民除积极参与线上活动外，还购买、收藏网络游戏周边产品，如游戏纪念品、VIP客户端、游戏玩偶等。图4-22是游戏《泡泡堂》的周边产品——游戏玩偶；图4-23是游戏《传奇》的周边产品——仿ZIPPO设计的打火机。

图4-22　《泡泡堂》的周边产品

图4-23　《传奇》的周边产品

网络游戏开发商可以从版权交易、后期的更新开发维护提成中获益；游戏运营商可以通过架设网络平台、提供服务，从而赚取丰厚利润；电信运营商通过向游戏运营商提供网络平台获得收益，包括服务器和带宽的租赁，还可以从电信销售分成中获取稳定可靠的利润；发行渠道商通过庞大的销售网络、有效的市场营销，面向最终消费者，完成“推广”与“收钱”的任务。

最赚钱的是网络游戏运营商，他们通过运营游戏获得巨大的收益，但要承担游戏没有市场的风险；其次是电信运营商，他们的收益虽然比不上游戏运营商，但却不用承担风险。开发商的风险比较大，如果开发出的游戏不能投入运营，其开发投入将付诸东流。

（四）网络游戏的价值及意义

自诞生之日起，电子游戏就遭受种种指责。有些学者认为，从社会性、教育性和文化性的角度来讲，电子游戏不具备任何意义。一些为人父母、为人师长的人更是把电子游戏看作使青少年沉溺其中无法自拔的邪恶诱惑，称其为“电子海洛因”。但网络游戏虽背负骂名，却仍以强劲的势头发展。新闻出版总署公布的《2004年中国游戏市场报告》称：2004年我国网络游戏市场的总体规模为24.7亿元人民币，较2003年增长47.9%；预计到2009年，我国网络游戏市场的销售收入将达到109.6亿元人民币；从2004～2009年的年递增率可达到34.7%。网络游戏这种全新的因特网服务业已经成为中国因特网的现实热点和未来高速成长的方向，被业内人士誉为“网络黄金产业”。

网络游戏的价值和意义在于：

1. 娱乐性

著名传播学者麦克鲁汉认为：“游戏是对日常压力的大众反应的延伸，因而成为一种文化准确可靠的模式。它们把整个人的行动和反应熔为一炉，使之成为一个动态的形象。”① 人们解决温饱问题后，娱乐成为生活中的重要组成部分。网络游戏作为一种娱乐方式，满足了人们的现实需求。它使网民体验到前所未有的新鲜感、刺激感、挑战感，是数字化群体的数字化生存中最具诱惑性的内容之一。

2. 训练性

网络游戏模拟现实生活，再现现实生活。游戏者通过网上博弈，可以接受应对现实生活的训练。

---

① 马歇尔·麦克鲁汉：《理解媒介——论人的延伸》，商务印书馆2000年版，第291页。

3. 慰藉性

在现实生活中遭受挫折与失败的玩家，可以在游戏中得到慰藉。与在线团队的交流，使他感受到别人的好意与帮助；在游戏中的厮杀与战斗，使他的情绪得到缓解；角色扮演中的成长，使他重新找回自信。

4. 人际交往

现实生活中，人际关系可能相当淡漠，人们彼此疏离。在网络游戏中，玩家要交往、要协作，要相互认同，要彼此配合。这种经验有助于玩家在现实生活中调整人际关系取向。

5. 益智

在线游戏具有脑力激荡的功能，可以帮助玩家学习更多知识、经验，增强玩家的阅读、思考、想像、组织能力。

6. 打击盗版

与单机游戏只依靠出售游戏软件来获取利润不同，网络游戏出售的是一种过程服务，网络游戏产业中90%以上的产业收入实际上是在网络游戏上市后的实时网上服务过程中实现的。盗版者可以提供数以千万计的盗版碟，却无法提供需要耗费巨大人力、物力的网络服务，网络游戏有效阻断了盗版者的赢利机制。

7. 拉动宽带产业链

网络游戏吸引内容提供商，为宽带内容的繁荣搭起平台。网络游戏诱人的市场前景促使电信运营商与内容提供商密切合作，拉动宽带产业链的发展。①

8. 推动国民经济

根据赛迪传媒2006年初发布的报告称，未来5年中国网络游戏市场将保持41%的年均复合增长率，预计2010年市场销售额将达到227亿元。去年中国网络游戏市场规模超过40亿元，占互联网收入总额的三成多。网络游戏出版产业对批发和零售渠道的拓展、IT及通信技术的发展、国家税收的增加都有较大的促进作用。根据iResearch艾瑞市场咨询整理来自CGPA&IDC的数据发现，2005年中国网络游戏对相关行业作出了巨大贡献，尤其是对通信行业贡献最大，给通信行业带来了超过173亿元的直接收入。其次对IT产业也产生了71.6亿元的直接贡献，给媒体和传统出版业带来的收入排第三，为37.1

① 参见：《以网络游戏带动宽带产业链的发展》，《电视技术》2004年第7期。

亿元。网络游戏的发展越来越受到国家的重视。

为防止人们沉迷于游戏不能自拔，我国已经开发出一套“防沉迷游戏系统”。该系统记录每个玩家每天的游戏时间，在超过某段时间（比如2小时）后，经验值会自动降低，以防止玩家长时间挂机。

三、案例——《传奇》的“传奇”

2002年，网络游戏运营商中赚钱最多的不是注册用户数量超过6 000万的联众，而是盛大，上海盛大公司在2002年演绎了一个“传奇”。

2001年7月，当时还是个小公司的盛大以400万元人民币的天价引入韩国大型在线游戏《传奇》。在韩国，《传奇》并不是最受欢迎的一款游戏，但经过盛大的成功策划，截至2004年7月，《传奇》注册用户已逾4 000万，同时在线人数高达50万，雄踞世界同类运营商之首。

《传奇》的成功包括两方面：一方面是游戏本身的吸引力，另一方面是盛大的成功运作。

（一）《传奇》本身的吸引力

《热血传奇》是一款基于因特网的MMORPG类游戏。在这款游戏中，玩家可以选择一种角色——战士、魔法师或者道士进行游戏，通过完成系统任务、打怪兽、练功获得经验值。

游戏画面朴素，采用2D画面与3D画面相结合的形式，使人们既可充分享受视觉冲击，又不会产生视觉疲劳。游戏操作界面简单、容易上手，功能键集中于游戏界面的下半部分（见图4-24），鼠标有中文的功能提示，键盘上有相对应的快捷键，骨灰级的玩家可能觉得不过瘾，但它却受到为数众多的一般玩家的欢迎。

游戏中设置了很多任务关卡，吸引玩家冒险，使角色在困难中成长，让玩家在等级、排名、装备、财富等的成长中体验成就感。

《传奇》的网络服务器能创造数量庞大的场景，能根据游戏的发展不断更新游戏场景，允许数以万计的玩家同时在线。高质量的程序设计使场景切换、格斗动作没有迟滞现象。

对于恶意PK（玩家间的杀伤性比武）行为、盗号、外挂、交易欺骗，《传奇》设置有严厉的处分，使游戏规则严密，秩序井然，玩家有公平感。

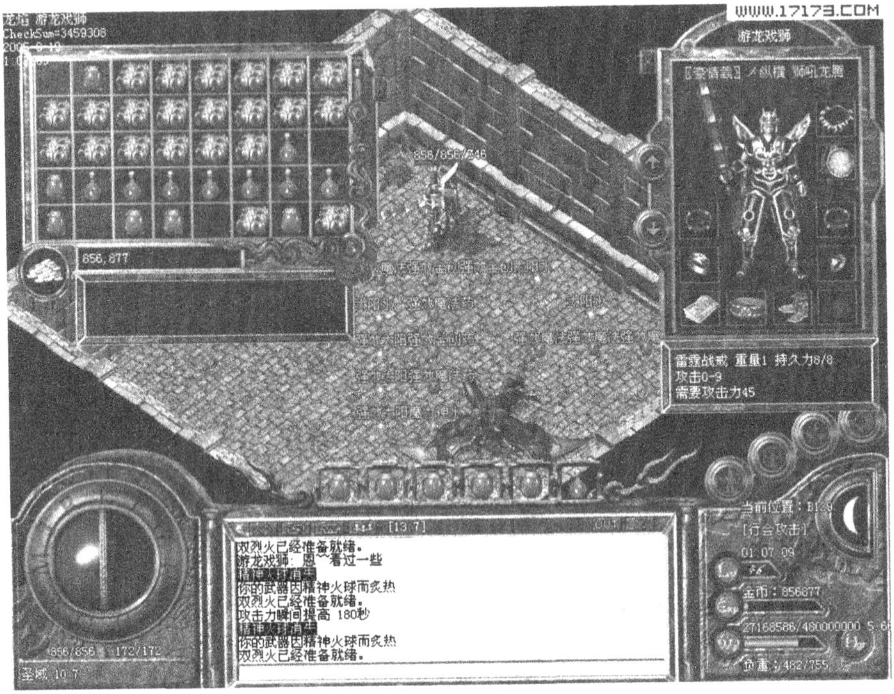

图 4-24　传奇的游戏界面

（二）盛大的营销策略

没有盛大的营销策略就没有今日的《传奇》。

第一，盛大通过代理开发商的软件，快速获得质量相对优良的产品。

第二，在游戏推出前的宣传让大量的玩家对游戏产生期待。

第三，在玩家进入游戏后，通过提供高质量的客户服务留住客户，提升他们的忠诚度。盛大为了吸引玩家，推出许多亲情化的服务。盛大的游戏管理人员，24 小时保持与玩家的沟通，迅速形成口碑效应，提升了用户忠诚度。获得第一笔利润后，盛大毫不犹豫地将其投入建立大规模的呼叫中心，平均每天接听电话 3 000 多个，相应问题从提交到答复不超过 24 小时，可与电信呼叫中心媲美。

第四，对传统销售渠道进行改造与创新。盛大凭借第一批玩家的热诚，出人意料地把网吧发展成零售终端，创造 E-sale 模式，变盛大的“推”为玩家的“拉”。盛大通过电子商务和网上银行直接与网吧建立供销关系。网吧业主填写一份申请表格向盛大提出在线申请，盛大审查确认后，网吧业主就可以用特定的用户名和密码登录其 E-sale 系统，通过银行卡的电子转账可在 10 分钟内完成虚拟点卡的进货。在游戏过程中，网吧业主只需知道玩家的账号，就能直接在 E-sale 系统内为玩家充值，实现了真正意义上的零库存和即时交易，减少了流通费用。这种方式消除了传统渠道的层级通路对推广速度的迟滞。直接控制零售终端的盛大成为其他代理公司或投资公司的模仿对象。

第五，开创新的收费模式。盛大率先推出包月制和秒卡制，找到网络广告、电信分成等模式以外的网络游戏新赢利模式。

现在的盛大是中国最大的网络游戏企业，拥有全球最大的用户数据库，积累了全球最为丰富的运营经验，建立了电信级的用户热线电话中心，创造了中国网络游戏界的一个“传奇”。

第五节　广告发布

一、网络广告

（一）概述

广告是一种通过发布商品、服务信息影响消费者购买行为的大众传播活动。传统的广告活动是非个性化的、单向传播的营销举措，由广告主出资，广告代理商操办，广告作品主要通过大众传播媒介发布。为了获得更好的广告效果，采用电话营销和直接邮寄广告（Direct Mail Advertising）的信息发布方式，广告业开始进行个性化广告的尝试。这类由广告主直接向消费者诉求的营销手段，效果比传统广告好，但投入成本很高。另外，还存在其他一些问题，如发送直接邮寄广告时，广告主对接收者的情况往往一无所知，带有相当大的盲目性。

因特网为广告主提供了了解消费者，并与他们进行直接交流的全新技术手段。1994 年，因特网上出现了最早的网络广告——美国著名的 Wired 杂志于 10 月 14 日推出的网络版 Hotwired（http：//www. hotwired. com）的主页上设置了 AT & T 等 14 个客户的广告链接，这是广告史上新的里程碑。

中国的第一个商业性网络广告出现于1997 年3 月，传播网站是 Chinabyte，广告表现形式为468×60 像素的动画旗帜广告。Intel 和 IBM 是国内最早在因特网上投放广告的广告主。

美国著名的传媒研究者霍金斯曾将网络广告定义为电子广告，即通过电子信息服务传播给消费者的广告。有些学者将网络广告定义为在因特网上传播、发布的广告。

网络广告是广告主为推广产品或服务，在因特网上，针对目标群体，利用计算机技术发布、传播商业信息，影响消费者购买行为的传播活动。网络广告是一种交互式的营销活动，消费者可以用鼠标点击广告以获得更多相关信息，或者通过电子邮件作进一步咨询。网络广告为广告主提供了与消费者实现双向交流的便利，使他们能够针对特定人群做广告，直至实现“一对一”的信息传送。

与传统广告相比较，网络广告的优势与劣势主要体现在以下几个方面（见表4-2）：①

表4-2　　**因特网与传统广告媒体的比较**

	对广告效果的正面影响	对广告效果的负面影响
电视	可以利用人们生活中看电视的空闲时间，抓住注意力，“入侵式”地展示商品；表现力强，可以造成强烈、深刻的印象；	收视率不一定有保障； 广告费用高； 效果检验困难；
广播	可以利用人们生活中听广播的空闲时间，抓住注意力，“入侵式”地展示商品；	收听率不一定有保障； 效果检验困难；
杂志	分众传播性好，有效配合市场细分； 广告可被读者重温； 图片和文字的印制质量好，可以造成强烈、深刻的印象；	发布的及时性差；

① Efraim Turban, Jae Lee, David King, and H. Michael Chung：《电子商务——管理视角》，高等教育出版社 2001 年版。

续表

	对广告效果的正面影响	对广告效果的负面影响
报纸	读者在准备购物时经常主动到报纸上查找信息； 可随身携带；	分众传播性差； 大幅广告的发布费用高； 印制质量低；
因特网	因特网广告可以一天24小时、一年365天被网民访问； 网民基于对内容的兴趣访问相应网站，分众传播性好； 有机会建立一对一的直销关系； 多媒体技术使广告颇有吸引力； 广告发布费用低； 更新、补充、改变广告内容很方便； 可以精确统计发布广告的网站页面被浏览的情况、广告的点击率；	受众群限于网民； 广告表现力不如电视；

（二）网络广告的特点

同传统的广告媒体相比，网络广告优点颇多，受到众多广告主的青睐。

1. 交互性

网络广告的交互性表现在网民在因特网上主动拉取广告，广告受众与广告主通过因特网进行信息交流上。传统媒体的受众被动接受广告信息，而网民可以主动在因特网上选择他们感兴趣的广告信息。详细的产品信息隐藏在网络广告图标后面，用户轻点鼠标就能链接上相关网页，了解关于产品或服务的更丰富、更详细的信息。计算机多媒体技术使用户能亲切感受产品和服务；他们若有问题，可以通过电子邮件等网络通信手段与商家联系，及时得到解答；他们可以利用电子结算系统在网上预定、付款，这种新的交易方式大大方便了消费者，也大大提高了商品的流通速度。很多商务网站，能提供详尽、清晰的产品分类目录，传送产品信息，甚至列出市场价格的比较资料，这是传统广告媒体难以做到的。

2. 全天候、全球性传播

通过因特网可以将产品、服务的信息传送到世界各地，接触全球范围内的大量潜在顾客。因特网上的所有计算机终端用户都在因特网广告的覆盖范围之内，这是其他广告媒介望尘莫及的。通过因特网，可实现每天 24 小时的不间断的广告传播，网民可通过连上因特网的计算机随时浏览广告信息。网络广告的全天候、全球性可能带来广告主意想不到的效果。有一个经典的例子：一家位于杭州的旗袍店，本来是制作旗袍的小作坊，店主将旗袍店的信息放在因特网上，吸引了国外几千万资金的投入，随后兴建大型厂房，实现大批量的旗袍生产。

3. 针对性

网站可收集浏览者的信息，建立受众资料库。广告主利用受众资料库，能够针对目标受众的喜好、特点，在合适的时间、位置投放网络广告。网络广告的针对性能锁定特定用户群，满足其特定需求，实现个性化营销，有效克服广告传播活动的盲目性。

4. 受众可统计

一般来说，我们很难准确知道到底有多少人接受传统媒体上发布的广告信息。通过计算机软件，可以统计发布网络广告的页面的访问量、浏览时间，网络广告的点击数，从而精确知道多少网民关注过网络广告，他们接触网络广告的时间及他们的地域分布，这些资料有助于广告主正确评估广告效果，决定广告投放策略。

5. 成本低

网络广告的发布费用低，可以在任何时候以最低的成本更新网络广告内容。在国内，在一个比较大的网站上做一年广告的费用，若用在报纸上，只够一个月；用在电视上，只够一周。

6. 表现方式别具一格

网络广告能把文字、声音、图像、影像和动画等符号、手段结合起来，并运用各种计算机技术，形成别具一格的表现方式。

7. 游戏、娱乐、促销相结合

网络广告可以将商业信息融入游戏、娱乐中。因特网对很多网民来说是休闲娱乐的场所，将广告信息融入娱乐中，一般不会引起网民的反感。游戏、娱乐、促销的结合加深了网民对网络广告宣传的商品、服务的印象，强化了网络广告的促销效果。

二、广告发布手段①

（一）横幅广告

横幅（banner）广告（见图4-25）是因特网上最常见的广告形式。通常，一条横幅广告包含一段简短的文字介绍或一张图片，用来推销产品、服务。为了吸引网民注意，大多数横幅广告都包含视频剪辑或动画效果。横幅广告一般是超链接的锚，用户点击它后，能跳转到广告主的主页或产品专属页面上。广告主可以根据访问网站的网民信息定制横幅广告。有时，广告主为了集中开拓一个细分市场，实行“强迫广告”战略，即在获得免费信息或娱乐之前必须点击广告，甚至规定广告页面必须持续一段时间，以保证网民真“看”广告，而不是应付性地点击后马上关掉。

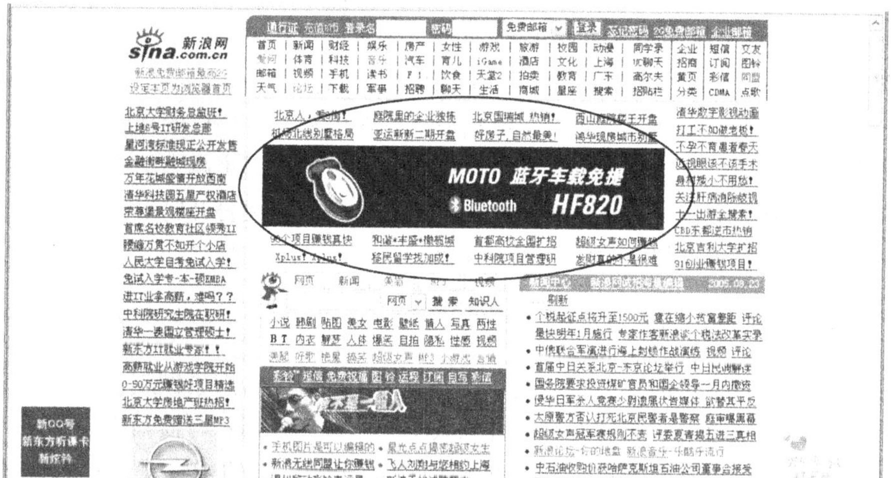

图4-25　横幅广告

① 参见埃弗雷姆·特伯恩等著：《电子商务——管理新视角》，电子工业出版社2003年版，第121～125页。

横幅广告的缺点是能放置的信息有限。所以，制作者要想出既有创意又简短的表现方式吸引浏览者。另一个限制因素是：随着时间的推移，横幅广告的点击率不断下降。许多浏览者逐渐具备一套“免疫系统”，可以对横幅广告视而不见，视若无物。

横幅的摆放位置是很重要的。根据米歇根大学商学院为 Athinia 网络公司做的一份调查，放在显示屏右下角、靠近滚动条的横幅广告的点击率要比放在顶部的横幅广告的点击率高 77%。

横幅广告的发布价格取决于横幅的大小、所处网页及在网页上的位置。一般来说，放在网页第一屏的横幅广告的发布价格是第二屏的几倍。横幅广告的大小，一般在 7kb 到 10kb 之间；文件太大的横幅广告可能需要几分钟下载，没有耐心的浏览者没去看广告就跳往其他页面上了。

（二）快闪广告

快闪广告即 Splash Screen，也被称为启动屏幕或插播广告，它能容纳详细的产品信息，能提供丰富的多媒体效果，能在短时间内吸引网民的注意力。早期的快闪广告是一个初始化网页，里面包含产品信息，作为一个小窗口出现在网页上。后来，出现了流媒体，能播放一段像电视广告一样的视频广告；在许多情况下，用户可以关闭它。随着动画技术的发展，越来越多的广告制作商将产品广告制作成精美的小动画，放在网页上；每当网民打开网页，动画便开始播放，但网民可以将其关闭（见图 4-26）。

（三）邮件广告

邮件广告是目前最主要的网络广告方式。广告主将广告做成音频、视频剪辑或动画，通过电子邮件发给邮件列表上的用户或公司；与横幅广告一样，在电子邮件中可设置超链接，用户可进而链接到广告主的主页上，获取详细信息。

使用电子邮件的好处是费用低，可以使用群发功能将同一个广告同时发给成千上万的接受者，接触大量的目标受众。广告邮件一多，用户会将其视同垃圾。许多邮件服务提供商和用户都设置过滤装置，将邮件广告作为垃圾邮件拒之门外。即使是这样，广告主依然青睐邮件广告，因为网络受众数量庞大，就算 1 000 人中只有 1 个人打开广告邮件，广告接触的受众量也相当可观。

图 4-26　快闪广告

为保证邮件广告的效果，需要注意以下几点：

1. 收集客户邮箱，建立客户信息数据库

销售商必须建立目标受众的客户数据库，不断搜集有助于改进电子邮件列表的相关资料。最常见的搜集方式有：向邮件列表提供商购买，要求购买过商品的客户填写表格。曾经购买过厂商提供的产品的客户主动提供邮箱信息，收到邮件后的点击率高，邮件广告的促销效果也较高。

2. 个性化的邮件广告服务

为了让目标受众对邮件广告感兴趣，广告主必须将电子邮件客户服务方案与外部的营销活动整合起来，根据客户信息，提供个性化的邮件广告服务。

3. 提高邮件撰写技巧

首先是邮件标题的撰写，这是最重要的，是吸引用户的第一步，决定着用户是否打开这个邮件。

其次是在用户打开邮件后吸引用户读下去。要注意对收件人的称呼。要考虑好内容表达方式是采用纯文本格式，还是配以图片、动画、视频、音频。纯文本格式的邮件，显示速度快，但缺乏冲击力。多媒体格式的邮件，有冲击力，但要考虑网速，如果不能很快显示邮件内容，反而会使收件者懒得理会。

iResearch（艾瑞）市场咨询整理 Double Click 的调研数据显示：2005 年美国邮箱用户平均每周接收到的垃圾邮件数量达到 251 封，较 2004 年增加 30.7%，2002～2005 年的复合增长率也达到 14.9%。随着垃圾邮件数量的增加，网民逃避打开、阅读垃圾邮件的无效劳动的趋势增强。2005 年第二季度 Double Click 邮件打开率首次低于 30%，实际打开率为 27.5%。邮件打开率处于明显下滑趋势，2005 年第二季度较第一季度下滑 2.7 个百分点，与 2004 年同期相比下降 8.5 个百分点。所以，使用邮件广告的销售商必须下功夫使消费者愿意打开并阅读自己发出的邮件广告。一些电子邮件服务商允许用户永久屏蔽来自某些地方的邮件，如何使自己的邮件广告避过垃圾邮件过滤机制，是广告商最关心的问题。

（四）URL 广告

大多数搜索引擎有专门的页面供公司提交它们的因特网地址，这些地址被称为 URL（统一资源定位系统）。提交 URL 后，搜索引擎的“蜘蛛”程序将访问这个网站，为网站内容加索引。“蜘蛛”程序为网页全文加索引是自动生成的。提交 URL 的公司没有必要再递交关键词列表、内容总结或描述等。

使用 URL 作为广告工具的主要优点是“免费”。任何人都可以把它的 URL 提交给搜索引擎并进入列表。通过 URL 进入公司网站的网民，大多是关心相应主题的，不是毫无目的来闲逛的。

使用 URL 广告要注意：

首先，在搜索结果中，自己公司的网站很难获得靠前的排序；一时被放在前面，也难以保证不被其他公司取代。

其次，不同的搜索引擎给网页加索引的方式不一样，有的根据网页 meta

标记中的标题排序，有的则根据网页内容、网页等级进行排序；一个公司很难同时在多个搜索引擎的列表中获得靠前的排序。

调查显示，很少用户会访问排在搜索结果第50位以后的网站。一个公司要实现成功的网站推广，应该将自己的URL注册到尽可能多的搜索引擎上，让用户不管使用什么搜索引擎都能搜索到自己的页面。为了获得较好的广告效果，需要根据搜索引擎的搜索特点、网站排名规则对网页进行“搜索引擎优化”，以获得尽可能靠前的排序。

有时可以通过简单增加、删除或修改一些句子达到将在搜索引擎上的排序提前的目的。例如，一个用户查找“海南岛的酒店服务与位置”的信息。他可能在首页列表上得到20个网址，从中选择一个特定的站点。如何使自己的网站出现在这20个结果中，且获得靠前的排序，并吸引用户点击进入呢？广告主不能在强调“从卧室窗口看到美丽的海景”上做文章，应该强调关键词，如海南岛、服务、位置等。用户点击进入，访问你的网站，才会去注意“从卧室窗口看到美丽的海景”一类的说词。

（五）虚拟社区广告

虚拟社区是一个存在于网络的集会场所，数量庞大的注册会员选择自己感兴趣的版面进行交流。在虚拟社区，顾客和销售商可以在线互动。虚拟社区正在越来越多地被用于商业目的。

许多产品供应商和销售商会赞助虚拟社区的某个频道。图4-27为NOKIA赞助的新浪的某个聊天室。商业网站允许聊天软件供应商提供免费的会议支持服务，从而获得聊天功能。聊天室、新闻组、论坛的主题与广告相结合，能促发网民的购买欲望。天涯社区的“IT视界”页面中（见图4-28）就有IT企业做的广告。有些广告商干脆与社区提供商共同建立产品论坛，比如Chinaren上面的雪碧冰点论坛就是雪碧与搜狐公司合作建立的，用于雪碧冰薄荷的宣传、推广活动及话题讨论，让喜欢雪碧的人有一个自由发挥的空间。

在静态网页上出现的广告和穿插在聊天室中的广告有相当大的差别。后者允许广告主循环插入消息来影响聊天者；而且，广告的主题可以更加鲜明，可以像讲故事一样，从一条消息开始，引出高潮。聊天者已习惯于在屏幕上看到多条广告，一般会加以关注。比如众多奶粉生产商、销售商喜欢去的爱婴网

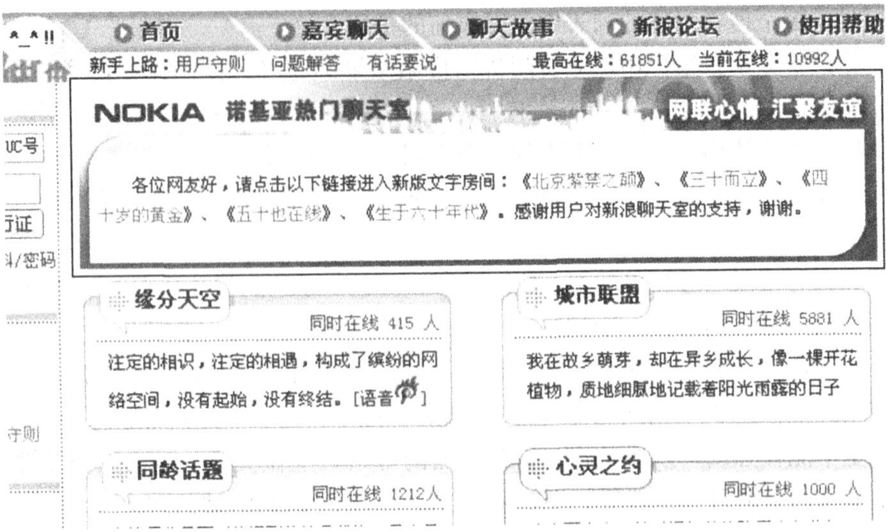

图 4-27　社区广告

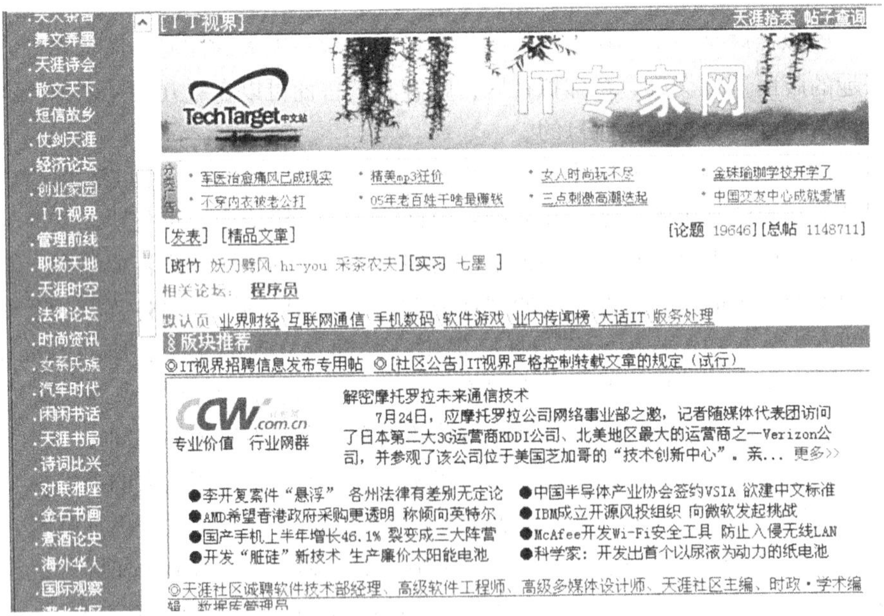

图 4-28　社区广告

（www. aibaby. com. cn），是一个提供与怀孕、分娩、育婴有关的信息内容的网站，吸引了众多孕妇及初为人母、人父者。在专门讨论育婴的论坛上，广告商可以张贴关于奶粉的主题，如“2～3个月的女婴是否适合饮用××牌子的奶粉”、“××牌子的奶粉如何”；总能使人们在回复时，追问“为什么好”、“好在哪里”，形成一个大家参与讨论的话题，进而实现一对一的销售。

组成主题鲜明的聊天室是虚拟社区的发展趋势。纯粹 P2P 的交流没有社区的“热闹”气氛。人们积极参与虚拟社区活动，使虚拟社区广告更具价值。以腾讯公司推出的“群”服务为例：它让网民加入不同主题、身份的群（实际就是聊天室），并将群分类，为开展电子商务活动和发布目标性广告作了铺垫。

（六）网络游戏广告

网络游戏作为一种新兴的广告媒体越来越受到广告商的青睐。网络游戏广告主要分为显性和隐性两种。

显性的网络游戏广告有游戏开始或结束时插播的广告、游戏中的横幅广告等。有时，广告主以赞助者的身份向玩家赠送或者销售游戏点卡，如图 4-29 所示。

图 4-29　游戏广告

隐性的网络游戏广告主要指在游戏中的建筑物、街道、场景或者道具等物品上面标出公司或产品的名称、商标，让玩家在不知不觉中接触广告信息。有些隐性的网络游戏广告以公司网站的附属娱乐项目出现，吸引网民，配合进行宣传。可口可乐公司的官方网站（见图 4-30）就提供各种休闲益智类的小游戏供浏览者玩。还有些公司（如雀巢等，见图 4-31）专门设计开发出与产品主题相关的游戏。

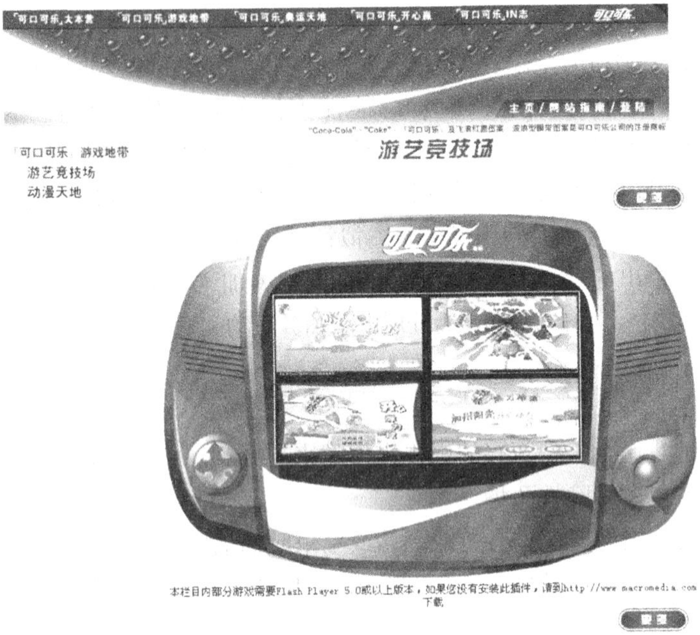

图 4-30　游戏广告

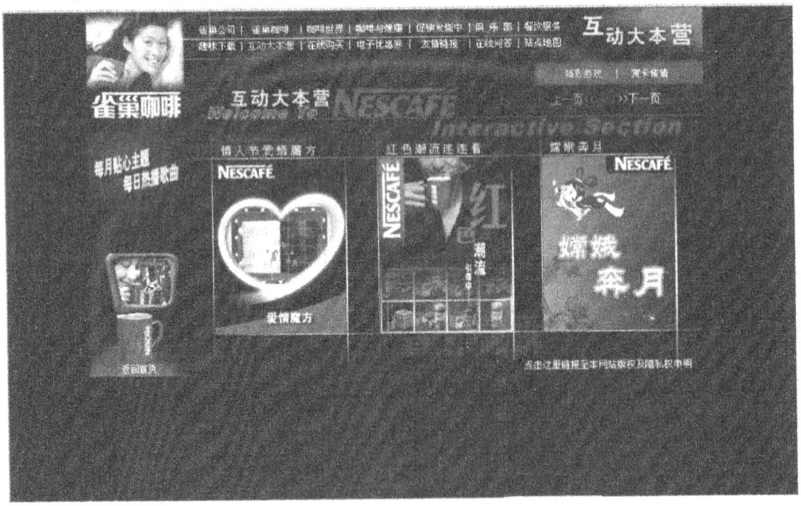

图 4-31　游戏广告

（七）在线目录

在很长一段时间内，印刷品是产品目录的惟一载体。然而，现在更流行的方式是在光盘上和网页上刊登电子商品目录。商家使用在线目录的目的是促销产品和服务，而对于顾客来说，目录为他们提供了产品和服务的信息；在软件代理的帮助下，可以快速搜索电子目录，利用目录进行产品比较。

（八）移动广告

移动电话的普及使移动广告市场逐渐扩大。通过手机，广告主能在一对一的基础上实时地、交互式地向消费者发布广告。将来，广告主可以通过全球定位系统获得用户所在的地理位置和当地情况的信息，结合用户的个人档案，提供个性化的移动广告服务。

三、效果评估

消费心理学将广告对消费者的作用过程概括为：欲望——需求——关心——了解/认可——倾向——信服——购买——满足。网络广告的作用过程同样具备这些阶段。网络广告影响消费者，使他们产生购物的欲望，并最终采取购买行动，这个过程有时非常缓慢。评估网络广告的效果，不仅要看它促使多少人购买了产品，还要看它对消费者产生了什么样的心理影响。

网络广告效果评估中常见的概念和评估指标有①、②：

1. 广告曝光次数（Advertising Impression）

广告曝光次数指网络广告所在的网页被访问的次数，通常用 Counter（计数器）来统计。广告曝光次数受到以下几个因素的影响：

（1）在广告刊登期间，同一个网民多次登录该网页查看讯息导致曝光次数不等于实际浏览的人数。

（2）“缓存”——有些浏览者还没等广告完全显示出来就将其关闭或者跳

① 吕芳：《网络广告效果评估探讨》，北京大视野社会经济调查有限公司研究部报告。

② 埃弗雷姆·特伯恩等著：《电子商务——管理新视角》，电子工业出版社 2003 年版，第 117～118 页。

转到其他页面。

(3) 广告刊登的位置——一般而言，发布在网页第一屏的广告比后面几屏得到的曝光次数多；特别是到了第四屏以后，通常只有不到20%的人予以光顾。

(4) 网页中广告的数量——一个网页通常会刊登几则网络广告，网民浏览该网页时，注意力分散到几则广告中，有的广告可能受到较多注意，在网民脑海中留下一些印象；有的广告可能根本没有受到注意，在网民脑海中毫无印象。

(5)“广告免疫”——浏览者无视广告，专注于网页的文档内容。

虽然如此，广告曝光次数还是从一个侧面反映了它的传播效果。

2. 点击率（Click Ratio）

点击次数指浏览者点击网络广告的次数，它可以客观、准确地反映广告吸引网民的成功程度。

点击率等于点击次数除以广告曝光次数，它是评价网络广告效果最基本的指标，也是反映网络广告效果的最直接、最有说服力的量化指标。网络广告要吸引浏览者点击；一旦点击，网民就进入广告主的主页，这在一定程度上说明他对广告中的产品或服务产生了兴趣。

3. 网页阅读次数（Page View）

浏览者对广告中的产品产生了一定的兴趣后，进入广告主的网站了解产品的详细信息，从而可能产生购买欲望。一个浏览者进入产品主页或者广告主网站进行一次阅读，称为一次网页阅读。浏览者对某一页面的总阅读次数，称为网页阅读次数；这个指标用来衡量网络广告效果，从侧面反映了网络广告的吸引力。浏览者点击了网络广告，可能并没有阅读这个网页；所以，广告主网页阅读次数与网络广告的点击次数事实上是存在差异的。可以记录浏览者阅读某一网页所花的时间，根据这个时间的长短来判断浏览者是否真的阅读了这个网页，从而得到更准确的网页阅读次数。

4. 交互次数

有些交互式广告允许或要求浏览者作出行动。交互次数用来统计浏览者主动与广告赞助商联系的次数。网络广告与传统媒体广告相比，最大的优势就是目标受众和广告主可以进行即时互动。有互动行为的网民是确实关心公司产品、服务、活动的潜在购买者；所以，交互次数能更好地衡量广告效果。

5. 转化率（Conversion Rate）

转化率最早由美国的网络调查公司 Ad Knowledge 在《2000 年第三季度网络广告调查报告》中提出的。“转化”被定义为受网络广告影响而形成的购买、注册或者信息需求。转化次数指的是由于受网络广告影响所产生的购买、注册或者信息需求行为的次数。

转化次数除以广告曝光次数，即得到转化率。

网络广告的转化次数包括两部分，一部分是浏览并且点击网络广告所产生的转化行为的次数；另一部分是仅仅浏览而没有点击网络广告所产生的转化行为的次数。由此可见，转化次数与转化率可以包含那种“浏览”而没有“点击”的效果；点击率与转化率没有确定性关系。所以，出现转化率高于点击率的情况是不足为奇的。

6. CPM

CPM 是 Cost Per Mille 的简称，即千人印象费用，指为支持每 1 000 个人的访问而支出的费用，通常以广告所在页面的曝光次数为依据，计算公式为：CPM = 总成本/（广告曝光次数 ÷ 1 000）。

7. CPC

CPC 是 Cost Per Click 的简称，即每点击成本，指点击 1 次网络广告，广告主所付出的费用，计算公式为：CPC = 总成本/广告点击次数。

8. CPA

CPA 是 Cost Per Action 的简称，即每行动成本，指广告主为网民的每个行动所付出的费用，计算公式为：CPA = 总成本/转化次数。

第六节　其他因特网行业

因特网是个“金矿”，成千上万的人在这里淘金，形成各种因特网行业。

一、在线出版

在线出版指通过因特网以电子化方式传送报纸、杂志、书籍、新闻、音乐、录像和其他数字化出版物。在线出版始于 20 世纪 60 年代末，主要用来提供在线书目和出售在线数据库中的知识。最初，由公共基金资助的在线出版是为了传播医疗、教育和航空研究信息。今天，在线出版被用于全球范围内的信

息传布。在线出版主要有以下几种方式：①

1. 在线文档

在线文档用于在线发布图书馆目录或书目数据库这样的数字化文档，基本上是纸张出版物的上网形式。

2. 新媒体

出版商将 Web 视为一种创造新型资料、给出版物附加新型内容和多媒体功能的媒介。新媒体出版方式可以为任何主题添加额外的分析和补充性信息。新媒体方式的应用之一是提供集成的与相关故事、主题和图片的超文本链接。新媒体出版物很容易被定制化和个性化。

3. 出版中介

出版中介可以帮助人们在网上找到需要的出版产品和服务，网景公司和其他门户网站就提供此类服务。

4. 动态方式

通过这种方式，内容被实时个性化，并以最适合用户所在位置、口味和偏好的格式进行传递。

二、网络金融

网络金融改变传统金融业“面对面”的服务方式，提供全天候的金融服务。网络技术的发展突破了电子商务的安全支付瓶颈，使网络金融加速发展。

（一）网络银行

网络银行又称网上银行、电子银行、虚拟银行，它实际上是银行业务在网络上的延伸。

1995 年，美国“安全第一网络银行”诞生。现在，网络银行已成为金融机构拓宽服务领域、争取业务增长的重要手段。

网上银行目前有两种形式：

一种是完全依赖于因特网发展起来的全新电子银行，通过因特网与客户建立密切联系，提供全方位的金融服务，如世界第一家全交易型网络银行——美

① 埃弗雷姆·特伯恩等著：《电子商务——管理新视角》，电子工业出版社 2003 年版，第 284 页。

国安全第一网络银行。

另一种是在现有商业银行基础上发展起来的，在提供传统银行服务的同时将部分银行业务上网，开设新的电子服务窗口，即所谓传统业务的外挂电子银行系统。目前我国开办的网上银行业务基本上都属于这一种。

网上银行可以完成传统的商业银行业务，承担电子商务过程中极其重要的在线支付功能，还可以开辟新的系列服务领域。

目前我国网上银行提供的主要业务有以下几种：

1. 信息发布

在网络上给客户提供各种金融信息，包括银行的历史背景、经营范围、业务介绍、机构设置、网点分布、业务品种、利率和外汇牌价、金融法规等。

2. 传统银行业务

将银行传统业务在线化，在网上为客户提供24小时的实时服务，如转账结算、汇兑、代理公共收费、发放工资等，还能为客户提供以账户查询和信用查询为主的账户信息服务。账户查询包括账户余额明细和账户的当天、历史交易明细查询、付款方信息查询。信用查询指查询在银行发生的信用情况，包括信用结构、信用余额、当前和历史交易记录等。

3. 网上转账

通过因特网向任何地区的任何银行账户汇款。目前国内银行提供的主要网上转账功能包括：个人名下活期互转、个人名下活期和定期间互转、约定账户的转账（指向行内的他人账户进行资金划转）、网上速汇通等。

4. 在线支付

在线支付是网上银行最重要的网上金融服务。在网上进行的交易可通过E-Bank支付，包括B2C商务模式下的购物、订票等零售交易，也包括B2B商务模式下的网上采购等批发交易以及金融机构间的资金融通和清算。

5. 代理缴费业务

借助因特网，为用户代缴手机费、电话费、水电费等。

6. 证券保证金转账和其他证券交易业务

为证券公司、交易所、营业部办理证券清算、外币业务，提供信息咨询、消费信贷等服务。

（二）网上证券

网上证券指通过因特网进行网上证券交易，包括获取证券的即时报价，分析市场行情，委托下单，完成证券的购买与出售。它突破服务地域和服务时间的限制，使客户能随时获得证券公司发布的最新消息，通过数据库随时查询市场行情、各板块信息、个股信息。有些证券系统还具备精确除权、阶段排行、报表分析等特色功能，能减少因行情延迟、信息时差或交易不及时而引起的交易损失。对证券商而言，提供网上证券交易，有助于降低成本、开拓市场、扩大市场份额，使任何能上网的股民都成为潜在的客户。

网上证券交易起源于美国。我国最早的网上证券是闽发证券和中国华融信托投资公司于1997年推出的。4个月内，闽发证券深圳营业部网上交易开户数达1 000多户。1998年末中国华融信托投资公司湛江营业部的网上交易开户数达7 000多户，网上交易占该营业部交易总数的20%。此后，全国各证券商、证券交易所纷纷推出网上证券系统。由于因特网的普及程度不够、理性投资者比重较低等各种客观条件，我国在这一领域的发展与美国等国家比较，还有较大的差距。

现有的网络证券交易形式主要有两种：

第一种是证券营业部直接和因特网连接，客户下载交易系统，通过营业部的网站下单，通过交易系统或营业部的网站接收实时的股市行情、成交汇报和信息。

第二种是证券营业部通过ISP的网站与因特网连接，客户的下单请求要通过ISP的网站才能到达营业部；客户从ISP的网站直接获取实时的股市行情和信息。

虽然目前大多数证券商都提供网上交易服务，但是真正通过因特网委托下单的客户还比较少。随着市场机制的完善、宽带的普及、投资者的成熟，网上证券将得到更大的发展。

三、网上保险

网上保险指保险企业（包括保险公司和保险中介公司）以信息技术为基础，以网络为主要渠道进行的保险营销。

20世纪90年代，欧美一些国家开始网上保险的探索。1998年，美国已有86%的保险公司在网上发布产品资料信息，有61%的网站提供代理商地址咨询，有43%的保险公司把发展因特网业务作为公司战略规划的重要组成部分。

我国的首家保险网站是“网险”，其后，中国太平洋、中国平安、泰康人寿等保险公司相继开展网上售险业务。

开展网上保险有如下优势：

1. 投保人方面

投保人在网上直接购买保险服务，更快捷，更准确；可以仔细比较各种费率的差异，选择最理想的投保方式。

2. 保险公司方面

保险公司开展网上售险业务，可以降低成本，因为投保人可以通过因特网自己完成申报程序，节省了公司的人力，还免除了电话委托所产生的电话费（通常由保险商承担）。在美国，人工咨询的成本为每人次 5 美元，而因特网咨询的成本仅为每人次 4 美分。保险公司通过网上论坛了解客户的意见，掌握市场动态，根据客户投保方式的意愿，为客户定制保险计划。网上售险的种种优势将使其成为未来保险公司售险业务的主流方式。

第五章
网络传播与社会

本章主要讨论网络传播的社会效果，从网络舆论、网络 BBS 议题建构、网络传播与信息公开等方面论述因特网这种新型媒体对处于社会转型时期的中国社会的影响。第一节“中国社会转型时期的网络舆论的局限和潜力”，首先梳理国内对网络舆论概念的不同界定，然后分析中国网络舆论的特点及其产生的原因，指出中国网络舆论目前存在的不足，展望中国网络舆论在构建和谐社会方面的潜力。第二节“网络 BBS 的议题特征及议题建构”，对网络 BBS 的日常议题进行探讨，以水木清华论坛、强国论坛、西陆论坛为对象，分析 BBS 的议题环境、议题内容、公共领域特征——意见分散、多元、关注生活政治、感性化与情绪化等，讨论建构与引导 BBS 议题的具体方式，涉及 BBS 的技术控制与把关、BBS 软件环境与硬件环境的建设、BBS 的激励机制等；从理论上阐述了政府极为关注的网络舆论引导问题。第三节“因特网的传播功能——以在中国重大疾病控制中的表现为例”，探讨因特网在控制诸如艾滋病、乙肝、癌症等重大疾病的社会行动中的传播功能。本章首先使用文献研究的方法，归纳出因特网不同于传统媒介的若干媒介特性：传播模式多元性、双向互动性、超时空性和人人可用性等；然后运用话语分析方法，研究政府网站和疾病专业论坛网站的实际传播经验以及网民上网行为和上网经验，结合疾病控制的具体案例，归纳出因特网在中国重大社会行动中的传播功能。本章还就政府如何有效运用因特网控制重大疾病的扩散提出了建议。

第一节　中国社会转型时期的网络舆论的局限和潜力①

根据中国互联网络信息中心（CNNIC）历次发布的《中国互联网络发展状况统计报告》，中国城市居民的日常生活与因特网建立了日益紧密的联系。

在理论上，因特网为网民公开表达观点提供了现实可能性，并为政府知晓民情、民意、民心提供了便捷的通道。2003年，因特网上热烈讨论刘涌案、孙志刚案、宝马车撞人案等事件，强大的网上舆论压力，促使中国政府进行了相关的制度性改革。在反腐倡廉、为农民工“讨工钱”、三农问题、治理教育乱收费、学术腐败的讨论中，网络舆论也显示出不可忽视的力量，以至于有人把2003年称为中国的“网络舆论年”。

中国网络舆论的兴起深深植根于中国社会转型的历史进程。网络舆论的特点，网络舆论的局限和潜力都与中国的社会现实、中国传统媒体的作为和不作为密切相关。本节首先分析网络舆论的背景、特点，然后通过案例，透视中国网络舆论的局限和潜力。

一、中国的改革与中国的新闻传播及网络舆论

（一）网络舆论兴起的改革进程背景

1978年底，中国共产党十一届三中全会确定了改革开放的基本国策。首先进行的是经济领域的改革，中国的经济体制从计划经济转向市场经济。随着经济改革的深入，民众市场化观念强化，改革向政治、社会、文化等领域全方位延伸。改革带来的一个不可忽视的社会现实是：贫富分化，矛盾丛生，利益冲撞，心理浮躁，行为失范，难题成堆。② 正如童大焕先生所说，在这个巨大的社会转型中，有太多的利益需要协调，太多的差异需要理解，太多的不解需要沟通，太多的对立需要消弭。而改革又有太多的迷津需要指点，太多的情绪

---

① 本节作者为华中科技大学新闻与信息传播学院余红。

② 胡清国：《转型时期的社会特点与舆论监督的整合》，《江西财经大学学报》2000年第2期。

需要发泄，太多的误差需要匡正，太多的要求需要呼吁，太多的观点需要交流。①

经历了吉登斯所言的“匮乏经济”、“物质主义”和“后匮乏经济”、“后物质主义”，中国民众在达到一定的富裕程度后，开始关心生活质量，关心“生活决定”，而不仅仅是顺应“生活机遇”。现代传播科技赋予人们参与政治、表达自己利益诉求的可运用的手段，网络舆论的兴起是事有必至、理有固然的社会情势。

（二）改革开放对中国新闻传播的深远影响

长期以来，中国新闻机构的定位是“事业”单位而不是“企业”单位。1987 年，《关于加速第三产业发展的决定》正式使用“文化产业”的提法，承认新闻媒体的经营管理要遵循市场运行规律，要争取“社会效益”、“经济效益”双丰收，基本肯定了新闻机构的产业属性。

中国大众传播媒介体系中党委机关报一统天下的局面随着都市报的兴起和网络媒体的出现而得到改变。以党委机关报为“本报”的报业集团普遍存在的现实状况是“小报养大报”，即市场化程度高的社会生活服务报的发行量远远超出机关报，成为报业集团事实上的经济支柱。社会生活服务报的社会影响力，尤其是在民众日常生活中发挥的作用不容忽视。

有学者认为：中国内地通俗报纸在当今中国政治生活中已开始发挥重要作用。② 如《南方都市报》之于“孙志刚事件”；《华商报》之于“黄碟事件”；《黑龙江晨报》、《沈阳今报》、《新京报》之于“宝马撞人案”，都担当起重大道义责任。通俗报纸首发报道，主流媒体倒成为随后跟进的角色。媒体反映的舆论勇敢地从制度层面提出问题，在制度改革方面前所未有地发挥了决定性的影响。

不过，通俗报纸在政治作为方面处于一种“矛盾性存在”状态，由于通俗报纸固有的局限性，对事件的报道、参与往往深度有限；在中国新闻政策的

---

① 童大焕：《从思想启蒙到公民表达》，http://news.sohu.com/2003/12/18/02/news217090270.html。

② 孙玮：《日常生活的政治——中国大陆通俗报纸的政治作为》，《新闻大学》2004 年冬。

管理下，通俗报纸更多地是避免介入敏感度高的政治事件。①

中国的网络媒体在很大程度上能突破像通俗报纸那样的“矛盾性存在”状态。中国网络媒体的市场化程度高，相对于传统媒体，网络媒体在反映舆论方面的发挥余地较大。特别是最早抢占网络市场先机的网易、新浪、搜狐等商业门户网站已在中国网民心目中占据了相当地位。这些商业网站的新闻版、论坛和新闻跟帖常常提供重要信息，发表直言不讳的意见，较好地发挥了大众传播媒体监测环境的社会功能。

因特网的匿名性、快速反应性及跨越地理阻隔、行政区划的信息传送能力使得越来越关注“生活决定”的中国民众有了发表意见的崭新渠道，特别是使新兴的中产阶层分子中的舆论领袖找到一个令其“乐此不疲”地“灌水”、发泄的言论平台。

二、中国网络舆论的特点

（一）定义

国内对网络舆论有形形色色的定义，以下是笔者在中国学术期刊网上检索到的几个“网络舆论”的定义：

网络舆论是在互联网上传播的对某一焦点事态所表现出的多数人的有一定影响力的共同意见或言论。②

网络舆论就是在互联网上传播的公众对某一焦点所表现出的有一定影响力的、带倾向性的意见或言论。③

网络舆论是公众对于公共事务通过信息网络公开表达的具有影响力的意见。④

上述定义在网络舆论的客体的规定上有细微差别，有的用“焦点事件”的提法，有的用“公共事务”的提法。公共事务也可以称做公众性事务，指

---

① 孙玮：《日常生活的政治——中国大陆通俗报纸的政治作为》，《新闻大学》2004年冬。

② 李兢兢：《网络舆论自由表达的限制》，《新闻前哨》2004年第7期。

③ 谭伟：《网络舆论概念及特征》，《湖南社会科学》2003年第5期 。

④ 邓新民：《网络舆论与网络舆论的引导》，《探索》2003年第5期。

直接关系到公众切身利益的各种事务。在办理这些事务的过程或行为中，一旦违反法律和社会道德，就会直接损害和影响公众利益。两种提法有共同之处，都强调网络舆论与公众利益相关，以足以引起公众关注的事件为客体。

上述定义都揭示了形成网络舆论的三个阶段。首先是焦点事件的出现；然后，网民通过新闻组回帖、BBS 论坛、电子邮件、聊天室、个人网页（站）等多种网络传播形式，发表自己的意见；最后，通过意见的交锋与碰撞、认同与融合，形成大体一致的意见，并对焦点事件产生一定影响。

网络舆论的主体一般是网站论坛、论坛网站和新闻跟帖。网民每天都就当时的焦点问题展开热烈的讨论。

目前，中国有代表性的论坛有：

以人民网的强国论坛、新华网的发展论坛为代表的媒体网站论坛。

商业网站论坛，西陆论坛是其中最大的一个。

以水木清华论坛为代表的校园论坛。

新闻跟帖和网站论坛、观点频道更是不计其数。

网站论坛如：国际在线的“管窥天下”、湖南红网的“红辣椒评论”、千龙网的“千龙评论”、东方网的“东方评论”、中青在线的“青年话题”。

新闻跟帖以新浪、搜狐等各大商业门户网站的新闻跟帖为代表。

（二）特点

1. 中国网络舆论经历了从自发的草根舆论，到逐步纳入政府管理轨道的过程

中国最早的网络舆论事件的发生可以追溯到 1998 年，被称为“沈洪嘉事件”。1998 年 3 月，原山东矿业学院的沈洪嘉先生致信《南方周末》，反映山东省邮电管理局和济南市电信局对他有关电话资费的咨询和质疑冷漠对待的事实，而且声明他准备向中国电信投诉。沈洪嘉的信在《南方周末》上刊出后，引起很大反响，引发了一场关于中国电信的大讨论。后来，由于有关部门干涉，报界不得不停止这场讨论。① 当时，因特网上围绕这一主题也展开了讨论。1998 年三四月份，在上海索易网站上张贴的相关文章近 700 篇，邮件列

① 陈立辉：《互联网与社会组织模式重塑：一场正在进行的深刻社会变迁》，《社会学研究》1998 年第 6 期。

表投送量高达16 000次。① 中央电视台作为官方媒体，重点报道了“沈洪嘉事件”；此后，许多颇有见地的文章重新见诸报端。在巨大的舆论压力下，电信部门宣布调整电话资费，开始着手进行体制改革。②

1998年5月，印尼排华事件发生。全世界华人都深深同情印尼华人的悲惨遭遇。中国内地网民自发举行网上抗议活动。当时，国内的BBS还不多，很多内地网民利用新加坡《联合早报》的论坛来表达自己对暴行的愤怒，对遭受暴行的印尼华人同胞的声援。

1999年5月8日，北约轰炸我国驻前南联盟大使馆，中国民众的愤怒情绪有如火山爆发。为了给这种全民同仇敌忾的情绪一个发泄、疏导的渠道，1999年5月9日，人民网开设“强烈抗议北约暴行BBS论坛”，这是中国传统媒体创办的第一个电子时政论坛。1999年6月19日，该论坛改名为强国论坛（www. qglt. com）。在改名前的40天内，“抗议论坛”发了9万余篇帖子。③ 强国论坛的讨论话题多为“国家大事”和“天下大事”，成为中国最具影响力的时政论坛；创立一年多后，上帖量稳居全球中文论坛之首，受到国内外的广泛关注，被誉为“中文第一论坛”。

网络舆论的影响力越来越引起国家高层领导人的注意。党和国家的一些领导人公开透露自己从网上了解舆情的情况。在抗击“非典”的斗争中，新任国家主席胡锦涛在广州对一位活跃在防治“非典”第一线的医生说：“你的建议非常好，我在网上已经看到了。”新任国务院总理温家宝在北京大学考察时对学生说：“我看到同学们在网上写的一些话，我挺感动。大家对政府的信心越来越强了。”④

随着中国网络舆论的迅猛发展，如何规范网络舆论、维护社会情绪稳定的问题受到广泛的关注，加强对网络论坛管理的问题提上政府的议事日程。国内一度对是否允许开设BBS，是否实行发帖实名制展开热烈的讨论，甚至发展为激烈的争论。

---

① 陈洁：《BBS：中国公共领域的曙光》，《中国青年研究》1999年第5期。

② 许英：《互联网·公共领域与生活政治——刍议数位民主》，《人文杂志》2002年第3期。

③ 邓新民：《网络舆论与网络舆论的引导》，《探索》2003年第5期。

④ 参见《南方周末》2003年6月5日第8版。

现在，论坛开设者通常采取如下做法：（1）要求用户作出承诺，保证不在论坛中进行违反中华人民共和国法律和法规的活动，用户对本人的网络行为所产生的后果自负责任，与ISP及论坛管理者无关；（2）论坛管理员对论坛内容进行检查，有权删除任何内容，尤其对反动或色情的帖子格杀勿论；（3）不设立任何涉及政治及敏感话题的讨论主题；（4）对论坛用户进行注册登记；（5）在必要时永久或暂时关闭论坛。①

媒体网站论坛实行“分类、分级”的管理。中国宁波网“天一论坛”将时政类、文化类、休闲类版块“分类管理”。时政类版块采用先审后发的办法；文化情感类版块则采取先发后审、即发即审相配合；服务休闲类版块则采取即时发布、随机监看。对网评员、版主、网管、区长实行“分级管理”。邀请新闻工作者或政府官员担任时政版块网评员；专业作家和教师做文化情感等版块的版主；公安网络警察作为“网督”，随机监看论坛内容。②“天一论坛”的管理模式受到中央外宣办的肯定，公安部将其管理经验在全国推广，中宣部有关部门专门就此模式作了调研。

中国网民在相当大程度上能够接受这种管理模式。在中国社科院就互联网的社会影响所作的问卷调查中，对于“你认为网上信息在多大程度上需要管理和控制”的问题，绝大多数人都作了肯定的回答。③

表5-1　　网民和非网民对网络管理和控制的态度

	网民（N=1044）	非网民（N=1084）
非常需要	23.5%	17.2%
比较需要	44.2%	29.0%
可控制也可不控制	18.3%	14.0%
不太需要	8.9%	7.8%

① 韩志坚、崔卫平：《网络媒体论坛对传统评论的挑战与互补》，《新闻知识》2003年第2期。

② 田勇：《把好网络评论的度》，《新闻实践》2004年第11期。

③ 郭良：《“强国论坛”：“9·11”恐怖袭击后的24小时》，《新闻与传播研究》2002年第4期。

续表

	网民（N=1044）	非网民（N=1084）
完全不需要	22%	1 0%
不知道	28%	31. 0%

2. 网络舆论的焦点事件往往集中于“负面”事件或“敏感事件”

某些突发事件的公开传播具有一定的负面效果。网络传播在某种程度上缺乏“把关”功能，网站的实际运作不像传统媒体那样，有严格的审稿、发稿程序。突发事件信息往往能经由因特网快速传送，使新型网络媒体发挥独特的舆论引导作用。

1999年5月8日中国驻前南斯拉夫大使馆遭到以美国为首的北约集团的导弹袭击，2001年震惊全球的“9·11”事件，都是由新浪网最早报道的。

2001年4月1日19时人民网在第一时间报道了美国军用侦察机撞毁我国军用飞机事件。参与论坛讨论的众多网民并不满足于官方报道的那些新闻，他们张贴没有为官方媒体所报道的新闻故事。在因特网上，议题不再任由官方媒体设置，网民在多元化的消息来源渠道中进行选择，自行重构话题，掌握了议题设置的主动权。

2003年的“珠海买春案”极大伤害了中国人的民族自尊心，网民奋起声讨民族败类的辱国行为。

2003年10月西北大学外语学院发生“西北事件”，网民对日本外教和留学生的下流舞蹈表演进行了严厉的谴责。

“非典”事件中，网民对重大疫情的信息披露制度的建立表示了特别关注。

2003年8月，沈阳刘涌案的二审判决在因特网上披露。一天之内，新浪网、搜狐网、新华网、人民网等网站的留言合计达30万条，绝大多数留言对辽宁省高级人民法院以含糊其辞的理由将刘涌的一审死刑判决改为死缓提出质疑，严厉抨击司法腐败。

“非典”期间发生的“宝马撞人案”的有关报道的点击率曾有一段时间在因特网上排名第一，网民对这一事件的关注程度甚至超过对“非典”疫情的关注。网民的关注点集中于肇事者是否有特殊政治身份，是否因政治特权逃避了应得的法律惩处。普通民众在现实生活中积聚的情绪在这一事件上找到了宣泄口。①

三、中国网络舆论的局限

（一）网络舆论活动主体的局限

“人是舆论活动的主体，由众多人构成的社会共同体成为舆论的发出者。作为浮动观念的舆论，必然来自于人们的交往与社会活动。”② 网络舆论主体是在网上接收并传播信息或者意见的网民。中国互联网络信息中心（CNNIC）的调查表明，中国内地的网民以收入不多（甚至没有）、学历不高的青年人为主。

中国最火爆的中文时政论坛——强国论坛的日平均浏览量已经达到7万人次，其受众的年龄基本在19～35岁之间。③ 根据强国论坛的在线调查，其用户的平均年龄为33岁，高于中国社科院所调查的因特网用户平均年龄（27岁）。④ 具体情况如图5-1所示：

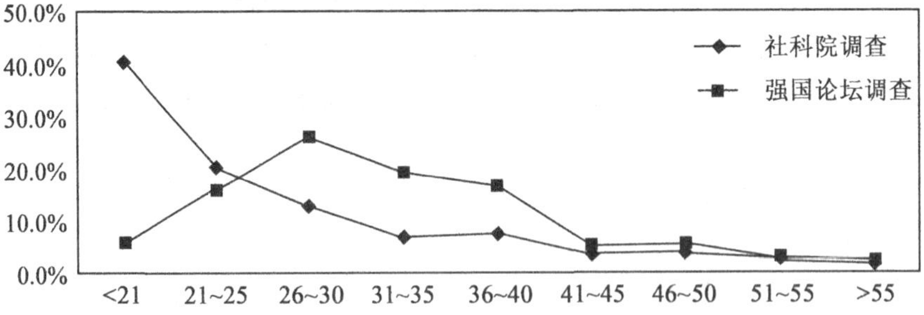

图5-1　强国论坛用户与我国网民平均年龄分布比较

① 《新民晚报》2004年1月11日报道。

② 李兢兢：《网络舆论自由表达的限制》，《新闻前哨》2004年第7期。

③ 李希光、秦轩：《谁在设置中国今天的议程？——电子论坛在重大新闻事件中对党报议题的重构》，《新闻与传播研究》2001年第3期。

④ 郭良：《“强国论坛”：“9·11”恐怖袭击后的24小时》，《新闻与传播研究》2002第4期。

青年网民是中国网络论坛的主力军，他们既不是社会精英，也没有舆论领袖的基本素质，在社会经验、政治地位、经济收入、文化积累等方面有很多局限。

在后现代社会，公众需要舆论领袖。“在后大众传播时代，人们仍然需要意见领袖为自己解惑。一些高素质的传播者会成为这种意见领袖。即使没有这些精英们，社会原有的多数意见还会以传统道德的方式影响用户。”① 缺乏权威性和公信力的舆论不足以对社会生活产生持久、深入的影响，发挥实际的引导作用。只有具有思想深度的意见才对社会公共事务的处理具有指导意义，才能成为具有监督作用的舆论力量。缺乏深刻性和权威性的网络舆论，在监督的力度和效度方面，被大大打了折扣。

（二）不成熟的公共空间

有学者认为，较之传统媒体，网络 BBS 更像是哈贝马斯意义上的“公共领域”。其实，在网络 BBS 空间中，相当多的网民追求的是完全自主，情感自由，而不是民主和正义。网络的匿名性使 BBS 空间中的活跃人物成为性别、年龄、外貌、健康状况、收入状况、职务、职业和真实姓名都无可稽考的“幽灵”。他们在虚拟空间中对现实生活进行无情的解构，人们却无法考察他们在现实生活中的行为实践。网民或自顾自地发泄私愤，或啸聚成群地进行集体发泄。由于是匿名，这些发泄往往是没有风险的。②

“口水帖”是在中国网络评论中一种特殊而又常见的现象。从严格意义上来说，口水帖并不是网络评论。许多口水帖掺合在网络评论中，让人们深感厌恶，却又无可奈何。

在一些严肃政治议题讨论中，狭隘的民族主义情绪发泄往往会起到负面作用，损害中国负责任的大国形象，有失中华民族大度、宽容的风范。

2001 年，“9・11”恐怖袭击事件发生后，“中国国内各大网站论坛（譬如人民网的强国论坛）的第一反应是约 70% 的人欢呼雀跃、幸灾乐祸；北大

① 孟建、祁林：《网络文化论纲》，新华出版社 2002 年版。

② 杨伯溆：《人性、因特网与全球传播的普世文化内涵》，《跨文化传播国际学术会议论文》，2004 年武汉。

甚至出现自发的庆祝……”。①

郭良使用内容分析的方法考察了“9·11”恐怖袭击事件发生后24小时内，在人民网的强国论坛上出现的12 210条信息——43%的帖子是没有强烈感情色彩的一般评论，23%的言论是反对幸灾乐祸的，14%的言论是真正幸灾乐祸的，另有12%的言论批评美国政府的外交政策。郭良发现：互联网作为一种新媒体，对网民来说既有迅速获知突发事件的优势，但又缺乏可信度。②

2003年，“西北事件”发生后，由于对基本事实了解不充分、不全面，有的网民在表达观点时不免有偏激之处；整个讨论，范围不够广泛，氛围不够开放。人民网“中日论坛”的42条包含用户观点的首帖中，21条（50%）表达了强烈民族情绪；5条（11.9%）较为理性地对日本进行批评；8条（19%）反对一些用户对“西北事件”表现的强烈民族情绪；1条（2.4%）只进行一般评论，并未明确表示立场；7条（16.7%）以“西北事件”为引子，转而关注其他问题，没有对事件本身提出自己的看法。日本论坛对同一事件的讨论则相对理性些。③

网民在中国网络论坛中表现的非理性冲动和发表不负责任的言辞说明网络空间还不是成熟的公共空间。

四、中国网络舆论的潜力

（一）重塑中国社会的权力结构和文化生态

在中国这样的发展中国家，现代化不是渐次推进的过程，而是在不同层面向各个维度爆发性展开的过程。一方面，中国正在逐步推进政治民主化，以期最终实现政治领域的现代化转型；另一方面，西方社会在后工业社会经历的政治领域变革也对中国社会发生影响，“生活政治”和“亚政治”的出现具有重

① 孔捷生：《美国最恐怖的一天》，http://plazal3.mbn.or.jp/~apcom/01.10.01-245/zhuanti/zhuanti.html。

② 郭良：《“强国论坛”：9 11恐怖袭击后的24小时》，《新闻与传播研究》2002年第4期。

③ 宋豫，唐晖，胡献红：《“西北事件”期间中国人民网〈中日论坛〉和日本雅虎〈日中关系〉BBS论坛的内容比较研究》，《新闻与传播研究》2004年第4期。

塑中国社会的权力结构和文化生态的潜力。①

吉登斯认为“生活政治”关注的是生活决定，这是一种如何选择身份及相互关系的政治。吉登斯将自启蒙运动以来的政治归结为“解放政治”，认为在全球化背景下出现了许多“解放政治”所解决不了的新问题，必须有新的政治思路和政治方略。这种新型政治就是“生活政治”。如果说“解放政治”主要关涉那些通过选择使我们获得自由的条件，因而是一种“生活机会的政治”(life chances)，那么，“生活政治”的关注焦点就是“如何”生活，是一种“生活方式的政治”(life decisions)，主要关涉后传统背景下由自我实现所引发的政治问题，核心议题是在自然和传统终结之后我们将如何生活？包括如何建立自我认同和如何建构新型的亲密关系。②

生活政治理念对现代化进程中的中国具有很大的启发意义。长期以来，由于传统政治文化的人治倾向，政治制度安排中缺乏顺畅的民意表达渠道，“政治”总是同宏大叙事紧密联系在一起。国家政治生活与国民日常生活被割裂开来，政府公共管理服务与民众日常生活要求脱节。

中国社会越来越开放，国民的个人自由度大幅度提高，人们越来越有能力追求自己梦想中的生活。随着小康社会全面建设的稳步推进，多数国民的生存需要得到基本满足，满足自我发展、自我实现的高级需要的问题被提上议事日程，日益成为“生活政治”的重大课题。2003 年发生的一系列网络舆论事件，是中国普通民众回归政治、参与政治的表现，这种草根政治诉求在因特网上的理性表达将在相当程度上重塑中国社会的权力结构和文化生态。

(二) 沟通与社会建构

在强调对舆论进行自上而下的引导的思想指导下，民意自下而上的反映渠道不畅通。上层领导要体察民意，采取的是下基层调研、明查暗访、听取汇报等方式。各级人大代表和政协代表，各级人大、政协、政府及社会团体的信访部门，新华社及主流媒体的“内参”，机关报的群工部或“百姓热线”等也起

---

① 孙玮：《日常生活的政治——中国大陆通俗报纸的政治作为》，《新闻大学》2004 年冬。

② 红苇：《“生活政治”是一种什么政治》，《读书》2002 年第 6 期。

到一定的反映民意的作用。① 与民众高涨的民主意识和强烈的与政府沟通的要求比较起来，这些渠道远远不能满足需要。

网络媒体是群众反映问题的新渠道，是政府体察民意的新场所。有鉴于此，传统媒体纷纷上网，积极开拓与网民互动的途径。

2000 年 5 月 28 日，东方网开通“东方直通车”，以反映群众呼声、开展舆论监督、沟通群众意见和协调政府部门工作为宗旨。湖南红网的“百姓呼声”举办投诉类栏目。人民网强国论坛与湖南红网、湖南卫视于 2003 年 8 月 29 日联合推出“民情直通车”，每天针对一个话题开展讨论，话题内容包括老百姓病了怎么办、谁给农民维权、农民负担知多少、农民收入知多少、农民和干部的距离有多远等。人民网于 2001 年 3 月推出“人民热线”专栏，设有记者调查、政策解答、网上调查、来函照登、网友声音、来函答复六个部分；同时开设“人民热线信箱”，24 小时接受网友的“电子信访”，并将重要来信在主页突出位置刊发。这些举措有利于民众情绪的顺畅表达，给社会转型期的压力设置了释放机制。

2003 年 12 月，外交部长李肇星同时通过外交部网站“中国外交论坛”和新华网“发展论坛”与公众进行在线交流。这是外交部与网民直接接触的尝试，目的是在对外关系问题上争取统一思想和认识，防止和减少不利于国际关系健康发展的言论和行为的发生。在交流中，网民希望政府在处理对外关系时表现出不屈服于霸权主义的气概，希望政府领导人倾听民间的意见和呼声。

2003 年末，北京市举行历时近一个月、12 万人参与的民主测评活动——第二届“网上评价政府部门”活动。北京市政府希望以这一举措表明其乐意接受公众监督和批评、直面存在问题的决心和信心。在测评活动中，网民希望完善“网上评价政府部门”的做法，使其制度化，希望在信息发布、结果考评、整改措施方面有章可循，防止某些部门的随意性行为。②

中国社科院哲学研究所郭良副研究员主持的中国社会科学院社会发展研究中心《2003 年中国 12 城市互联网使用状况及影响调查报告》显示：71. 8% 的网民和 69. 1% 的非网民都非常赞成或比较赞成“通过互联网，可以有更多的机会表达观点”；60. 8% 的网民和 61. 5% 的非网民都非常赞成或比较赞成“通

① 王润泽、丁学梅：《互联网：民意表达新通道》，《国际新闻界》2004 年第 4 期。

② 王润泽、丁学梅：《互联网：民意表达新通道》，《国际新闻界》2004 年第 4 期。

过互联网，可以有更多的机会评论政府的工作”；79.2%的网民和77.4%的非网民都非常赞成或比较赞成“通过互联网，可以更加了解政治”；72.3%的网民和73.3%的非网民都非常赞成或比较赞成“通过互联网，政府官员可以更多地了解群众的看法”。①

中共中央提出构建和谐社会的目标，和谐社会的构建需要国家与社会之间民主、开放的沟通和对话，国家与社会之间建设性的沟通对于建构民主、和谐社会是十分必要的。因特网正是国家与社会之间的一座桥梁，我们有理由对因特网在这方面的作用寄予希望。

第二节　网络BBS的议题特征及议题建构②

网络舆论作为社会舆论的焦点受到广泛关注。2003年，珠海买春案、沈阳刘涌案、哈尔滨宝马案等一系列事件中，网络媒体强大的舆论功能有效地影响了事件发展的进程，起到传统媒体难以企及的作用。网络媒体，特别是BBS，在典型事件中的导向作用，已经成为学界关注的热点，本节的研究重点是网络BBS的日常讨论，希望从中寻求BBS议题流变的普遍规律以及BBS议题建构的基本方法。本节选取清华大学水木清华论坛、人民网强国论坛、商业网站西陆论坛作为分析对象。水木清华是校园BBS的代表，强国论坛是媒体网站BBS的代表，西陆论坛是商业网站中最大的BBS论坛，也具有鲜明的代表性。

一、BBS的议题环境分析

就整体而言，BBS是迄今为止中国最为理想的公共领域。

公共领域是一个争议颇多，且内涵不断发展的概念。其基本构成要素有三个：具有独立人格的社会公众，具有开放性的公共信息论坛，具有理性批判精神的公众舆论。理想的公共领域是在国家与社会之间进行调节，从而使国家更好地保障社会整体利益的场所。因此，它必须具备公共性、独立性、自主性等特征。大众传媒的发展，“使公共领域的基本机构发生了变化”，“大众传媒影

---

① 王润泽、丁学梅：《互联网：民意表达新通道》，《国际新闻界》2004年第4期。

② 本节作者为华中科技大学新闻与信息传播学院钟瑛。

响了公共领域的结构，同时又统领了公共领域”。①

历经古希腊城邦型公共领域、欧洲中世纪代表型公共领域、近代西欧市民型公共领域之后，公共领域在现代社会面临着大众媒介的根本性冲击与挑战。大众传媒，特别是点对面传播的视听媒介，兼有信息传播功能和舆论载体功能。在现代社会，大众传媒代表着媒介大亨、广告客户、政党与政府等权势者的利益，使大众传媒形成的公共领域丧失了公共领域最核心的功能——公共性。

网络 BBS 的诞生，伴随着现代计算机技术与网络技术赋予的诸多特性，如互动性、匿名性、兼容性、平等性、开放性、超越时空性等。因特网上的公共领域，弥补了传统大众传媒的缺失，与哈贝马斯心目中理想的 18 世纪的布尔乔亚式的公共领域相比，在诸多方面更具优越性。

网络公共领域是一种全民参加、网状辩论、空前多元的公共领域，② 具有空前的开放性、独立性与自主性。

就开放性而言，网络公共领域跨越时空，打破主权国家的疆域界限，实现了国家（近代的民族国家）与社会（因特网上的虚拟社会）的分离，而国家与社会的分离正是公共领域赖以生存的前提。在因特网上实现的社会国际化，使网民可以自由地分享来自世界各地的信息资源，自由地接近新闻源，从而形成更加广泛的群体认同。

就独立性而言，网络的匿名性，使网民完全摆脱身份限制及社会关系的羁绊，成为具有彻底独立性的个体，自由地出入任何一个 BBS，畅所欲言地发表意见，不用担心事后的责任追究。BBS 营造了一个近乎理想的辩论环境。

就自主性而言，网络的互动性，使网民不同于被动的受众；网络为人际交流提供了空前的可能性，使网民之间能以“私人”身份积极主动地进行交往，展开讨论，发表个人观点，实现有效沟通。

网络 BBS 在提供一个理想的公共领域的同时，还拓展了传统公共领域的内涵。传统公共领域讨论的内容总是与整个社会的公共事务有关，通常是政治

---

① 哈贝马斯：《公共领域的结构转型》，曹卫东等译，学林出版社 1999 年版，第 15 页。

② 许英：《互联网·公共领域与生活政治，刍议数位民主》，《人文杂志》2002 年第 3 期。

话题。BBS将在场与不在场的网民集结在一起，网民群体中的议题广泛涉及社会生活的各个方面，不仅指向政治事务，更密切关注与日常生活紧密相关的具体事情，使公共领域的政治话题实现由传统政治向“生活政治”转型。

“生活政治”是近几十年来在亚政治兴起的背景下产生的一个新名词。“生活层面的东西已纳入了政治的视野，并开始获得政治的话语权”。① 传统政治只与政府权力、国家意识形态关联，“生活政治”则从日常事务层面诠释政治，环境问题、和平问题、生态保护问题、福利问题等都是“生活政治”的大问题。“生活政治”是贴近个人的政治。“生活政治”是网络公共领域讨论的主要对象，传统的公共讨论的门槛降低了，公共领域有了新的活力源泉。

二、BBS的议题内容分析

本节对BBS的内容进行分析，主要以2003年9月18~20日的水木清华论坛、强国论坛、西陆论坛的议题为例（9月23日回溯）。

9月18~20日强国论坛主讨论区内容：

9月18日主帖46个，其内容：

关于财经股市的有13个，其中关于深圳中侨事件的有6个；

有关美国问题的有10个，其中关于诺贝尔经济学奖的有2个，关于撞机事件的有2个，美商评论中国入世的有2个；

有关战争的有7个，其中关于“9·18”事变的有3个；

探讨法律问题的有6个，其中请教问题的有3个；

其他，谈论房地产的有2个，沙漠保护的1个，农民问题1个，选官标准1个，三峡景色1个，斑竹问题1个，偷税问题1个，闲话2个。

9月19日主帖57个，其内容：

财经股市16个，其中股市问题12个；

教育问题7个，其中语言教育3个；

美国威胁问题5个；

民族问题4个；

江西定南扣押《人民日报》事件3个；

司法问题3个；

---

① 红苇：《“生活政治”是一种什么政治》，《读书》2002年第6期。

台湾问题 2 个；

环保问题 2 个；

中国军事 2 个；

其他，祝校庆 1 个，经济问题 4 个，政府诚信 1 个，定向问答 5 个，补充 1 个，武训 1 个。

9 月 20 日主帖 53 个，其内容：

财经股市 19 个，其中股市问题 11 个，抗议证监会的有 3 个，人民币升值问题有 2 个；

教育问题 5 个，其中联合国批评中国教育有 3 个；

哈根达斯进清华校园 2 个；

司法 2 个；

网络使用问题有 4 个；

台湾问题有 3 个，其中统一台湾 2 个，台湾大陆新娘 1 个；

涉外问题有 8 个，其中政府与经济改革问题有 6 个；

其他，农民自治 1 个，县长讲话 2 个，国家安全 1 个，总理三件事 1 个，环保 1 个，矿难 1 个，意义不清有 3 个。

9 月 18 ~20 日西陆论坛社会人文区海阔天空论坛内容：

9 月 18 日主帖 31 个，其内容：

有关“9 · 18”事变的 3 个；

谈感情困惑的有 4 个；

男人话题 4 个；

女人话题 3 个；

笑话 6 个；

考试与教育问题 3 个；

另外有交通、诺贝尔文学奖、感叹生活等内容各 1 个，其他主帖主题不清。

9 月 19 日主帖 26 个，其内容：

谈公众人物 3 个，其中高枫 1 个，张曼玉 1 个，余秋雨 1 个；

关于女人 5 个；

哲学探讨 2 个；

有关教育 2 个，其中校服分贫富 1 个，留学 1 个；

历史问题3个，其中斯大林儿子之死1个，20世纪70年代人1个，满语1个；

杂感7个；

其他主帖主题不清。

9月20日主帖14个，其含义含糊分散，以游戏与图片为主。

9月18～20日水木清华网站清华大学新闻与传播学院论坛内容：

9月18日的主帖21个、回帖56个（该论坛回帖内容常常与主帖不一致，故另算），其内容：

有关深圳商报卖报词的回帖有20个；

有关"9·18"事变的主帖与回帖有12个；

哈根达斯惊现校园有7个；

学校告示有3个；

询问上课问题的有6个；

交流学习问题的有4个；

一般性问答有4个；

其他，主题不清的有12个。

9月19日的主帖20个、回帖29个，其内容：

有关上课问题5个；

咨询推研问题5个；

有关深圳商报卖报词8个；

江西定南扣押《人民日报》事件2个；

有关哈根达斯3个；

招聘2个；

学校通告2个；

交流学习感受9个；

谈友情6个；

其他，早报网址1个，发感叹1个，主题不清5个。

9月20日的主帖17个、回帖15个，其内容：

找朋友4个；

咨询学习情况7个；

老师转帖2个；

咨询推研情况 10 个；

学校通告 1 个；

祝生日 1 个；

谈作业 3 个；

其他帖主题不明。

对以上罗列的内容进行分析，可以得出如下结论：

第一，BBS 主题分散、观点多元，是意见的自由市场

意见自由市场理论是报刊自由主义理论的基石，该思想萌发于 19 世纪初期，经弥尔顿、密尔、杰弗逊等思想家不断发展，成为自由主义理念下媒体的追求目标。网络媒体使这种追求大大向前跨进了一步。“如果说，对于传统大众传媒，建立公众的意见市场从来都只是一个理想，那么，第四种传媒的电子论坛正在接近这个理想。”①

在同一时间、同一论坛的讨论中，BBS 主题分散、观点多元，对不同主题的讨论相互穿插进行。BBS 设置的初衷就是为了给网民提供一个畅所欲言的话语平台。一个论坛就是一个讨论区。因特网上有无以数计的讨论区。如西陆论坛设置了 30 万个子论坛以及 34 万个咖啡屋，咖啡屋类的聊天室也具有论坛功能。网民在因特网上自由进出于不同的讨论区，参与自己感兴趣的主题讨论；一个论坛汇聚了众多的观点，有的尖锐对立，有的相互声援，有的另辟蹊径，有的补苴罅漏，林林总总，众说纷纭。

在我国，只要网民所发表的言论没有违反网站明确揭橥的底线规定（没有政治问题、语言不太粗俗），一般都可以在论坛发表。网站（特别是商业网站）以免责声明、郑重声明、版权声明等形式预先为自己留有余地。如水木清华站《管理规则》第 34 条：“本站合格使用者在使用本站资源时触犯中华人民共和国法律、法规的，一切后果自行负责，本站不承担任何责任。”西陆网站《郑重声明》第 1 条：“任何言论纯属作者个人观点，与西陆无关。”第 9 城市网站《版权声明》第 2 条：“本论坛文章言论仅代表发言者个人意见，与第 9 城市立场无关。”乐趣园网站《免责声明》：“由于 www. netsh. com 只是提供空间和功能，并不进行任何内容采编和编辑，不对本网任何 BBS 和论坛拥有版权和发布权，与内容有关所涉及一切法律责任与本网无关。”其实，这类

① 闵大洪：《新闻媒体网站设立电子论坛刍议》，《新闻与传播研究》1998 年第 3 期。

网站的自我免责只是对他们奉行言论自由准则的自我保护措施。

第二，网络 BBS 贴近生活，追随主流

由于匿名、互动、无中心等特性，网民可以自由获取与发布信息。BBS 上的言论格局看似参与者随心所欲的自然结果。其实，网民总是被文化传统、社会架构、现实生活影响和制约，他们在网络上的言论行为基本上是理性行为。网络话题总是贴近网民的现实生活，总是追随最终由文化传统、社会架构所设定的主流话题。

从以上的材料中可以看到：9 月 18 日这一天，性质不同的三个 BBS 讨论区不约而同地对“9·18”事变有所关注。强国论坛的主讨论区与西陆论坛的海阔天空讨论区分别有 3 个相关主帖，水木清华的新闻与传播学院讨论区与此主题相关的主帖、回帖多达 12 个。强国论坛在 9 月 17 日的嘉宾访谈栏目中为纪念“9·18”事变专门提前安排了以“勿忘国耻，继往开来”为主题的对花冈起义领袖耿谆老人的访谈。“9·18”是中国人民集体记忆中一个永远难忘的日子。网民就“9·18”事变进行的网络交流激活了中华民族的忧患意识，强化了中华民族同仇敌忾的精神。这一天，在中国的主流媒体上，《人民日报》、《光明日报》、《科技日报》等并没有提到“9·18”事变，《中国青年报》提前在 9 月 17 日发表了一篇相关文章。三个 BBS 讨论区共同关注的其他话题，如哈根达斯惊现清华校园、江西定南扣押《人民日报》等，都是当时人们较为关注的现实话题。

在许多情况下，主流话题是传统主流媒体设置议题的结果。在因特网作为第四媒体横空出世后，传统主流媒体仍是人们心目中的重要信息来源与思想资源，它们对 BBS 的议题内容有重大影响。台湾地区中正大学电讯传播所方念萱与其学生苏彦豪对台湾女性主义论坛的对话过程进行实证研究，发现：“网上的对话……因话题是个人设定，多方响应形成，初始话题的定义仍多复制主流论坛，但在对话过程中，出现了不同的定义与框架。”①

我们在分析中发现：较之传统媒体，网络论坛对贴近生活的具体话题更为敏感。如强国论坛有大量股市交流信息，水木清华有大量关于课程及专业情况的问答。9 月 20 日是“公民道德宣传日”，传统主流媒体皆有较多就此主题进

① 方念萱等：《网络传播中的对话与对峙：以女性主义联机板的言说为例》，《新闻学研究》第 59 期。

行的宣传报道，三个 BBS 论坛上却几乎没有对此主题的讨论内容。

有人对强国论坛的议题来源进行了归类：一是来自传统媒体的报道；二是论坛组织的嘉宾话题；三是社会热点与社会思潮；四是网友的亲身经历与感受；五是民族的集体记忆；六是网络管理本身。① 这一归类说明：BBS 论坛有更加贴近生活的特点。

第三，网络 BBS 感性化、情绪化、缺乏深度

BBS 言论的感性化、情绪化主要体现在三个方面：情感交流内容占有重要地位；话题转换十分频繁；观点大多没有经过深思熟虑。相当一部分人上网的目的是进行情感交流与情绪发泄。CNNIC2003 年的统计报告显示，7.5% 的人以交友为主要上网目的；3.2% 的人以与人沟通、联络为主要上网目的；更有 0.1% 的人上网是出于纯粹的情感需要。BBS 为人们沟通情感提供了广阔的空间，网络的匿名性使人们可以无所顾忌地进行感情宣泄。

水木清华与西陆网站中有大量生活感叹、友情交流、情感发泄类内容。有人专门对校园 BBS 的内容进行统计，发现水木清华“每日十大热门话题”中谈感情生活的占到 33.3%，中山大学的 BBS“每日十大热门话题”中谈感情生活的占到 31.7%，“（校园网）正呈现出情感交流占据重要地位……的特点”。②

BBS 的情感化趋向表现在几乎所有的论坛都设有专门的情感交流空间，如西陆论坛的“情感世界”、水木清华的“知性感性”，连内容较为严肃的人民网也专门设有“情感时空”社区，以满足人们情感交流的需要。

BBS 话题转换十分频繁，表现出交流者的情绪化特征。如强国论坛 20 日晚的议题流程：网络过滤—刘涌案—人民币升值—台湾大陆新娘—中国经济渗透俄罗斯—人民币升值—俄罗斯军工私有化—伏尔加河污染—澳大利亚投标奥运项目—外资入侵—矿难—股灾—163 论坛上不去—我国经济增长的问题—公正辩护—国企—统一台湾—梦想—国有股—联合国谴责中国教育—抗议证监会等等，主题不断转换，讨论者的思维处于一种发散状态，跳跃性大，时常穿插一些感性言语，如“出差好累呀”、“那个 MM 我一直不能忘啊”，等等。

---

① 参见新一周：《强国论坛：民间的声音，喧嚣的讲坛》，www.chuanmei.net，2002-06-03。

② 龚蕾：《来自校园网络 BBS 的最新调查》，《中国青年研究》2001 年第 1 期。

BBS语言，就整体风格而言，呈现口语化、非逻辑化、情绪化的特点。如“最最强烈抗议!!!”，用两个“最”加三个感叹号；“你到美国挤泡沫去!”，“人死在派出所，想来，不要脸!!!”等等。

BBS的这些特点使讨论往往停留于较为表面的层次，不能深入下去。台湾地区交通大学传播研究所黄学硕的实证研究指出了这一现象。在对台湾交大的BBS网站进行分析以后，黄学硕得出结论：“网上的内容分析发现，讨论层次不够深人，多数讨论停留在沟通的第一和第二层次，讨论多批评、少赞扬，网络素养不足，导致谈论品质低落。”①

三、BBS的议题引导与建构

作为一个开放的公共舆论领域，BBS的作用是多方面的。正面而言，它提供了一个多元开放的舆论阵地，汇聚各种有益于社会发展的意见与建议，起到社会的排气阀、晴雨表的作用。负面而言，在这个巨大的意见市场，观点纷纭，良莠不齐，如果缺乏必要的引导，会给社会生活平添诸多困扰。就近几年BBS运行的结果来看，网络论坛在舆论施压方面显示出越来越重要的作用。因此，正确引导与建构BBS议题，对维护与发展社会主流价值有重大意义。

（一）对BBS议题的控制

媒介的议程设置功能在传统媒体得到广泛的验证。网络媒体是一种新型媒介。“计算机本身也是一种大众媒介……计算机媒介只是集体媒介的技术实现，只是这一最小公共文化符号系统的技术实现，这一系统主宰着大家每个人都来参与，而且每个人都参与相同的事情”。②

BBS的运作，是通过BBS软件来实现的。BBS软件具有固定的操作程式：首先，用户进入BBS需要注册，没有注册的用户只能浏览发言内容而不能参与讨论。其次，每个帖子都有主题、表情、内容、签名、插图等构成部件，网民只需按所提示的要求进行选择，就可以参与BBS的讨论，发表自己个性化的帖子。在统一的操作程式下，个人可以自主地插入音乐、动画，选择字体、

① 杨艾茵：《台湾BBS研究综述》，《北京邮电大学学报》2002年第1期。

② 波德里亚：《消费社会》，刘成富、全志钢译，南京大学出版社2000年版，第107页。

字形、色彩等。一些网站还允许重新修改已经发出的帖子。

BBS 实际上是在某种共性要求的前提下来实现网民的个性化表达的要求的。BBS 参与者的个性化是将程式化的写作、编辑、排版、发送等诸多权利集于一身的有限个性化。

对 BBS 的整体控制与管理，通常有 5 种做法：要求用户在注册时作出承诺，以对自己的行为有所约束；论坛管理人员对论坛内容执行监控与检查，对违反规定的内容进行删减；BBS 主题设置有意回避政治问题及其他敏感话题，有些商业网站论坛干脆不开时政类讨论区；对论坛用户进行注册登记，为了减少匿名性，执行账号收费管理；必要时永久或暂时关闭某些论坛。①

设置论坛主题是构建与引导网络舆论的重要方法。

论坛的主题设置主要有三种情况。一是在论坛内设立不同内容的主题讨论区，如西陆论坛的社会人文、娱乐影视、休闲时尚、文学歌赋、情感世界、文化教育、军事天地等；人民网的强国论坛、中日论坛、情感时空、读书论坛、健康论坛等。各主题讨论区内还更加细致地划分子主题讨论区，以此对各论坛的具体讨论内容进行导向。二是在同一主题论坛中，根据阶段性的需要，临时设立讨论话题。如强国论坛设置的揭批法轮功、抗议两国论、教育产业化等议题。这种做法体现了论坛的灵活性与倾向性。三是根据社会热点、难点问题，邀请相关领域的权威、专家直接与网友进行网上交流。利用名人效应，能增加论坛的人气，同时可以引导讨论的发展方向。

对 BBS 运行过程的控制与管理，主要是通过各级版主实现的。BBS 运行中，除专人 24 小时全程监控外，还设有版主。版主分为 BBS 总版主和各子栏目的分版主。原则上，总版主负责 BBS 的总体规划、板块设计、版面风格定位，相当于传统媒体的主编；分版主建立精华区、引导话题（包括提供向导）、维持版面秩序（包括调节气氛）。有些版主还担任言论编辑、论坛主持人的角色，有主题设置权。

版主是网络论坛内容的把关人，其职责是对所管辖的 BBS 栏目内容把关。版主选择来帖，决定取舍。在具体操作上，版主有删除、锁定（定格为只读，不能被回复）、解锁、移动（如移至精华区）、置顶（使该帖处于头条的位置）、奖励（增加虚拟货币、魅力值等）、惩罚（降低发帖人的虚拟货币、魅

---

① 闵大洪：《新闻媒体网站设立电子论坛刍议》，《新闻与传播研究》1998 年第 3 期。

力值）所管辖的帖子的权力；必要时，还可以限制上帖速度，以便处理帖子。当然，版主的权力不是没有限制的，他对权力的使用也不是没有节制的。“在必须删除帖子的情况下，版主要谨慎行事，切不可说删就删，滥用版主职权，而且，删除后要在社区监督栏给出警告”。① 版主权力如果行使不当，可能触犯众怒，导致失去版主地位，更为严重的是，还会影响网站声誉。“可以想象，对用户表达自我横加限制的系统管理员或管理者将会发现自己门庭冷落，因为用户也与大多数公民一样，会对过分或不公正的删改感到不快，他们会对不能容忍正当表现自我的赛博空间退避三舍”。②

（二）BBS 网站的建设

为了有效引导与建构 BBS 议题，我们必须重视 BBS 软件环境与硬件环境的双重建设。BBS 的软件环境主要指不同类型的管理人员，BBS 的硬件环境指基本的网络技术平台。

BBS 的管理人员包括网络管理队伍（网管）、版主队伍，他们要具备基本的政治、文化素质，同时又要掌握相关的网络操作技术。

提高 BBS 管理人员的整体素质的常见措施有：对网站工作人员进行定期与不定期的培训；要求 BBS 管理人员参加例行网站编前会，了解宣传动态，制作工作流程；执行 BBS 论坛主持人实名制、责任制等。

版主构成比网管复杂。一般来说，版主有业余版主和专业版主两类。只有少数媒体网站和政府网站出于更加严格的把关需要设立专业版主，如人民网的强国论坛版主、东方网的东方论坛版主等。业余版主占版主的绝大多数。业余版主也经过一定的遴选，其素质高低因人而异。在对业余版主的管理上，实行版主内部实名制，网站相关负责人与他们保持密切联系，经常交换意见，获取共识。有的媒体网站甚至专门选取熟悉可靠的人担任 BBS 版主。

发布高质量的原创帖子是论坛的核心竞争力，为此，必须建设高水平的作者队伍，努力吸引高素质的网民。BBS 经常采用的相关措施有：组织网下见面会、大力推荐网友高质量的原创帖子、建立网友文集等。论坛的水平反映着论

---

① 胡钰：《新闻与舆论》，中国广播电视出版社 2001 年版。

② 爱德华·A 卡瓦佐、加斐诺·莫林：《赛博空间的法律：网上生活的权利与义务》，王月瑞译，江西教育出版社 1999 年版。

坛管理者的水平和能力。

建设BBS要以设备良好的技术系统为基础，要有便于操作管理、易于升级的BBS系统平台，运行良好的服务器，操作方便的过滤系统；这是保证BBS内容导向正确的技术条件。

（三）BBS的激励机制

良好的激励机制是BBS健康发展的重要手段。

BBS的用户有不同级别，除站长与版主外，普通用户分为元老级、高级、中级、初级、新手等。级别的提升是经验值的累积及网龄增加的结果。用户级别决定了网民在虚拟社区中的身份与地位，网民都有快速提高身份的愿望。论坛管理者利用网民的上进心理，通过网民的网络行为进行奖励与惩罚，达到引导论坛方向、加强论坛竞争力的目的。

具体做法有：根据网民对网站的忠诚度（上网次数与时间长短）、发帖的数量与质量，奖励一定的经验值与虚拟货币；对表现不好的网民，降低经验值与虚拟货币，甚至可以罚他数天不得发言，直至开除出局。经验值高的用户，有一种优越感，还享有一些特殊的待遇，如进入一些只有到了一定级别才能进入的社区，参与一些更加有趣、获利更多的互动游戏等。对一些优秀BBS用户与作品，可以通过授予网络之星称号、作品置入精华区永久保存等方式进行鼓励。

网站对BBS用户的激励行为，不仅仅停留在网上，对好的文章与观点，网站可积极推荐给传统媒体发表。传统媒体网站的BBS，在这方面更可发挥资源优势，以此实现传统媒体与网络BBS的互动。

第三节　因特网的传播功能——以在中国重大疾病控制中的表现为例①

一、问题及研究背景

目前，在中国，传染病、慢性病等重大疾病对人民健康和生活质量的威胁

① 本节作者为华中科技大学新闻与信息传播学院刘瑛。

已经不容忽视，成为公众和政府密切关注的问题。

国家卫生部2005年5月公布的2005年4月全国传染病疫情法定报告显示：因患肺结核而死亡的人数居传染病死亡人数的首位。① 根据中国疾病预防控制中心健康教育所的资料，目前我国的结核病疫情状况不容乐观：全国有近半（5.5亿）的人口感染了结核菌，明显高出全球1/3人口感染的水平。活动性肺结核和传染性肺结核的患病率分别为367/10万和122/10万，估算全国现有活动性肺结核病人450万，其中传染性肺结核病人150万。按照世界卫生组织的估计，我国每年新发活动性肺结核病人145万例，其中传染性肺结核（涂阳肺结核）65万例。10多年来，我国结核病疫情下降缓慢，按人口构成进行标化后，1990～2000年传染性肺结核年均递降率为3.2%（1979～1990年为4.5%），活动性肺结核年均递降率为5.4%（1979～1990年为3.9%），基本处于自然下降状态。按照全国结核病流行病学调查结果测算，近10多年来，随着人口的增加，全国传染性肺结核人数基本没有减少。②

重大疾病中慢性病的发展趋势也不容忽视，比如癌症，20世纪70年代初，我国癌症发病人数为90万人，死亡70万人；20世纪90年代初的发病人数增至160万人，死亡130万人。2000年，癌症发病人数约180万～200万人，占世界总数的1/5，死亡人数140万～150万人，占世界总数的1/4。③

江泽民在中国共产党第十六次代表大会上指出："我们要在本世纪头20年，集中力量，全面建设惠及十几亿人口的更高水平的小康社会，使经济更加发展、民主更加健全、科教更加进步、文化更加繁荣、社会更加和谐、人民生活更加殷实。"人民的健康水平是衡量小康社会的一个重要标准，没有健康就没有小康。有学者提出小康社会的十六项指标，其中第八项是出生时预期寿命。④

如何控制重大疾病的迅速蔓延势头是一项需要自然科学和社会科学等学科共同参与的系统工程。传播学者关注的是传播媒介在重大疾病控制中所能起到的作用。

---

① 消息来源：http：//news.xinhuanet.com/newscenter/2005-05/10/content_2939322.htm。

② 消息来源：http：//202.108.249.200/health/special/C11991/20040318/100539.shtml。

③ 消息来源：http：//database.cpst.net.cn/popul/focus/artic/30416142125.html。

④《经济参考报》2004年3月12日。

拉斯韦尔（Lasswell）认为传播有三项社会功能：（1）监测环境，发现影响社区整体和其组成部分价值的威胁与机会；（2）协调连接社会各个组成部分以因应外界环境；（3）传承社会遗产。其后，赖特和门德尔松又总结出传播的第四项功能：娱乐。

传播媒介在重大疾病的控制中应该发挥一定的功能。比如，在大众媒介上发布一些与疾病发展现状有关的新闻，引起公众和政府的重视，起到预警的作用；在媒介上宣传普及与疾病和健康有关的信息，提高公众自我保护意识，防止由于无知而造成及扩散疾病，等等。各种媒介由于性质及特点的不同，在重大疾病控制中的传播功能也不同，本节关注的焦点是被称为第四媒体的因特网：网络媒体拥有什么与传统大众媒介不同的媒介特质？网络媒介在中国重大疾病控制中能够发挥什么样的传播功能？中国政府如何更有效地利用网络媒介来控制重大疾病的蔓延？

二、研究方法

本节从因特网独特的媒介特性出发，考察因特网上的一些政府网站、疾病专业网站的传播经验，以在中国重大疾病控制中的传播功能为例来探讨因特网的传播功能，并为中国政府控制重大疾病的工作提供思路和方法。

我们可以运用文献研究的方法归纳总结因特网不同于传统媒介的媒介特质。

研究因特网站时，会遇到几个重大的方法上的挑战，最重要的挑战是如何确定分析的起点。有学者指出因特网正在迅速成为一个“范围自由”（scale-free）的网络系统。范围自由的概念是指：在一个特殊的网络中有一些特殊的中心，这些中心在质和量上都是非常“繁忙”的节点，应以这些特殊的中心节点为研究起点。这种范围自由的网络系统不同于随机的网络。在随机的网络中，任何一个起点都可以作为一个合理的研究起点。迈彻（Mitra）和科恩（Cohen）指出研究因特网时，决定研究起点有若干可能的标准，其中一个就是寻找有众多链接的网页。①

根据上面提及的标准，最好选择那些与其他很多相关网站有链接的网页。运用判断或立意抽样，本节选择两个网站作为研究对象。

---

① Mitra, A.（2004）. Voices of the Marginalized on the Internet: Examples from a Website for Women of South Asia. *Journal of Communication*, Sept., 492-509.

（一）“中国上海”网站

“中国上海”是在上海市委、市政府的关心、指导下建立和发展起来的政府门户网站，以努力建设“服务政府、责任政府、法治政府”为目标，以“为民、便民、利民”为宗旨，以发布政府信息、提供便民服务和拓展网上办事为主要内容；于2001年9月28日试开通，2002年1月1日正式开通。这个网站提供到中央部门网站、各省市政府部门网站、上海市政府部门网站、区县政府网站和常用热门网站的导航链接。“中国上海”网站2003年和2004年连续两年被评为全国优秀政府网站。有评论指出：“上海市政府网站的建设是相对成熟的，处于国内城市政府网站的领导位置，其服务指标的广度、丰度和深度都处于国内的最前列。”①

本节选取政府网站的用意是了解政府运用因特网控制重大疾病和传播健康信息的情况；主要运用话语分析方法研究网站上的文本，了解其提供的主要信息、服务及策略。

（二）“肝胆相照”乙肝论坛

中国乙肝病毒携带者约占全世界的1/3，乙肝问题相对其他重大疾病来说，影响范围大，引起的社会矛盾比较突出。本节选择一个乙肝方面的论坛，运用话语分析和文本研究考察这个网站，以了解民间团体利用因特网传播健康信息，对抗疾病蔓延的策略；并通过跟踪论坛，了解相关的网络使用者的上网动机、行为。

“肝胆相照”论坛现共有102 539位会员（会员数每天在不断更新），有约40个与它链接的网站，如“战胜乙肝”、“健康网乙肝论坛”、“美国B型肝炎基金会”、“中国肝炎防治基金会”、“美国携带者父母联盟”、“水木清华战胜乙肝”、“北京大学人民医院肝移植中心”等。

三、本研究对因特网的媒介特质的认识

曾有传播学者呼吁传播学要重视对因特网的研究，并建议将因特网视为一种大众传播媒介，借用部分大众传播的概念、理论，加以修改后，用以研究网

① 电子政府思想库，http：//eg1.cn/wangguan/Guonei/sxkbg.htm。

络媒体，可以提高大众传播理论在当今社会中的适用性。①

不过，也有传播学者指出因特网这个新兴媒体的出现为人们提供了一个重整传播学的机会，因特网上的传播模式突破了大众传播和人际传播在基本定义上的区别，它可以单向地传输信息给大众，也可以在个人之间进行信息的双向互动，因此，通过对因特网的研究可以消融传播学中不适当的、人为的知识领域区隔。②

从上面的论述中可以看到，在因特网是一种新的传播媒介这点上，传播学者基本没有什么分歧意见，但是，对于如何对因特网的传播属性进行归类尚未有共识。我们认为，不必人为地强行对因特网是大众传播媒介还是人际传播媒介作一个区划，关键是应该清楚因特网作为一种新兴的传播媒介区别于传统媒介的媒介特质。

当一种新媒介引进社会体系时，传播学界对新媒介的探讨往往从“功能分析”（functional analysis）的视角来研究它在社会中特殊的传播功能，或是研究它如何影响甚至取代传统媒介的传播功能。③ 本节结合功能分析的部分观点，讨论由于新技术及其社会运用而带来的因特网不同于传统传播媒介的媒介特质。

（一）传播模式多元性

因特网整合各类媒介的功能改进传播、沟通的效果。传统的大众传播一般是一对多的模式(one-to-many)，而因特网既可以进行一对多的传播，又可以进行一对一(one-to-one)、多对一(many-to-one)、多对多(many-to-many)的传播。④

---

① Morris, M., & Ogan, C.（1996）. The Internet as mass medium. *Journal of Communication*, 46（1）, 39-50.

② O'sullivan, P. B.（1999）. Bridging the mass-interpersonal divide synthesis scholarship in HCR. *Human Communication Research*, 25（4）, 569-588.

③ Wright, C. R.（1960）. Functional analysis and mass communication. *Public Opinion Quarterly*, 24, 606-620.

④ Morris, M., & Ogan, C.（1996）. The Internet as mass medium. *Journal of Communication*, 46（1）, 39-50; Ha, L., & James, E. L.（1998）. Interactivity reexamined: A baseline analysis of early business Web sites. *Journal of Broadcasting & Electronic Media*, 42（4）, 457-474.

因特网传播模式的多元性还表现在形、音、色并茂，静止的图像、鲜活的动画、美妙的音乐、真人的声音、绚丽的色彩，应有尽有。而传统的传播媒介各有其缺憾：报纸不能发声，电视难以保存，广播没有影像，电话只闻其声不见其人等。

（二）双向互动性

传统的大众媒介要在其他媒介的协助下才能进行与受众的双向信息沟通，比如广播、电视要通过电话进行扣应（call-in），或者从受众来信中搜集反馈信息；报纸需要通过读者来信了解读者的意见。因特网的传受两方通过因特网就可以非常方便、快捷地进行双向沟通，如聊天室的即时互动、BBS 的异步互动、电子邮件交流等。

（三）超时空性

因特网的物理性基础结构（physical infrastructure）提供了一个同步（synchronous）和非同步（asynchronous）的信息双向流通（two way flow/feedback）的传播环境。因特网是由电脑联结成的网络（network），数字化的资料被打包（packet）后送上网络，可按地址传输到受方电脑。① 全球各地的电脑，只要有联结线路和软件，遵守传输协定（TCP/IP），即可上网与网上其他电脑作同步或非同步的信息交换。

因特网的资讯容量不受版面空间或节目时间长短的限制。在网上浏览信息，可以在各种形式之间作弹性选择。因特网上的信息不被时间、空间分割，而传统的大众媒介所提供的信息在时间、空间上呈断裂分布。

（四）人人可用性

随着全球资讯网的发展，各种类型的新网站快速成立，各种搜索、过滤信息的软件也快速发展，因特网的使用日趋大众化、个人化。有传播学者将因特网称为“个人的大众媒介”（personal mass medium），或“个人化的大众媒介”（personalized mass medium）。

---

① Berners-Lee, T. & Fischetti, M. (2000). Weaving the Web: The original design and ultimate destiny of the World Wide Web by its inventor. Harperbusiness.

从网站域名的后缀，如com、org、gov等，可以看出，个人、企业、民间群体、政府等都可以直接在因特网上传播信息，不用再以传统大众传播媒介作中介，以新闻报道或进行商业性委托（如广告）的方式来进行传播。因特网不是任何媒介组织所能独占的，它是人人可得而用之的传播手段。不过，因特网的传播功能在各类型的传播者、各种传播目的及各种信息需求的交互作用下，有较大的弹性变化。

在因特网上传播的能力不完全取决于传统的权力因素，如经济实力、军事威力；当然，拥有这些传统的权力也不是坏事。在因特网的虚拟空间里，只要稍懂计算机技术、有很少一点资本，就可以有一席之地。在因特网世界里，任何一个特殊的子文化群体都可打破沉默，不用由他人代言，直接面向全世界发出自己的声音。

四、因特网的健康信息传播

各种传播媒介在健康信息传播方面的功能，因各自的媒介属性不同而不尽相同。我们已经就本研究对因特网的媒介特质作了说明，下面将检视两家网站提供的健康与疾病方面的信息与服务，以此为例，阐明因特网的传播功能。

（一）“中国上海”网站

进入“中国上海”政府门户网站，映入眼帘的是琳琅满目的各分类区及一些滚动信息，如便民提示、热点问题等。在网页的下部，明确标示该网站是“上海人民政府版权所有”，提示此网站发布的信息的权威性和公信力，这与传统大众传播媒介的做法类似。中国的传统媒介，通常会精心地突出节目发布者的身份，因为中国的很多传统大众媒介拥有一定的背景，或是机关报，或是直属于某一级政府的广播电视机构。

该网站的主要栏目有上海要闻、政府信息公开、市长之窗、网上办事、网上咨询投诉、投资上海、查询服务、民意调查、百姓评议、政策法规、便民问答、重点热点专题、上海概览、上海年鉴、城市生活、政府部门网站链接、服务性网站导航等。

使用网站提供的站内检索功能，将“艾滋病”、“乙肝”作为关键词进行检索，检索到相关信息约有310条，主要来自政务信息、政府信息公开、便民问答和上海年鉴几个栏目。将这些信息进行归类，基本上可分为三个方面：

1. 发布与健康和疾病相关的政府政策和信息

例如，上海市卫生局发布的“2004 年上海市甲、乙类法定报告传染病疫情”：“2004 年 1 月 1 日至2004 年 12 月 31 日，本市甲乙类传染病共报告 18 种 48 822 例，甲乙类传染病发病率为 277.91/10 万，比去年同期增加 4.91%。其中，本市居民发生甲乙类传染病 31 826 例，发病率为 236.26/10 万，较去年同期增加 7.45%。外来人口发生甲乙类传染病 16 996 例，发病数较去年同期增加 4.41%。本年度传染病报告例数居前五位的病种为：淋病、肺结核、病毒性肝炎、痢疾和梅毒，占本年总疫情的 97.60%；死亡报告总数为 168 例，死亡数居前五位的病种为：肺结核、病毒性肝炎、艾滋病、流脑和狂犬病，占死亡总数的 97.02%。”

2. 报道与疾病相关的新闻

如一则题为“冷眼比病毒更可怕——一位艾滋病患者与大学生面对面”，讲述一个艾滋病患者与大学生交流，患者说他最害怕的不是疾病本身，而是人们对他的歧视和冷漠。

3. 提供关于疾病与健康方面问题的咨询及解答

如便民问答栏目里面，回答“艾滋病是如何传播的?”“肝癌打哪来?”“其他常用化学消毒剂包括哪些？消毒机理是什么？如何使用?”等问题。

（二）“肝胆相照”乙肝网上论坛

打开“肝胆相照”论坛的网页，映入眼帘的是一幅两个人互相扶助攀登的图片，背景是红彤彤的太阳。网页上没有任何关于制作者的信息，只是声明这个论坛讨论关于乙肝的相关问题。论坛网页上有与其他许多相关网站的链接，提供搜索的功能。

“肝胆相照”论坛包括四个版块：

1. 医学区

包含乙肝咨询、病友交流、精华资料、生儿育女、硬化讨论、学术讨论和肝移植等栏目。

2. 生活区

包括 HBVER 权益、捐款专区、法律咨询、开心乐园、健康与科普、聚会交友、原创文学、前程创业等栏目。

3. 后花园

包括心灵港湾、有声有色、IT 技术、English、养生保健、三十以后等栏目。

4. 论坛管理区

包括论坛公告区、社区建设、论坛日志、版主交流、回收站、站务管理区等栏目。

论坛所提供的信息包括：

1. 治疗和保健知识

比如有的网友整理出一些关于干扰素的综合信息，把与干扰素有关的一些网站的网址贴在论坛上；有网友将自己服用拉米夫定的经验和教训贴上；也有网友收集并贴上对慢性乙肝患者的 24 条建议。

2. 疾病与健康方面的咨询

如把自己的乙肝检验的化验单或 B 超的结果放在论坛上请别人帮忙看；询问某种药的治疗效果如何。

3. 情感交流

论坛上有一个主题帖数为 559 的帖子引起了很大的反响，一位版主推荐说如果不看这个帖子就白来“肝胆相照”论坛。这是一个网名叫“华佗”的人连续讲叙的他在北京和深圳两地求医治病的经历，文笔细腻，内容生动，处处体现出乐观和坚强，感动了很多网友，给他们极大的精神鼓励。有网友回复：“又一位战友用他的乐观坚韧为我们诠释了什么叫做生命，除了无比感动和钦佩，再送去我对华佗及其夫人最深的祝福。”又有：“看个病这么难呀？先不说钱的问题，光这些程序就让我受不了了，况且我还没钱呢，哎，文中的这位大哥也够坚强的了，真心的祝福你，我曾经想到过放弃，看到你这么坚强，我也被你感染到了。”再有：“感动，我还能说什么呢。好像我找到了精神支柱，我不会服输的。”网友们把这种虚拟社区上的互动延伸到现实生活中，不少在北京的网友探望在北京某医院做手术的“华佗”，提供一些力所能及的帮助。

4. 对相关政策与事件发表评论

有一个标题为“人民日报记者 1 月报道，公务员体检标准经十几次论证，国务院领导三次批示——如今却被浙江轻易破坏了”的帖子在论坛上的各版块贴出，且置顶较长时间，帖子披露：国家在 2005 年 1 月 20 日出台公务员

《体检通用标准》，规定乙肝病原携带者可以成为公务员，但浙江省却在其出台的规定中加上公务员要加做乙肝表面抗原的检查的规定。这个帖子在论坛上引起热烈的讨论，有谩骂，有哀叹，有呼吁，也有理智的分析。

五、因特网在中国重大疾病控制中的传播功能

结合前两节对因特网媒介特质的总结和因特网网站在健康信息传播方面的分析，下面从政府、民间团体和个人三个角度分析因特网在中国重大疾病控制中的传播功能。

（一）从政府方面看

政府运用因特网传播健康信息时，比较重视强调网站发布者的官方身份，突出所发表的信息的权威性。对政府来说，因特网在重大疾病控制中的传播功能为：

1. 利用因特网快速、便捷地发布健康和疾病方面的权威信息及最新出台的与健康和疾病相关的政策。

2. 利用网站上的市民信箱、便民问答，收集民意，根据公众的要求提供针对性信息。

（二）从民间团体方面看

民间团体所办网站侧重于交流、互动功能，对主办者身份不作重点说明甚至不予说明。对民间团体来说，因特网在重大疾病控制中的传播功能为：

1. 普及健康知识，发布治疗方面、医药方面的最新信息。

2. 引起公众注意，形成网上舆论。在没有因特网的情况下，传统主流媒体对全国和全球受众报道一些事件时，通常不会报道全部细节。因特网提供了一个虚拟论坛，那些在现实世界中被边缘化的群体可以在这个虚拟的空间中发出自己的声音。新的数字技术为传统的弱势群体提供了说话和表达自己意见和看法的机会，让他们的感受和处境能够被社会知晓，使社会和政府对他们有一个正确的态度，给予他们更多的关怀和支持，加大控制疾病方面的投入。

3. 通过网站论坛，网友抒发感情，宣泄情绪。这种因特网上的社会“减压阀”有维持社会稳定的正面作用。

(三) 从个人方面看

因特网具有人人可用性及双向互动性，网民个人可以上网搜索信息、发布信息。从个人的角度来看，因特网在重大疾病控制中的传播功能为：

1. 方便、快速地寻求、传递信息，了解疾病的预防措施，了解患病的先兆症候，了解哪个地方的医院好、医生好，哪些药用后副作用大，用药时要注意什么，减少由于无知而导致患病或使疾病恶化的情况。

2. 加入因特网上的虚拟社区，获得精神支持。社区成员的共同经历和行为取向导致相互认同、相互交流、相互支持。良好的精神状态对于建立积极乐观的治疗态度很重要，至少能使病人不至于自暴自弃、任由病情恶化。以前，有的艾滋病人拿针头刺人、有的乙肝患者在外面吃饭的时候故意不采取防传染措施，这类极端行为多少是由于感到被社会抛弃、疏离而引起的。精神上的一定满足可以减少乃至杜绝患病群体的成员对社会产生报复心理的危险。

六、对政府运用因特网控制重大疾病的建议

充分运用因特网，需要一定的资本、人力资源的投入，相对于其他的网络使用者，政府更具优势。

研究者建议成立政府级的健康信息网络通报系统。从个人的角度说也好，从社会的角度说也好，对于疾病，防胜于治。要做到“防”，至少需要两方面的信息畅通：一是关于某种疾病的流行、传染、预防、治疗的总体情况；二是有关个人保健、防病、治病的知识。与民间团体、私人企业和个人不同，政府有充足的财力、人力和公信力建立健康信息的网络通报系统，中央政府与地方政府之间、政府与民众之间，应该公开、透明地通报疾病传染、瘟疫流行的情况，普及保健、预防、治疗知识。重大疫情发生时，通过健康信息网络通报系统，政府可以迅速了解疫情，迅速反应，有效应对；公众可以从权威渠道了解疫情信息，使谣言无从产生，不发生人心浮动、社会恐慌（如 2003 年 SARS 发生时的情况）的非正常局面，维护国家、地区的稳定。

第六章 传统传播理论观照下的网络传播

因特网传播理论是对因特网传播现象的概括和总结。建立因特网传播理论是建构网络传播学的基础性工作。由于因特网传播现象是传播史上的崭新现象，处于日新月异的变动之中，人们对它的概括和总结还处在刚刚起步的阶段；仅仅对现象进行追踪、观察和领会就已经是一项相当艰巨的任务，人们还来不及建构系统、深入的因特网传播理论。在这种情况下，运用传统传播理论来观照网络传播，不失为深化我们对因特网传播的认识的一种可行途径。本章的目的，就在于初步说明当以传统传播理论——包括认知与行为理论、相互作用理论、结构与功能理论、解释学理论、批判理论等的视角来观照网络传播时，会给我们认识因特网传播带来一些什么样的启示。本章对于传统传播理论的分类主要是依据美国学者斯蒂文·小约翰的《传播理论》一书中的观点进行的。

第一节　认知与行为理论观照下的网络传播

传播理论与网络传播的发祥地都在美国。《重建美国人的梦》一书的作者罗伯特·格林说过："当我说我爱美国时……它意味着爱自由和个人主义。"个人主义是美国人的核心价值观念，美国的社会科学有一种深厚的个人主义传统，传播学当然也不例外。这种传统的表现之一，就是将自主的个人作为理论上的"分析单位"，重视心理学理论对作为研究对象的相关现象的解释、说明作用。传播学中的认知与行为理论的出发点就是把讯息的产生、接受和处理视为传播者个人的心理活动。

一、讯息产生的特征、状态与过程理论观照下的网络传播

（一）讯息产生的特征理论

讯息产生的特征理论认为：人们之所以倾向于用某些方式进行交往，是因为他们具有某些相对静止不变的特点，即人格特征的缘故。传播学研究中对许多特征进行过探讨，例如传播恐惧、修辞敏感性、传播者风格、攻击性等。

1. 传播恐惧（communication apprehension）

传播恐惧是一种面临进入各种情景中的传播时所出现的恐惧心理，持这种恐惧心理的人将竭力避免进行传播。传播恐惧有程度高低之分。高度的传播恐惧是一种病态，严重妨碍人的正常社会交往活动。美国学者麦克罗斯基认为：人们对与他人的接触会有什么结果抱有某种期望；如果期望在交往中得到实现，将使人产生信心、减少恐惧；如果期望在交往中落空，将使人丧失信心、增加恐惧；对传播结果反复抱有不切实际的期望，将使人产生习得反应，从而具有高度的传播恐惧的心理特征。可见，克服传播恐惧的关键是以尽量放松的心态面对传播，并对交往结果持低调的期望。

进行网上谈话、闲聊、张贴帖子等传播活动时，网民可以隐去自己的真实身份，以任意假想的身份出现，这就有助于心态的放松；网民把进行这类传播活动视作参加假面舞会，抱有游戏心理，对交往结果的期望自然是低调的。因此，面对网上传播，网民一般不会表现出传播恐惧的心理。

2. 修辞敏感性（rhetorical sensitivity）

修辞敏感性是讯息发出者根据讯息接受者的需要而改变讯息的一种倾向。在人际传播中，根据讯息发出者对讯息接受者的态度，可以将他们分为三种类型：自我清高者、修辞反映者和修辞敏感者。自我清高者坚守自己的个人理想，不会针对讯息接受者的情况对发出的讯息进行适应性调节。修辞反映者放弃自己的个人立场，完全按照讯息接受者的愿望而改变自己发出的讯息。修辞敏感者则努力求得交往双方的利益平衡，根据讯息接受者的层次、情绪和信仰，灵活地调节发出的讯息。美国学者哈特认为：大多数人都在不同程度上具备这三种类型的特点，其中某一种特点在某一情景下的某一个人身上会占主导

地位。

由于传播情景的“假面舞会”化及参与者的匿名性，在网上人际传播中，网民的这三类特点可能会有扭曲性的表现，例如：在现实社会交往中的修辞敏感者也可能在虚拟社会交往中故意表现为自我清高者或修辞反映者，等等。

3. 传播者风格（communicator style）

关于传播者风格（communicator style）的理论是由美国学者诺顿提出的。他认为：传播有两个层面——基本讯息的传播和风格讯息的传播。基本讯息是讯息发出者所要传达的基本内容。风格讯息则是讯息发出者提示给讯息接受者的，关于怎样对待、筛选、解释或理解基本讯息，并作出适当反应的讯息；它可以在基本讯息发出之前、之中或之后传送给讯息接受者。在心理学中，有一个梅拉比安公式，可用来计算在传播过程中讯息发出者给讯息接受者造成的印象：全部印象 $=0.08\times$ 言语印象 $+0.37\times$ 声音印象 $+0.55\times$ 面部印象。基本讯息主要是通过言语表达的，而声音、表情则主要表达着风格讯息。

在网络人际传播和群体传播中，传播参与者彼此听不到声音，也看不到面部表情，这给网络讯息的传达带来很大的困难。为了突破这一障碍，网民们逐渐创造出一套表示面部表情的符号，用来传送风格讯息。例如：（— — —）表示神秘的笑容；（：一（表示愁眉苦脸；：一 J 表示暧昧的笑容；：一\ 表示抛媚眼，撇嘴角；< < < <（：—）表示“嘻嘻，想来顶高帽子?”等等。这种网络脸谱有很强的表达风格讯息的作用，在网民中得到广泛推广。

4. 攻击性行为（aggression）

攻击性行为是一种在传播中将压力施加于人的行为。

自信肯定和喜好争辩是两个积极的攻击件行为特征。自信肯定是一种为了自己的最佳利益而直言不讳的倾向。自信肯定者在直率地维护自己的权益时，并不妨害他人的权益。喜好争辩是一种积极参加有争议问题的讨论，张扬自己的观点，批驳与自己对立的观点的行为倾向。

敌意和言语攻击是两个消极的攻击性行为特征。敌意是一种对交往对象猜疑、愤恨、抗拒、发怒的行为倾向。言语攻击则是一种以言语为手段，从情感上伤害交往对象的行为倾向。

在网上交谈中，网民一般不会表现出消极的攻击性行为；即使是积极的攻击性行为，网民对其采用也是有节制的。在聊天和新闻组讨论中，如果某一参与者不遵守约定俗成的网上交往规则，例如发布与新闻组主题不相干的、以赢利为目的的商业广告讯息，他就会触犯众怒，成为其他参与者群起施加攻击性行为的目标，特别是消极的攻击性行为的目标。

（二）讯息产生的心理状态理论

从人们在一段时间中所经历的心理状态出发，也可对传播中的讯息产生加以解释。

人们的心理状态，既与人们的心理特征有关，又与人们在一段时间中所处的传播环境有关，也就是说：状态是特征、环境两个自变量的函数。所谓传播环境，指的是在传播事件中，参与者（who、to whom）、情景（where）、活动（says what，in which channel，with what effects，for what goal，under what condition）等方面的综合情况。人们在传播中的行为举止常常受到他们对传播环境的认知，即他们拥有的“环境知识”的影响。

网上人际传播的参与者具有匿名性；情景具有虚拟性（电脑空间中的“假面舞会”）；活动具有游戏性，即说什么，为什么目的而说，取得什么效果等都不具有直接的、现实的、重要的意义。因此，网上人际传播的“环境知识”相对简化。

在现实社会的人际交往中，有一种“意义含糊的传播”。美国学者贝弗勒斯把传播过程分解为四个部分：（1）我；（2）在这一情景中；（3）对你；（4）说什么。所谓意义含糊的传播，就是有意对其中某一个部分或某几个部分表达得含含糊糊。这是一种在特定传播环境中采用的特定传播策略。

在网上人际传播和群体传播中，网民通常不会采用这种意义含糊的传播策略。因为网上传播的“情景”是确定的，即虚拟空间的情景，而这一情景中的“我”和“你”又都是匿名的——这都是根本性的“含糊”。在这种根本性含糊的前提下，说什么就可以直截了当，无所保留，也无所忌讳。在某种意义上可以说，从网上聊天室、BBS、新闻组的讨论中，传播研究者可以得到反映网民深层意识，乃至潜意识的真实材料。这些毫不含糊的“胡扯”，是对舆情、民意、网民心态进行判断的不可或缺的第一手材料。

（三）讯息产生的过程理论

试图解释讯息产生者在产生讯息—发送讯息—接受回馈讯息—处理回馈讯息—再产生讯息的一整套过程中的讯息产生—再产生机制。传播学者已对顺应、集合、建构、获得允诺等过程进行了研究，并提出了相应理论。

1. 顺应（accommodation）

顺应指的是传播者在传播过程中模仿对方的行为。被模仿的，既有对方的词汇、语法等言语要素，又有对方的嗓音、重音、语调、语速等副语言要素，甚至还有表情、姿态等非语言要素。顺应在一般情况下是无意识行为。通过顺应，讯息发送者与讯息接受者的传播行为趋同。趋同的效果是增强彼此吸引力、亲和感，提高传播内容的可理解性。要取得上述正面的趋同效果，就要把趋同顺应控制在适当的分寸以内。如果分寸不当，趋同过分，反而会被当成是一种嘲笑、戏弄的风格讯息，其效果也随之变成负面的了。

这样一种技巧，在网上传播中也可以得到运用。

2. 行动集合（action assembly）

在进行传播时，人们既要有关于传播内容的知识，又要有关于传播程序的知识。程序知识是关于特定传播环境中，不同传播方式将会如何影响传播后果，以及何种传播方式最为适宜、最为得体的知识。有了程序知识，人们就可以在传播中使用事先组织好的一组行为——它们被称为“整体集合行为”——取得期望的传播效果。

在网上与其他网民进行“手谈”的网民就有一组整体集合行为。他敲击键盘、构想话语、表达思想、发送讯息、实现沟通。在“手谈”过程中，认知系统调节着不同层次的行为。敲击键盘是激活适当的神经指令的行为，属于最底层的“感觉运动表象层次”。构想话语是使用适当语言的行为，属于“话语表象层次”。表达思想的行为属于“观念表象层次”。实现沟通是传播行为的总体目标，属于最高层的“相互作用表象层次”。

高层次上的程序知识制约着低层次上的程序知识。一般来说，只要高层次上的程序知识运用得当，低层次上的程序知识的运用就可顺理成章，蝉联而下。

在网络传播中，我们可以设置软件来帮助网民完成程序化行为。例如：一个网民作为一个新加入者进入网上聊天室后，聊天软件自动产生一条讯息将此事提示给已经在聊天室进行聊天的人——“×××：大家好，我是刚加入的”；其中，“×××”是这个网民为自己取的“聊天名字”。当一个网民聊了一阵，要离开聊天室时，只要用鼠标左键单击“再见”按钮，屏幕上就会自动显示“×××：再见，下次再聊”的告别词，并注明离开日期及时间。

3. 建构（construct）

建构指的是人们知觉到事物之间的共同点和差异后，对事物加以归类，形成解释性图式，从而理解经验的认知过程。对事物之间的共同点和差异知觉得越详细，建构成分的数目越多，认知复杂度就越高。认知复杂度越高，对他人观点的理解就越深刻，为使他人理解自己而对发送的讯息加以组织的能力就越强。讯息发送者根据讯息接受者的实际情况，调节自己所发送的讯息，被称为“以人为中心的传播”。根据“以人为中心”的倾向强度，美国传播学者奥基夫提出了三种可能的讯息设计逻辑：表达逻辑、传统逻辑和修辞逻辑。

表达逻辑以人为中心的倾向最弱，使用表达逻辑的讯息发送者只顾及思想和感情的自我表达，而不顾及讯息接受者的具体情况。

传统逻辑则适当顾及讯息接受者的具体情况，讲究礼貌和分寸，如同在游戏中讲究规则一样。

修辞逻辑以人为中心的倾向最强。这种逻辑认为，传播是一种通过谈判改变规则的方法，讲究灵活地对发送的讯息加以设计，在尽量顾及讯息接受者实际情况的前提下，尽可能好地实现传播目标。

所谓实现传播目标，在相当多的情况下，就是获得他人的允诺，即说服他人做讯息发送者想要他们做的事情或不做讯息发送者不想要他们做的事情。建构能力强的讯息发送者可以通过采用修辞逻辑来产生讯息，以达到获得允诺的目的。此外，传播学者还提出了多种获得允诺的战略。

在获得允诺方面，网络传播与传统传播所依据的理论是一样的。不过，从网络人际传播和群体传播的实际情况来看，其功利性，即说服他人的意图一般表现得并不是很强烈。所以，关于这方面的相关理论及其对因特网传播的观照问题，我们就不再深入涉及了。

二、讯息接收和处理理论观照下的网络传播

在上一个问题中，我们用以观照因特网传播的理论都是以讯息发送者为中心的。在即将进入的这一个问题中，我们转而用以讯息接收者为中心的理论来观照因特网传播。

西方传播学在提出形形色色的以讯息接收者为中心的理论时，都在某种程度上遵循“理性人”的模式，即认为作为讯息接收者的人是理性地和客观地思考问题和分析形势的，是一个独立的、理性的和有选择性的存在。这些理论

试图揭示理性人接收和处理讯息，并根据处理结果来确定行动意图，乃至付诸行动的普遍认知机制。为此，传播学者们提出了种类繁多的概念（诸如相关性、归因、信念强度、行为意图、一致性、详尽分析可能性、期望违反、自我参与度等等），总结出一些颇有直觉吸引力的理论。对这些理论，哪怕是只作一点简单的介绍，也要占用很多的篇幅。我们只能就对因特网传播进行观照的中心论题，提出一些值得思考的方向。

美国学者休斯和普兰诺普认为：研究人们的思维或信息处理要抓住两个核心要素——知识结构和认知过程。知识结构是人自然累积的知识总和。认识过程是头脑中对信息处理的机制。研究网络传播条件下人们的思维或信息处理，就要研究网络传播对人们知识结构和认知过程的影响。

知识是一种具有某种条理性、系统性，即一定组织程度的信息沉积体。根据美国心理学家吉尔福特的智力三维结构模型，网络多媒体能向受众提供视觉、听觉、符号、语义和行为等全方位的信息内容，它们是形成网民信息沉积体的丰富原料。

休斯和普兰诺普把人头脑中对信息处理的机制归纳为 7 个过程：集中——关注信息的某些细节；综合——在信息之间产生联系，把新的信息内容融入知识的总体组织；推断——根据新掌握的信息内容对尚未被掌握的信息内容作出假设、推想；储存——记住信息内容；搜寻——在需要时，从储存起来的信息内容中找出相关的信息；选择——在各种行动方式中进行挑选；执行——按挑选出的方式实施行动。我们不妨将这 7 个过程与吉尔福特提出的 5 种信息操作进行对比。

吉尔福特提出的 5 种信息操作是：认知、储存、发散性提取、收敛性提取、评价。认知包括了集中、综合、推断等过程；评价与选择、执行两个过程紧密相关。储存操作与储存过程是一回事。选择过程则被细化为发散性提取与收敛性提取两种操作。可见，休斯和普兰诺普的认知过程理论与吉尔福特的智力三维结构模型是基本相通的。

在网络传播条件下，智力操作的特点也就是在网络传播条件下认知过程的特点。网络多媒体传播通过万维网向受众提供了电脑环境中超文本结构下进行信息操作的高度技术自由，这种自由也是网民认知过程的自由。

1. 归因（attribution）

网络人际传播与群体传播中，由于“假面舞会”的作用，存在一个信息处理的归因困难问题。关于讯息接收和处理的归因理论有三个基本假设：假设人们要尝试确定行为的原因；假设人们会系统地确定原因；假设归因的原因对知觉者自己的感情与行为产生影响。美国传播学者海德总结了一些常常可知觉的行为原因，包括情境性原因（受环境影响）、个人影响力（个人对事物的影响）、能力（能够做某些事）、努力（试图做某些事）、欲望（愿意做某些事）、情感（感到应该去做）、许可（被允许去做）等。行为与原因的关系并不是一对一的，多种行为可能出自同一原因，而一种行为可能出自多种原因。

以匿名身份进行交往的网民很难对交往对象的上述种种情况有所知觉。网络传播虽然在技术上很容易实现互动性，但是在实际交往过程中，由于归因困难带来的控制（根据偏差进行调整）障碍，互动性往往得不到很好的实现。

2. 详尽分析可能性理论（elaboration likelihood theory）

这是一种关于人们处理说服性信息方式的理论。广告是一种传送商品或服务的提供者对目标市场的潜在顾客的说服性信息的传播样式。详尽分析可能性理论对我们了解因特网广告传播有启示作用。

这个理论认为，讯息接收者处理说服性信息有两种可能方式——核心路径方式与周边路径方式。

核心路径方式是一种详尽分析或严密思考的方式。使用核心路径方式处理信息时，人们充分考虑论据，由此造成的态度变化相对持久，并影响到实际行为。

使用周边路径方式时，造成的态度变化持续时间短暂，对实际行为影响力也不强。

接收说服性信息时，人们采用哪种处理方式是由动机和能力两个因素决定的。

动机由三个要素构成：说服性信息所涉及的问题与接收者的相关度；论据的多样性；接收者对严密思考的个人爱好倾向。动机越强，越能导致采用核心路径方式。

能力则是由一般的信息处理能力的高低和关于说服性信息所涉及问题的知识的多少决定的。缺乏必要的能力，会使接收者不得不采用周边路径方式来处理说服性信息。

一般说来，在网上广告传播活动中，广告主在工商企业网站上发布关于商品和服务的广告讯息时，希望接收者按核心路径方式对其加以处理；在传统媒体网站或商业性 ICP 网站的页面上发布旗帜广告时，希望接收者按周边路径方式对其加以处理。旗帜广告的作用是引导网民点击，进而调阅与其链接的工商企业网站上的详尽广告信息。旗帜广告要具有感觉上的冲击力，实施感性诉求，吸引网民注意，让他们在冲动状态中进行点击。对旗帜广告，不需要详尽分析、严密思考；事实上，访问传统媒体网站或商业性 ICP 网站的网民也不可能花费宝贵的上网时间去分析、思考网页上的旗帜广告。一旦旗帜广告被点击，工商企业网站就有了落入网民眼帘的机遇，这时才要求网民采用核心路径方式处理说服性信息，从而最终实现广告诉求的目的。工商企业建立网站、设置网页时，要考虑尽量增强网民的“动机”，适应网民的“能力”，以促使网民采用核心路径方式。

3. 社会判断理论（social judgment theory）

工商广告的文案一般是由一系列陈述组成的。按照关于讯息处理的社会判断理论，关于某个问题的各种陈述对接收者来说，可以分为三类：可接受陈述、不表态的陈述和拒绝的陈述。三类陈述对人们的态度改变起着不同的作用。凡在可接受范围内的陈述都有助于态度的变化；凡在拒绝范围内的陈述都无助于态度的变化，甚至会使人们更加固守原有的立场；在可接受与不表态范围内，某一陈述与接收者原有个人立场差异越大，可期望发生的态度变化也越大，但这种差异不能使得陈述落入拒绝范围内，一旦落入拒绝范围，就不能指望它引起任何态度变化。

社会判断理论还引入了一个“自我参与度”的概念。自我参与度是某个问题与个人的相关程度。一个人对某个问题的自我参与度越大，关于这个问题的各种陈述的拒绝范围越大，不表态范围越小，所能期望的态度变化也越小。

在撰写因特网上的工商企业网站的广告网页上的文案时，要注意社会判断理论的上述研究成果，谨慎选择关于特定问题的陈述方式。

第二节　相互作用理论观照下的网络传播

认知与行为理论从传播者个人入手研究传播，把传播视为传播者个人的心理活动；而相互作用理论把传播视为社会的粘合剂，从人与人之间的相互作用入手研究传播。认知与行为理论带有浓厚的行为科学性质；而相互作用理论却被认为带有浓厚的社会哲学性质。就某种意义而言，这两种类型的传播学理论有一定的互补性，它们对网络传播的观照也有一定的互补性。

一、符号相互作用理论观照下的网络传播

美国的符号相互作用理论（symbolic interactionism）分为两个学派：芝加哥学派和衣阿华学派。芝加哥学派的研究方法主要是人文科学的方法，而衣阿华学派的研究方法注重定量分析，是一种社会科学的方法。

芝加哥学派（the Chicago school）的米德是符号相互作用理论的创始人。他的理论建筑在社会、自我和心灵这三个核心概念的基础之上。社会是其成员的合作行为的集合。两个人在合作过程中必须相互了解并作出合适反应；为此，他们要使用共同了解的符号，并对符号意义作出解释。因此，可以说，社会只有借助其成员使用的有意义的符号才得以形成，社会是其成员间的符号互动所构成的网络。不但社会中的两个成员间可以互动，而且一个单独社会成员的主我（I）与宾我（me）之间也可以互动。米德把“宾我”规定为“想象的一套组织化的他人态度”，而把“主我”规定为“机体对他人态度的反应”。“宾我”与“主我”统一为一个人的“自我”。自我作为一个整体，是宾我中概化的他人的稳定的映像和主我的不可预测的自发性的结合。宾我与主我之间的互动，就是传播中所谓的自我传播。一个人的自我传播就是他的心灵活动。心灵活动是一种内在经历，它既可以表现为公开的行为，又可以不表现为公开的行为。人们使用有意义的符号进行互动，客体对于一个人所具有的意义是在互动中形成的。被称为米德的最优秀的追随者的布鲁默把客体分为三类：物质的客体、社会的客体（即人）和抽象的客体（即思想）。这三类客体都需要通过符号互动获得意义。

衣阿华学派（the Iowa school）的代表人物库恩提出：使某物变成客体的惟一要求是人要对它命名，即用符号来代表它。库恩把自我看作是一个人针对自己的行动计划，即他对作为客体的自己的全部行为类型，并据此设计了一套“自我态度测试”（TST）技巧。

在网络传播中，一个人的自我，不仅有主我、宾我，还有“虚拟我”。所谓虚拟我，就是网络传播的参加者向其他网民推出的经过包装的自己的网上存在。他通过对虚拟我的命名——一般是假名，被称为“绰号”、“别号”、“代号”等——而把虚拟我变为客体。这个客体对于这个网络传播参加者，对于其他网民的意义是在网络空间的符号互动中形成的。

米德认为：主我是冲动的、无组织的、无方向的、不可预测的那部分自我；作为主我，人追求体验自由感和独创感。宾我是个人对他人看待自己的总体方式的知觉；宾我控制着来自主我的冲动。

由于虚拟我的存在，主我可以摆脱宾我的控制，体验到空前的自由感和独创感。一个人可以任虚拟我在网上传播中嬉笑怒骂、纵横捭阖、挥斥指点、汪洋恣肆，充分发挥自己的个性。主我的自由也会带来一些负面效应，一个人以虚拟我的身份出现时，由于失去了宾我的控制，就可能无所顾忌；因为他把虚拟我看成是一个客体，其他网民如何看待这个客体，对于他在实际社会交往中的自我并没有什么影响。于是，我们可以在聊天室里看到各式各样的污言秽语，在新闻组里获知形形色色的流言蜚语。污言秽语的吐出者并不会担心有损自己的社会身份；流言蜚语的发布者也不会顾及应当承担的社会责任。可以说，网络上的虚拟我是一个异化的自我。我们说过虚拟我是经过包装的网上存在。挟带污言秽语、流言蜚语进入网络的人，可以说是“无包装”地呈现于其他网民面前，这种无包装，实际上也是一种包装，是这个人潜意识中放纵自己喷薄而出的一种包装。当然，更多的人则是有意识地将虚拟我作为第二个自我；这第二个自我，也有他的主我与宾我。虚拟主我的表现也要受到虚拟宾我的控制。第一个自我如同导演一样，指导着第二个自我在网上的表演。对于这种情况的分析，将用得着相互作用理论中的另一套理论——戏剧主义理论。

二、戏剧主义理论观照下的网络传播

在莎士比亚的喜剧《皆大欢喜》中，流亡公爵的从臣杰奎斯有一段著名的台词：“全世界是一个舞台，所有的男男女女不过是一些演员，他们都有下场的时候，也都有上场的时候，一个人的一生中扮演着好几个角色……”戈夫曼把这一段台词发展为一整套戏剧主义理论（dramaturgical theory），用来分析人的传播行为。就笔者看来，就连一些基本术语，戈夫曼也借用了俄国著名戏剧学家斯坦尼斯拉夫斯基阐述其“体系”时的用语。例如：戈夫曼认为，对一个人来讲，真实的东西就是他或她对情景的定义；这就相当于斯氏体系中的“规定的情景”，即演员在舞台上必须考虑的诸如剧本情节、舞台调度、演出时的布景、道具、音响效果等各种事情。戈夫曼把对情景的定义分解为“条”和“框架”。“条”，指的是活动顺序，相当于斯氏体系的“贯穿动作”；“框架”，指的是理解顺序动作的原则与模式，相当于斯氏体系中的“主导观念”。人在社会交往中，就像演员在一场向观众的演出中一样，力图让交往对象相信自己就是那个正在扮演的角色。在表演中，他不但要注意表达的内容，而且要注意表达的风格，即做出“有征兆的行为”。内容与有征兆的行为配合默契、相得益彰，人就能实现交往目的。内容精彩，但有征兆的行为措置不当，相当于表演失败，达不到交往目的。内容并不怎么样，但有征兆的行为措置得当，精彩纷呈，往往能掩饰缺陷，受到欢迎。戈夫曼将这种情况称为“假冒”，并认为假冒的表演可能在社会交往中取得有限的成功。当然，那种内容不佳、有征兆的行为也糟糕的表演者，是不会在社会交往中取得成功的。

在网络传播中，人们往往能相当成功地进行第二个自我的表演；虚拟主我在接受虚拟宾我的控制时，可以表现得颇为自如；因为即使这是主我受宾我压抑的行为，由于虚拟我不过是一个被符号命名的客体，接受起来也并不困难。

有征兆的行为在网上实施起来，要比在现实生活中容易得多。例如，一个人只需敲击键盘，就可以做出各种各样的表情，:-D 是张嘴大笑；1—D 是呵呵直笑；1—P 是捧腹大笑；:—〈是无奈苦笑；(---) 是故作神秘地笑；:—9 是舔着嘴唇笑；8:〗是做着怪脸笑；:—! 是鄙夷不屑地笑；:—/是犹豫不决地笑；:—6 是平淡无味地笑；:—e 是失望地笑；:—i 是暧昧地笑；:〗—是傻头傻脑地笑；: ~) 是喜极而泣地笑，等等。在现实的交往场景下，要自如地运用上述各种笑的表情作为有征兆的行为，如果不是经过专业训练的演员，恐怕是很难做到的。但是在因特网上，一个人却可以很轻易地在交往对象的电脑显示屏上展现出各种征兆性的笑容来。

另一位戏剧主义的理论家是博克。他提出“戏剧五要素”的学说来对传播事件进行分析。他认为：无论什么时候，一个人描绘一个场景总要说明五个要素——行动（Act）、场景（Scene）、人物（Agent）、手段（Agency）和目的（Purpose），从而分别回答做了什么？什么时候或什么地方做的？谁做的？怎么做的？为什么要做？

“戏剧五要素”分析法可用来研究在说服过程中说服者是如何建构听众的现实观点的，因此对公关传播工作者显得特别重要。

博克指出：“一个人可能将属于场景的内容转换成当事人的行为动机（正如有人将战争的根源纯粹归于人的‘好战本能’）来转换注意力；同样，一个人可能将某种属于人物特征的行为或态度归于处境的性质，从而转移对个人动机的批评。”他进一步指出：“在唯物主义的语汇中，重点放在场景上，场景成为中心词。行动、手段和目的都被看成是场景的功能。相反，唯心主义流派则将人物（行动者）视为中心，其他的因素都从属于人物。因此，面对同样的环境，唯物主义者和唯心主义者可能会描绘存在于这一环境中的同样五个因素，然而，双方将不同的因素作为中心的和决定性的。”

事实上，只要能达到说服目的，不但场景或人物可以被作为中心，而且行为、手段和目的也都可以被作为中心；“运用之妙，存乎一心之间”，不能胶柱鼓瑟，在说服中只采用某一种策略。

公关传播是一种组织传播，是社会组织对其公众进行的说服性传播。组织内部公关传播——社会组织对其内部公众进行的说服性传播——是通过内部网进行的。组织外部公关传播——社会组织对其外部公众进行的说服性传播——则可在因特网上通过“广播”的方式进行。在因特网上说明“戏剧五要素”应充分运用多媒体手段和因特网上传受双方实行互动的方便性，做到绘声绘色、随问随答，从而最大限度地得到好的说服效果。

三、规则理论观照下的网络传播

人们的社会互动是有结构、有组织的，因为它要受到规则（rules）的制约。希默诺夫把规则定义为“一个表明在某些情景中什么行为是必须的，什么行为是可以选择的，或什么行为是禁止的这样一种可遵循的规定”。如果一个行为是可以控制的（即可以选择一种行得通的方式去实施它）、可以批评的（即可以评估它是否按前述方式在实施）、可确认背景的（即前述方式是在特定情景下被要求实施的），那么，我们就可以发现制约这一行为的规则。对于不能控制、不能批评、不能确认背景的行为，是不能发现相应的制约规则的。在人们不知道规则的情况下，规则也可以被实现，反之则是被忽视。人们在无意之中，可能做出与规则一致的行为，反之则是做出违反规则的错误行为；人们还可以有意识地遵守规则，反之则是违反规则。人们还可以对规则进行反思，正面反思导致遵守规则；反之，负面反思导致违反规则。上述8种行为——实现或忽视、一致或错误、遵守或违反、正面反思或负面反思——就是人们运用规则的8种不同方式。

我们不妨用希默诺夫的规则理论来考察一下网络传播的规则。根据网络专家的意见和因特网服务提供商（ISP）在用户手册中就“什么行为是必须的，什么行为是可以选择的，或什么行为是禁止的”所列出的建议来看，网络传播的规则大体是：

（1）发布信息尽量简明扼要；

（2）每条信息要集中于一个主题；

（3）不要猜测信息发布者的社会身份；

（4）不要在新闻组、聊天室中进行以赢利为目的的信息发布活动；

（5）不得将别人发给自己的电子邮件，在未取得发信人的许可的情况下，径直转送到公告板上公布；

（6）在讨论组中发表评论、提出问题都要与讨论组的主题相关；

（7）不得冒用别人的身份参与网上传播；

（8）不得以多个身份上网进行传播活动；

（9）不得向因特网上传垃圾文件；

（10）不得在因特网上传播病毒。

一个初次进行网上传播的新手可能在无意之中做出违反规则的行为。这时其他网民或网站主管会向他提出劝告。如果受到劝告以后，行为仍然违反规则，那就会被视为有意违反规则。应该说，上述规则都是经过网民反思所认可的规则，对维持网上传播的正常进行发挥着积极作用。每一个参加网上传播的网民都应该把对上述规则的遵守化为自觉的行动。

四、详尽与有限代码理论观照下的网络传播

伯恩斯坦认为，人们所使用的语言代码与他们在世界里的位置是相对应的。所谓代码（codes），指的是一个社会群体成员所使用的语言背后的一套组织原则。而语言正是人类相互作用的结果。代码分为详尽代码和有限代码两类。详尽代码（elaborated codes）提供了表达某事的范围较广的不同方法，从而使其使用者能明确表达自己的思想和意图。有限代码（restricted codes）所提供的表达某事的方法范围较小，从而使其使用者不可能对自己的意思表达有很大的延伸或具体化。在看法、观点差异性较大的群体内，社会交往要使用详尽代码；而在看法、观点同质性很强的群体内，社会交往使用有限代码就足以进行。重视个性超过重视群体认同的人倾向于使用详尽代码，而重视群体认同超过重视个性的人倾向于使用有限代码。在一个开放的多元化社会里，详尽代码发展得比较充分；而在一个闭塞的极权化社会里，往往通过有限代码来实施

控制。

我们在前面说过，“发布信息尽量简明扼要”是网络传播的一条规则，这就意味着，网络传播宜于使用有限代码。但另一方面，网络传播显然是一个开放的多元化社会的产物，而且网络传播又显然是促使社会向开放、多元方向发展的一个重要杠杆。正因为如此，网络传播应宜于使用详尽代码。网络传播，既要使用有限代码，又要使用详尽代码，这是一个悖论。这个悖论的产生正是网络传播在现阶段上的技术不完备性与网络传播从长远看对社会走向开放、多元的强劲推动力之间的矛盾的表现。这个矛盾只能以网络传播克服其技术上的不完备性为解决途径。当详尽代码能在因特网上大行其道之日，也就是因特网的发展进入一个更适应开放、多元社会要求的新阶段之时。

第三节　结构与功能理论观照下的网络传播

认知与行为理论对传播的研究以自主的个人作为分析单位；相互作用理论对传播的研究则从人与人之间的相互作用入手；结构与功能理论对传播的研究进而着眼于社会结构及其功能。结构与功能理论以相互联系的结构主义与功能主义为理论基础。结构主义（struturalism）源于语言学，强调语言与社会系统的组织；功能主义（functionalism）则源于生物学，强调有组织的系统在运行过程中所发挥的功能。系统的结构是组成系统的元素及元素之间联系的总和，而系统的功能是由系统的自身结构及运行环境决定的。通过系统这一概念，结构与功能理论同带有方法论性质的横断学科——系统论、控制论、信息论等——建立了紧密的联系。

一、系统理论观照下的网络传播

在20世纪80年代中期，中国的社会科学界曾掀起了一股“新方法”的热潮。所谓新方法，就是用系统论（system theory）、控制论（cybernetics）、信息论（information theory）的基本观点来考察社会科学乃至人文学科的有关学科的研究对象，从而演绎出这些学科领域内的新的表述方式、新的话语体系，形成学科信息流新的增长点。系统论、控制论、信息论被称为“三论”；相对于稍晚一些时候被介绍进中国学术界的耗散结构论（dissipative structure theory）、协同论（synergetics）、突变论（catastrophe theory）等“新三论”，它们又被称为“老三论”。其实，不仅新三论实际上是对系统理论的深入和发展，可以看作系统理论体系下的分支理论，而且控制论、信息论也可以看作关于系统如何实现既定功能，系统元素之间如何建立联系的学说，实际上也是系统理论体系下的分支理论。不管是系统论，还是控制论、信息论，它们的基本观点，经过新方法运动的推广，对于学术界来说，已经耳熟能详。我们将直接运用这些基本观点来观照网络传播，而不再沿用本章其他节段所习惯采取的方式，即不再先辟专段对涉及的基本观点作简要的说明。

因特网是网络传播赖以发生的虚拟空间，是一个系统。因特网系统，首先是一个信息技术系统，以此为基础，它已成为一个信息传播系统，并且正在成为一个信息经济系统，它最终将是一个与信息社会系统融为一体的巨系统。

联合网络委员会（FNC）给出的“因特网”定义是：

全球性的信息系统——（1）通过全球性的惟一的地址逻辑地链接在一起。这个地址是建立在网络间协议（IP）或今后其他协议基础之上的。（2）可以通过传输控制和网络间协议（TCP/IP），或者今后其他接替的协议或与网络间协议（IP）兼容的协议来进行通信。（3）可以让公共用户或者私人用户享用高水平的服务。这种服务是建立在上述通信及相关的基础设施之上的。

这个定义实际上是对作为一个信息技术系统的因特网的说明。因特网是一个“网际网”，作为它的系统要素的是分布于全球各洲、各国、各地区、各社会组织的各个广域网、局域网、地区网、专业网；这些网又是以各类服务器电脑、数据库电脑、网站电脑、个人电脑为元素联结而成的，各类电脑都可以处理多媒体信息；因此，归根结底，因特网是一个以多媒体电脑为节点的网，或者说，是以多媒体电脑为元素的系统。这上千万台多媒体电脑是通过各种通信网联结起来的。用于联结上网电脑的通信网，既有无线网，又有有线网；而有线网中，既有公用的电话网，又有专用的数字网；从线路的实体材料来看，有光纤、同轴电缆、双绞线的区别。构成通信网的物理网路及相关设施（如调制解调器、线路分配盒之类），既是多媒体电脑元素的联结手段，本身又是因特网技术系统的第二类构成元素。因特网系统各电脑元素之间的联系，光靠简单的线路或电波的网路连接是建立不起来的，必须借助TCP/IP协议族将“精气”贯注于简单的连接网路之中，才能使因特网成为一个在全球范围内提供高水平信息服务的生机旺盛、生气勃发的技术系统。这正是FNC定义中反复强调因特网协议基础的用意所在。

作为信息技术系统的因特网一旦建立，首先就作为信息传播系统发挥作用。因特网在把电脑联结为系统的同时，把使用电脑的人纳入一个信息传播系统，使网民间的传播活动呈现出崭新的面貌。在因特网上，借助万维网技术，网民可以进行传播基本形态谱系中的各种传播，包括自我传播、人际传播、团体传播、组织传播。通过对这些基本形态的灵活组合运用，因特网可以成为各种各样的信息传播系统——学术情报传播系统、教育传播系统、管理信息传播系统、娱乐信息传播系统、医疗保健信息传播系统、新闻信息传播系统、公共事务信息传播系统，等等。这些信息传播系统的内容境界，可表达为 V + A + S + M + B，即具有吉尔福特模型中的所有五种信息内容：视觉信息、听觉信息、符号信息、语义信息和行为信息。这些信息传播系统比起以往的信息传播系统来，突出的优点是：不但能达到信息内容境界上的完备性，而且能帮助人们进行信息操作——主要是储存、发散性提取和收敛性提取三种信息操作。

人类社会的经济活动，曾经主要指的是物质流、资金流的活动。物质流、资金流发生的同时，伴随着信息流；对物质流、资金流的控制可以通过对信息流的控制实现，就像人们对外部世界的思考和控制可以通过对表达外部世界意义的符号的思考和控制来实现一样。因特网既然已成为一个信息传播系统，就不能不介入经济活动；在全球经济进入知识化、数字化、网络化的新经济时代，作为信息高速公路雏形的因特网正在转变为一个重要的信息经济系统。电子货币、电子商务、网络金融、网络企业、网络市场等都依托因特网运作。因特网上不但有信息流，而且有资金流；因特网上的信息流、资金流带动、引导着因特网下的物质流。传统的第一、第二、第三媒介曾经因为自己从事的发行、广告、节目销售等经济活动而成为工业社会经济中的传媒经济系统；但传媒经济就其规模与影响而言，只能算是行业经济系统。因特网作为第四媒介，不仅成长为一个行业经济——各类因特网服务提供机构，如 ISP（因特网服务提供商）、ICP（因特网内容服务商）、IAP（因特网接入服务商）、NSP（网络服务提供商）是这一行业经济的细胞组织——系统，而且是各行各业经济组织在经营活动中不可或缺的管理手段，因而是信息社会中一个全社会规模的信息经济系统。

人类社会，以经济活动为基础，以文化活动为上层建筑；经济活动、文化活动以及对它们的管理活动的总体，构成了人类社会。因特网系统作为一个信息传播系统时，就已经介入社会文化活动，因为文化信息传播正是信息传播的主体。因特网系统作为一个信息经济系统，改造着社会文化活动的经济基础；循此而进，必然导致它对社会文化活动更深层次的介入，也就是说，它不但改变文化信息的传播方式，而且改变文化的创造方式与表现形态，改变对经济、文化的管理活动方式，从而改变人类社会。当因特网系统融入信息社会大系统，或者说，信息社会大系统被因特网化——也就是被数字化、虚拟化、网络化的时候，人们的生活方式和人类社会的存在样式一定会发生我们现在或许能预见、或许还不能预见的变化，所谓比特之城（City of Bits，被用作米切尔的一部书的名字），所谓网络世界（Net World，被用作罗思曼的一部书的名字），所谓数字化生存（Being Digital，被用作尼葛洛庞帝的一部书的名字），等等，就是人们在因特网上的未来之路（The Road Ahead，被用作盖茨的一部书的名字）行进时对前方将呈现的新社会的一些预测性描述。

在传播学的系统理论观照下，我们把网络——特指因特网（Internet）——作为系统来考察。事实上，一些结构与功能学派的传播学者们，又把系统称为网络（Network）。美国学者金凯德认为，传播在构成为社会结构的人们中间形成一个关系网，网络中的群体有一种“趋同”现象。所谓趋同，指的是同一群体中的人们或不同群体中的人们的信仰、价值观和行为越来越互相接近；相反的倾向，即群体中的人们或不同群体中的人们的信仰、价值观和行为越来越互相背离，则被称为“趋异”。金凯德认为，不论是同一群体中的人们，还是不同群体中的人们，彼此间的传播越多，趋同程度越高；传播越少，趋异程度越高。网络中的群体之所以有一种“趋同”现象，是因为网络为其内部的同一群体的人们或不同群体的人们相互之间进行传播创造了条件。

因特网作为一个信息技术系统，为网民之间进行传播创造了空前有利的条件，但是，网民之间的趋同并没有达到空前一致的程度。这是因为信仰、价值观和行为的接近是一个复杂的问题，并非简单地用传播的多少就能解释；而网络上的传播又是一个复杂的现象，同金凯德用以归纳出自己理论的非多媒体电脑互联网络上的、现实生活关系网中的传播并不是一回事。关于因特网上的传播不同于现实生活中的传播的问题，我们在前面两节中已作过一些说明，在本章的随后部分的适当地方，我们将继续作出说明。关于因特网对人们信仰、价值观和行为的复杂作用，我们将结合本章随后部分提及的一些传播理论，进行初步的观照性的说明。

二、符号学理论观照下的网络传播

信仰、价值观等是文化核心层次的组成部分。所谓文化，在汉字中实际上是“纹划”的转写；而纹划就是符号，语言则是一种最基本、最重要的符号系统。结构和功能学派的理论家把传播使用的语言和符号系统视作有自己生命的、独立于把它们作为工具使用的人的系统，把传播能力视为熟练、准确地使用语言和符号系统的能力。

符号学（semeiology，或 semiotics）是一个相当庞杂的理论领域，众多的学者在这个领域内建立了众多的体系，而他们对同一个论述对象所使用的符号，或对同一个符号所表述的意义的说法往往互不相同。例如，在汉语文献中被译作“符号”的，在外文中的对应词却可能是 signal、index、icon、symbol、sign、allegories 等。下面，我们不妨将各家学说综合起来，求得一个对符号的总体认识。

符号首先是一个媒介关联物，有其实体的存在，或者是一个将其转化为实体存在的生成法则，或者是一个在人们大脑皮层中存贮起来，并能在需要时被调用的印痕或表象。例如印在纸页上的以特定方式分布的油墨形成“文化”两个字，这是“文化”这一文字符号的实体存在；或者，我们掌握了“文化”两字的写法，需要时就可在纸页、缣帛、竹简、石面上按此写法生成“文化”这一文字符号；或者，我们脑海中存储了“文化”的印痕或表象，在特定的思维过程中它会被调用。作为媒介关联物的符号，可以是人们头脑中的精神存在，也可以是人们头脑之外的实体存在；按照一定的生成原则，精神存在的符号可转化为实体存在的符号；在特定的认识过程中，某一实体存在的符号又可转化为某人头脑中的精神存在。这一媒介关联物符号之所以被称为“符号”，是因为它具有意义；它的意义是与它们实体存在或精神存在相对应的另一存在。

符号意义与符号媒介关联物的对应，可以被表述为一对一的关系。这时符号媒介关联物被称为“能指”，而其意义被称为“所指”。例如“文化”是一个能指，其所指则要视使用这一能指符号的人对文化的理解而定。美国文化学家曾列出关于“文化”的 160 多个定义，有的是人类学家的理解，有的是社会学家的理解，有的甚至是精神病学家的理解。也就是说，“文化”的能指与所指的一对一关系可以有 160 多种方式，这还不算一般人在使用“文化”这一能指符号时，各自心目中对它的五花八门的理解。

符号意义与符号媒介关联物的对应，可以被表述为一种三角关系。这时与符号媒介关联物对应的有对象关联物，还有解释关联物。按照美国符号学家皮尔士的理论，符号的媒介关联物、对象关联物、解释关联物分别体现着符号的可能性、现实性和必然性；或者说，对应着他的哲学学说中的第一者、第二者、第三者三个基本范畴，又可以称之为单价元素、二价元素、三价元素三个概念元素。

符号之所以成为可实际使用的符号，需要具备可实际作用于人的感觉器官的某种性质上的“可能性”。符号媒介之所以能指称某一对象，还需要具备与对象间的某种关系，这种关系赋予它成为指称对象的符号的“现实性”。在可能性与现实性的基础上，人的思维活动就符号所说明的关于指称对象的某些意义作出解释，这种作出解释的思维活动使实际使用的符号媒介具备了作为符号的“必然性”。

在可能性方面，可划分出三种层次的符号：性质符号、单一符号和规则符号。“性质符号”就是一种可作用于感觉器官的性质，例如视觉方面的色彩、形状，听觉方面的语音、乐音等。在特定的时间和地点上呈现的性质符号被称为“单一符号”，或者说，单一符号就是性质符号在特定的时间和地点的现实使用。例如，红色是一种性质符号，在某一次综艺节目（特定时间）中，女主持人晚礼服所使用的红色（特定颜色）就是一个单一符号。一个文化共同体按照某一规则，习惯地使用某一性质符号，并对其赋予共同体成员一致认同的解释；这一解释超越时间、空间条件而被固定下来，相应地，性质符号就被转化为“规则符号”。例如，女性晚礼服上的红色被解释为“渲染喜庆气氛，表达愉悦心情”，它就成为一个超越某一节目、某一主持人特定条件的规定符号。

在现实性方面，根据符号媒介与指称对象的关系，可划分出三种层次的符号：图像符号、指示符号和象征符号。“图像符号”通过写实或模仿来表征其指称对象。图像符号与指称对象一定要有某种或某些相同的特征，它是在“相似性”的基础上来表征指称对象的。例如电视剧中饰演领袖人物的特型演员就是一种图像符号，他在面容、形体、姿态、动作、口音等方面具有与指称对象——领袖人物的相似性。“指示符号”与指称对象则具有“接近性”关系。有时间接近的指示符号，例如，电视节目的片头播出后，紧接着就播送节目的正式内容，片头就成为节目的指示符号。有空间接近的指示符号，例如，电视会议新闻中，与会者按座位前的名牌入座，名牌就成为与会者的指示符号，向观众传递“这位与会者是谁”的信息。“象征符号”与指称对象，既没有相似的关系，也没有接近的关系；它之所以能表征指称对象，完全是一个文化共同体的人们约定俗成的结果。语言符号就是一种典型的“象征符号”。例如，汉语中用“电视”来表征的传播媒介，英语中用“television”表征，俄语中用“Телевидеиие”表征，它们的外形及读音彼此都不一样，但却约定俗成地在各文化共同体内表征着同一种传播媒介。

在必然性方面，根据解释者对符号的解释（符号就其指称对象而言表达的意义），可划分出三种层次的符号：名辞符号、命题符号和论证符号。“名辞符号”指的是每一个个别符号或各个个别符号的开放集合。作为一个个别符号，名辞符号一般可表达逻辑学中的一个概念。作为个别符号的开放集合，名辞符号是一个叙述。名辞符号表示一个概念、一个叙述，但不作判断、不作决定、不指向行动。例如，一则客观报道的电视新闻，它是对新闻事实的一个叙述，它的叙述是集合了大量的符号而完成的；在叙述过程中，叙述者不作评论，不作行动导向，这样的电视新闻，就是一种名辞符号。“命题符号”则是一种能表达主张的符号，它要作出判断、评价和决定。例如一则电视广告就是一种命题符号。电视广告要对它所宣传的商品或服务加以评价，并引导受众对商品或服务采取购买行动。与名辞符号是符号的开放集合不同，命题符号是符号的闭合集合。“论证符号”是符号所具有的完整的、规律性的联系。论证符号中的指称对象与符号物之间的关系只能是象征关系，论证符号中的符号物只能是规则符号。例如电视政论片是一种论证符号，决定它的论证性的是它的解说词，因为解说词是一种语言符号，同指称对象之间是一种象征关系；出现在电视政论片画面中的图像符号、指示符号都只能起到辅助论证的作用，是解说词赋予它们以灵魂和精气。电视政论片中的符号物，如国旗的红色、国际歌的旋律，都被赋予一种超越时间、空间条件的解释（国旗的红色——中华人民共和国的成立是铁与血的人民革命战争胜利的果实；国际歌的旋律——国际共产主义的崇高理想等），成为一种规则符号；如果把它们降低至性质符号、单一符号的层次，就会影响论证的严密逻辑力量。

符号意义与符号媒介关联物的对应，还可以被表述为一种四角关系。这时与符号媒介关联物相对应的，有三种价值——所指性、评价性和规范性价值。

符号的所指性，指的是它把符号接受者引向具体的物体或特定的所指对象的功能；符号的评价性，指的是它使符号接受者对符号所指物体作出评价或鉴定的功能；符号的规范性，指的是它指导符号接受者对符号以某种方式作出反应的功能。我们再回到前面举过的“国际歌的旋律”的例子，看看列宁在《欧仁·鲍狄埃》一文中是如何说明“国际歌的旋律”这一媒介关联物的三种价值的。欧仁·鲍狄埃是《国际歌》的词作者，皮尔·狄盖特才是《国际歌》的曲作者，在长期流传过程中，《国际歌》的歌词与曲调已融为一体，共同成为一个特定的媒介关联物。列宁也正是在把《国际歌》的歌词与旋律看作“一而二，二而一”的符号共同体的基础上进行自己的阐述的。列宁指出：“公社被镇压了……但是鲍狄埃的《国际歌》却把它的思想传遍了全世界，在今天公社比任何时候都更有活力。”这就是说，《国际歌》的所指性价值在于巴黎公社的革命精神、革命原则。列宁在文中把《国际歌》称为“全世界无产阶级的歌”，称为鲍狄埃身后留下的“非人工所能建造的真正纪念碑”——这就是《国际歌》的评价性价值。列宁满怀激情地写道：“一个有觉悟的工人，不管他来到哪个国家，不管命运把他抛到哪里，不管他怎样感到自己是异邦人，言语不通，举目无亲，远离祖国，——他都可以凭《国际歌》的熟悉的曲调，给自己找到同志和朋友。”这诗一般荡气回肠的语句，正是对《国际歌》的规范性价值的最好说明。

一般认为，当代最权威的符号理论是由意大利符号学家艾柯提出的。艾柯认为：用符号表示事物的过程是一个系统，一个结构，它被称为“S代码”。“S代码”由四部分组成：(1) 世界中的条件或物体；(2) 符号；(3) 一整套反应系统；(4) 一套符号和物体、符号和反应之间的对应规则。第四部分，即第二部分（符号）分别与第一部分（条件或物体）、第三部分（反应）之间的对应规则，被特称为“代码”。使个人或群体把对符号的认识转化为按规则的行动就是符号过程系统的功能。艾柯认为，符号的内容不是事物本身，而是事物的文化概念。由于人们关于事物的文化概念的复杂性，导致人们对代码使用的复杂性，从而导致符号功能的复杂性。这就使得结构和功能理论对传播现象的研究必须以解释理论对传播现象的研究为补充。

符号学理论对于我们对因特网传播进行符号分析有很大的指导意义。因特网是多媒体电脑的互联网络。多媒体，从符号学的角度来看，就是符号形式的多样化。符号现象有其可能性、现实性、必然性三个方面，可能性是其基础方面。可能性有性质、单一、规则三个层次，性质是其基础层次。所谓性质符号，就是一种可作用于感觉器官的性质。符号作用于感觉器官的性质是一切符号现象的基础的基础。因特网传播符号形式的多样化，正体现在“多媒体”的“多感觉”特性上。在多媒体电脑上的多感觉有很多非借电脑就无从实现的新特点,这就使得网上的符号世界比起网下的符号世界来，显得分外精彩。

我们来分析网上的绘画艺术符号。绘画艺术是一种视觉艺术。网下的绘画艺术符号，是一种二维符号，静态符号，而网上的绘画艺术符号可发展成一种三维符号，动态符号。在符号的现实性方面，第一个层次的符号就是图像符号。图像符号的最重要特征是它与指称对象的“肖似性”。网上绘画的三维性、动态性，使其作为图像的肖似性达到十分完善的程度。电脑图像符号的三维性，是依靠专用软件实现的。电脑三维画面可输出到纸面上，人们集中视力，紧盯不已，同时由近而远，由远而近地改变双眼与画面的距离，就可看出立体效果的图像来。但这种脱机欣赏方式很伤害人的眼睛。只有在电脑上进行“机读”，才能自如地欣赏到三维图像。电脑图像符号的动态性，也是依靠专用软件实现的。实时动画软件通过实时计算，实时显示，能使快速更换的一帧一帧图像在显示器屏幕上相继出现，形成动的感觉。在因特网上，通过肖似性极强的图像符号，使远程医疗诊断、远程教学演示等传播活动能够获得极强的现场感。

接着，我们再来分析网上的音乐艺术符号。音乐艺术是一种听觉艺术，一种最感性的艺术。音乐是一种没有对象的、存在于乐音以及乐音组合中的形式游戏；作为符号来说，它的现实性、必然性都是不重要的，重要的是它的可能性，而且是可能性的最基础层次——性质层次。在多媒体电脑中，可以借助电脑软件生成电子音乐。电子音乐可以实现调式、旋律与和声方面的变化，甚至能进行逆序转换，使线性连续的乐音之流反向流动，也就是说把乐音及乐音组合的形式游戏玩得精彩纷呈，花样翻新。电子音乐可由多媒体电脑直接生成，又可以很方便地通过因特网传播。如果说，绘画图像符号经多媒体电脑改造后，是因特网上最有实用价值的传播符号样式，那么，音乐性质符号经多媒体电脑改造后，将是因特网提供的使网民作为艺术产消者（即既是生产者，又是消费者）而进行交流的最有推广可能性的传播符号样式。

第四节　解释学理论观照下的网络传播

在传播学的实际研究过程中，人们既要求贯彻科学原则，又要求体现人文精神。前面几节谈到的认知与行为理论、相互作用理论、结构与功能理论，对于贯彻科学原则的重视程度要超过对体现人文精神的重视程度；而本节谈到的解释学理论，对于体现人文精神的重视程度要超过对贯彻科学原则的重视程度。换句话说，用认知与行为理论、相互作用理论、结构与功能理论来研究传播学，来观照网络传播，带有浓厚的社会科学色彩；而用解释学理论采研究传播学，来观照网络传播，则带有浓厚的人文科学色彩。当然，科学原则与人文精神是相辅相成，甚至互相渗透的，我们分析的上述区别，只具有相对的意义。

一、解释学的发展历程及基本内容

解释学（Hermeneutics）发展的第一个阶段可以称之为技术性解释学阶段。解释学源于希腊神话中的信使神赫尔墨斯（Hermes）的名字。赫尔墨斯为号称“众神之父和万人之王”的宙斯传送谕旨，并负责对接受者解释谕旨的意义。推而广之，古希腊解释荷马史诗的意义，中世纪解释《圣经》意义的学问也被称为Hermeneutics。

文艺复兴和宗教改革是使西方世界由中世纪跨入现代的两场伟大的思想解放运动。在文艺复兴时期，解释学发展为对希腊古典文献的意义进行阐释的学问；在宗教改革时期，解释学发展为帮助基督教徒撇开天主教会，直接通过阅读本民族语言的《圣经》译本而实现与上帝沟通的学问。作为古典文献学的解释学，注重的是对文献本文的词汇、语法的理解；作为神学释义学的解释学，注重的是对心灵体验到的《圣经》本文神圣、玄秘意义的揭示。这两种形态的解释学实际上是一种关于理解本文和发掘意蕴的技术的学问。

这种学问带有工艺性、操作性，就像荷兰伟大哲学家斯宾诺莎所认为的那样：“对于《圣经》的解释方法并不是什么与对于自然的解释方法有所不同的东西，而是完全与之相同。”例如，斯宾诺莎本人就曾把对《圣经》的解释技巧归结为三个主要方面：（1）对原文作者所使用的语言的性质及特点进行历史的考察；（2）把原文的概念及术语同历史联系在一起加以考察，并依据主要的内容加以排列；（3）不仅必须对整个的先知预言书的一般命运和历史环境作出研究，而且必须对其中每一篇预言的作者们的生平、道德面貌和意图进行鉴定和分析。

中国传统学术中对古籍所做的“传”（传述）、“说”（解释）、“诂”（以今言释古言）、“训”（疏通文义）、“记”（阐发）、“注”（注解）、“解”（分析）、“笺”（补充发挥）等项工作，就类似于这种技巧。

在德国学者施莱尔马赫和狄尔泰手上，解释学被发展为方法论的解释学。

施莱尔马赫既是一个神学家，又是一个哲学家。作为一个神学家，一个在大学讲授新约圣经学的教授，他对技术性的解释学有精湛的修养；作为一个哲学家，一个《柏拉图全集》的编辑者，他能“更上一层楼”，把解释学从技术性的层面提高到普遍方法论的层面。他把对本文的“理解”与“说明”确立为解释学的基本范畴，并提出“哪里有误解，哪里就会有解释学”和“理解一位作者要像后者理解自己一样好，甚至比他对本人的理解更好”这两个著名的命题。前一个命题表现了康德哲学的批判精神，后一命题则表现了浪漫主义运动对理性的理想化追求。

施莱尔马赫的解释学包括语法解释和心理解释两部分。语法解释是“客观的”解释，置本文作者于不顾，致力于根据某种文化上共通的语言的特性来分析本文的意义。心理解释则要求通过解释者与作者在心理上的同质性，用直观的方法从总体上把握作者，创造性地重建作者的无意识创造活动。施莱尔马赫认为，作者的每一个别思想都与其整个思想发展过程相关；解释本文时，只有理解整体才能理解部分，而对整体的理解又建立在对部分的理解的基础之上，只有理解部分才能理解整体，这就是所谓的解释学循环。

如果说，施莱尔马赫是“解释学的康德”，那么，狄尔泰则是“解释学之父”。狄尔泰把人文世界与自然世界区别开来；他认为人文世界是一个由意识到自己目标的人创造的精神世界，又是一个随着人对世界的意识而改变的历史世界，根本不同于机械运作的自然世界。对于自然世界，人们可以解说其因果关系，而对于人文世界，人们只能解释其意义蕴涵。作为解释对象的本文，不仅指的是严格意义上书写的本文，而且指的是具体的历史世界和作为整体的人文世界的实在。

狄尔泰进行解释的基点是生命哲学，他把生命看作包括意志、情感、愿望等心理要素的人的内在经验。他所倡导的对人文世界进行解释的精神科学有三个基本范畴：生命经验（人体验到生命的意义）、生命经验的外在化（人表达生命经验的意义）、对生命经验及其外在化的理解。达到理解需要通过三个环节：（1）熟悉体验和表达意义的心理过程；（2）系统考察表达所处的环境；（3）了解决定表达的社会和文化制度。这三个环节，顺次由对个体自我的内在经验的理解进入对贯穿于无数个体自我内在经验的人类社会的共同经验的理解。理解的过程，就是个体自我之间、解释者与本文作者之间实现沟通、交流的传播过程。

施莱尔马赫与狄尔泰都属于19世纪的学术人物，进入20世纪之后，解释学由以他们为代表的方法论方向转变到本体论方向上；实行解释学这一历史转变的代表人物是海德格尔和伽达默尔。

海德格尔是存在主义哲学的创始人，他就解释学的本体论转向问题所提出的核心命题是：理解是存在的基本方式，从而有别于狄尔泰的观点——理解是对人文世界认识的方式。海德格尔强调理解前已有的传统思想文化范畴，即理解的前结构，并将其规定为前有（先行具有）、前见（先行看见）、前把握（先行把握）。理解的前结构乃是解释的条件，人们解释时是在解释已知的东西——这就是海德格尔的解释学循环，一种不同于施莱尔马赫所提出的解释学循环。

在海德格尔所提供的一般理论基础上，他的学生伽达默尔系统建立起作为存在本体论的哲学解释学。伽达默尔认为解释学就是哲学本身，是以理解问题为核心的哲学。他提出了理解的历史性问题。所谓理解的历史性，指的是理解者所处的不同于理解对象的特定历史环境、历史条件和历史地位，决定着他对本文的理解。他认为由传统和权威产生的前理解的成见是理解的出发点，是“理解的视界”。理解一开始，理解者的视界就进入它要理解的那个视界。理解者的视界是在同过去视界的不断接触中而形成的；理解者的视界与传统世界的不断融合就是伽达默尔所称的“视界融合”。伽达默尔对解释学循环的提法是：传统决定着理解者的理解，理解者自己也产生传统。

实行本体论转向后的解释学，虽然不再具有直接方法论的性质，但其诸多观点对于精神科学的研究，对于传播学的研究却具有很强的指导意义。

“批判的解释学”，是德国法兰克福学派的学者在同伽达默尔的学术论争中建立起来的。伽达默尔把解释意识构成的西方社会和文化传统看作是一股维系古今的永恒精神力量，表现出保守的思想倾向。哈贝马斯在批判这一保守思想倾向的过程中，力图把解释学同马克思主义、分析哲学、精神分析学、实用主义等学说融合起来，成为进行意识形态批判的一种思想武器。

从施莱尔马赫到哈贝马斯，我们在前面提及的所有解释学大师都是德国人。德国人把方法论解释学转变为本体论解释学，又在批判本体论解释学的基础上建立起批判的解释学。把方法论解释学与本体论解释学综合起来，在本体论解释学与批判的解释学中间寻求一条调和二者的道路，这两项工作都是由一个法国人完成的。这个法国人就是利科尔。

利科尔用来沟通方法论解释学和本体论解释学的理论是他的本文理论。利科尔把本文定义为“任何由书写所固定下来的任何话语”，并进一步规定“只有在本文不被限制在抄录先前的谈话，而是直接以书写字母的形式铭记话语的意义时，本文才真正是本文”。由这个定义，我们可以直接引申，将本文看作是一种“符号体系”（书写字母就是一种符号）。于是，对本文的解释将使用结构主义符号学的方法，从而使作为方法论的解释学将符号学的有关理论和方法包容于自身之内。

利科尔把本文看作“被叙述的言语”，把一切文化产品都通约成叙述的统一形态。他把叙述区分为言语叙述和非言语叙述。非言语叙述涵括了电影、绘画、雕塑等类艺术样式；而言语叙述又可划分为两种：一种叙述试图使自身达到“真理”的程度，被称为历史叙述；另一种叙述则是杜撰性和创作性的，被称为虚构叙述，如戏剧、小说等类文学样式。利科尔的这些观点，极大地扩展了解释学的适用领域，并使解释学在实际运用中与史学、新闻学、美学、文学批评、艺术批评等发生了相互渗透的关系。通过这些渗透关系，解释学方法成为一种具有普遍意义的文化研究方法。

二、因特网环境下的本文与超本文

在涉及符号学理论时，我们曾经说过：符号的内容不是事物本身，而是事物的文化概念。事物的文化概念需要人们去理解，而理解正是解释学的核心概念，本体论解释学把“理解是存在的基本方式”作为核心命题。现代解释学的理解对象是本文。“本文”是一种叙述形态。历史叙述追求真理，而虚构叙述如戏剧、小说等，则是杜撰性和创作性的；这两类叙述都是言语叙述。新闻作为对正在发生的历史事件的叙述，以真为规定价值，是一种历史叙述。叙述还可以是非言语的，如电影、绘画、雕塑就是非言语叙述；新闻摄影作品、电视新闻画面也是非言语叙述。传统新闻媒体上网，ICP网站向网民提供新闻服务，实际上是在因特网上进行言语叙述或非言语叙述。言语叙述使用语言、文字符号，非言语叙述可以被径直称为“艺术符号”（美国符号论美学家朗格的用语）或超符号（意大利符号学家艾柯用语）。

在电脑科学与解释学中，对本文（text）一词有不同的用法，这是我们要加以辨别的。

在解释学中，本文是能够表达意义，从而成为人们理解对象的言语叙述或非言语叙述。把符号学与解释学结合起来，可以把本文看作“符号体系”或“符号集合”。如果不使用严格的符号学术语，而使用人们在生活中习见惯用的说法，进入符号集合中的符号可以是体符、声符、图符、字符、码符等类符号。

体符又可称为人体语言，可分为体态、姿势、表情、动作四个层面。

声符中最精妙、复杂的是人类的口头语言，最优美、动听的是音乐符号；此外，与语言符号配合使用的还有各种副语言符号，与音乐符号相对的还有各种非音乐的声响符号。

图符包括绘画符号、雕塑符号、建筑符号、装潢符号、服饰符号。

字符指的是文字符号，包括音意结构的拼音文字和形意结构的汉字。

码符则是各种专门科学中用数字、代码方式构成的专业符号，对于电脑科学来说，则表现为各种电脑语言，例如，作为电脑运作基础的以二进制数字“0”和“1”表示的“机器语言”，特别适用于因特网应用程序开发的Java语言等。

利用现代信息技术——实际上，也不妨称之为“符号技术”——还可以在传统的体符、声符、图符、字符的基础上生成新的符号形式，如摄影符号（相当于技术性的绘画符号）、影视符号（相当于各种体符、声符、图符、字符的综合表现）等。

在电脑科学中，与解释学中的“本文”相对应的概念是“文档”（document），与“本文”在字形上相同的“文本”（两者字形都是text）不过是构成文档的一个要素。

文档分为复合文档和多媒体文档两类。

复合文档是各种离散媒体（文本、图形、图像）在电脑环境中的集合。此处的“文本”指的是文字符号的集合。“图形”和“图像”都是图符。图符可进一步分为图形和图像，这是由它们在电脑环境中的不同生成机制决定的。图形的构成要素是诸如直线、曲线或圆之类的几何要素，这些要素经过电脑的图形编辑器或一定程序进行特定的组合就可生成为图形；图形像文本一样，含有格式信息。图像则不含格式信息，既可由人们操作专门的绘图程序生成，又可从电脑外部捕捉。图像比图形更富有传统图符的特征。

多媒体文档是至少一种离散媒体（或文本、或图形、或图像）与至少一种连续媒体（或运动图形、或运动图像、或声音）在电脑环境中的集合。声音是与声符相对应的符号形式。运动图形、运动图像是动态的图形、图像，是与体符、图符相对应的符号形式。一般说来，多媒体文档是与影视符号本文相对应的符号集合。

在一般的文化传播中，人们要对本文进行解释；在网络传播中，人们不但要对与本文相当的文档进行解释，而且要对超文本、超媒体进行解释，我们不妨称之为对“超本文”进行解释。

超本文是本文在网络上的延伸、深化，包括电脑科学中所说的超文本和超媒体。超文本指的是用锚和链结合起来的一系列文本形式的初始文档与目标文档的集合。超媒体指的是用锚和链结合起来的一系列多媒体形式的初始文档与目标文档的集合。

“超本文”概念的引进给解释学研究带来新的课题。对于本文的解释是在解释循环中进行的，而在超本文的解释过程中，解释循环似乎出现了断裂现象。

所谓解释循环，就方法论解释学而言，指的是：解释本文时，只有理解整体才能理解部分，而对整体的理解又建立在对部分的理解的基础之上，只有理解部分才能理解整体。就本体论解释学而言，解释循环指的是：理解的前结构乃是解释的条件，人们解释时是在解释已知的东西。这里，“理解的前结构”指的是理解前已有的传统思想文化范畴，包括前有（先行具有）、前见（先行看见）、前把握（先行掌握）。本体论解释学对解释循环更为明确的提法是：传统决定着理解者的理解，理解者自己也产生传统。

在超本文结构下，文档的链接主要有两种不同的方式：扩展与聚焦。扩展链接相当于对信息内容的发散性提取；聚焦链接相当于对信息内容的收敛性提取。

因特网上的万维网技术，使网民具备了链接人类一切类型的文化信息的可能性，把因特网传播的“交互式”特征深化到一个新的水平。在超本文链接中，我们很难找到确定的“整体”，网民与网民之间的链接方式互不相同，同一网民的各次上网的链接过程彼此也不相同。有时候，一次上网，意犹未尽，网民在下一次上网时，会把上一次上网的最后一个文档作为初始文档，进行新一轮的链接过程。甚至可以说，一个网民一生中的全部上网过程，就是一个没有尽头的链接过程。解释学可以对链接中的每一个文档进行解释，却很难对持续不断的文档链接过程进行解释；在解释每一个文档时，只要这个文档设置有锚，这个文档就不再是一个封闭的整体文档，而是一个通过锚对外开放的文档；这种开放的后续过程网民自己也难以预料。这种超本文的无整体性，会使解释循环发生断裂。

我们说，解释学可以对链接中的每一个文档进行解释，是以将这个文档视为封闭的整体文档为前提的。文档中可能设置锚的地方往往是理解的重点、难点。对于一个封闭的整体文档，遇到这样的重点、难点时，人们是借助于内化到自身的传统进行理解的，也就是说，是按自己特有的“理解的前结构”进行理解的。在超本文结构中，文档中的重点、难点被设置为锚，人们不再动用自己的前结构来理解这些重点、难点，而是由锚及链，按下一个文档的解释进行理解。于是，理解者不再是传统的特定的体现者，“前结构”不再呈现无穷的变化而归为整齐划一——这种整齐划一是由超本文链接的设定者安排的。理解者特定的前结构，或者说，传统在特定理解者身上的特定内化结构在解释过程中的失落，也会使解释循环发生断裂。

解释循环的断裂使解释者的主体性得不到张扬，使解释者遭遇的文档成为不可控制之物。因此，因特网传播由于有了超本文，看起来赋予网民极大的智力操作自由，但同样由于有了超本文，实质上又限制了网民的解释自由，这是因特网传播的一个不可化解的悖论。这一悖论导致因特网成为一个麦克鲁汉的“凉”、“热”意义上的凉性、热性都高度发展的媒体。

第五节　批判理论观照下的网络传播

用批判理论来研究传播学，来观照网络传播，与用解释学理论一样，带有浓厚的人文科学色彩。在传播学研究中，批判方法与解释方法、实证方法并列为三大方法论范式。在学术史上，这三大方法论范式的并列，出于德国思想家哈贝马斯关于指导人类认识的三种兴趣的学说。按照哈贝马斯的说法，“兴趣就是我们求得满足的乐趣，这种乐趣和某个对象的存在或某个行为的存在之观念相关联。由于兴趣表现着我们对感兴趣的对象的嗜欲力的关系，因此兴趣是为了生存，就是说，不是兴趣以需求为前提，就是兴趣产生需要。”以需求为前提的兴趣，即来自需要的兴趣，是“经验的兴趣”；而产生需要，即唤起需要的兴趣，是“理性的兴趣”。理性的兴趣能够指导认识，是给行为定向的基础。

理性的兴趣有三种：技术的兴趣、实践的兴趣、解放的兴趣。

技术的兴趣是在劳动这一人类生活要素中形成的，劳动是一种工具性的行为；在劳动过程中，劳动者所关注的是对劳动对象的技术性控制，有关的知识形式是信息。

实践的兴趣是在语言这一人类生活要素中形成的，人们通过语言进行沟通、实现互动；在沟通过程中，语言使用者所关注的是互为主体的对意义的理解，有关的知识形式是解释。

作为一个法兰克福批判学派的学者，哈贝马斯最为看重的是解放的兴趣。他认为形成解放的兴趣的人类生活要素是权力。在人类社会中，不管是源自暴力的权力，还是源自资本的权力，都造成一部分人对另一部分人的支配关系，在这种关系中，人与人的沟通被系统地扭曲。解放的兴趣以人的自我解放为关注目标。为了实现自我解放，就要进行自我反思。社会成员通过自我反思达到“成熟”，摆脱制度化的权力的控制与压抑；与此相关的知识形式就是批判。

三种兴趣所导致的三种知识形式是信息、解释和批判。这三种知识形式，从方法论的角度来说，实际上就是实证、解释与批判的三种方法。实证方法的一套调查研究、社会测量、统计分析的操作实际上是一套获取与加工信息的操作。解释方法与批判方法，同属人文科学的定性研究方法，相互之间有着紧密的联系。

使用批判方法的代表人物是法兰克福学派的学者。法兰克福学派是由德国法兰克福大学社会研究所的研究人员所组成的学者集团，以对现代社会，特别是对当代资本主义社会进行多学科综合研究与批判著称于世。法兰克福学派学者的批判矛头，指向了现代社会的意识形态、科学技术、大众文化，也指向了现代社会科学的实证主义方法。

一、实证主义批判与网络传播研究

法兰克福学派把运用实证主义方法建立起来的资产阶级社会科学理论称为“传统的理论”。

实证主义者强调对经验事实的研究，他们把经验事实看成是外在于理论思维的、纯客观的东西，研究者的任务只是尽可能了解事实、描述事实、整理事实；因此传统理论一个显著的弱点是缺乏创造性的思维。

实证主义者借助于传统概念和判断结构，倾向于得出顺从主义，即承认并维护现存社会秩序的结论。这种“肯定性”的思维定式是与指导认识、给行为定向的“解放的兴趣”格格不入的。

实证主义者的方法实际上是移植于社会科学领域的自然科学方法。传统的实证主义理论大厦是在把人当做“物”来实施观察、试验、分析、统计的基础上构筑而成的。这种将人当物的操作有损人的尊严，而且也不能从终极价值上实现对人性的理解和对人的关怀。

法兰克福学派对于实证主义方法的批判是值得我们在进行网络传播研究时深思的。网络传播是高科技的产物，但更是一个社会文化现象。研究网络传播当然并不排斥实证方法的采用，但更应该重视进行人文科学的综合研究。

在因特网上，组织一次调查，得出若干数据，进而处理成各种百分比、扇形图等，乃至推导出各种经验性的回归方程式，都比常规条件下进行类似的实证研究更为方便、迅速，但是其“真理性”的价值却往往更有可疑之处。这是因为——

网民（netizen）总体与公民（citizen）总体的情况有较大的差异，根据对网民总体进行抽样调查的结果可以推断网民总体的某些情况，却不能推断公民总体的相应情况。

网络发展态势十分迅猛，有关网络传播的数据资料往往刚统计出来就已过时，不能说明当下的实际情况，也不适宜用做决策依据。与其说一次次的统计数据有实际运用价值，不如说一次次统计数据的差异值和显示出的变异走向有实际价值。

由于缺乏严格的专业训练和严肃的科学态度，有些实证性的研究成果常常经不起推敲。例如，有这样一个说法：与因特网连接的电脑数，1990 年为 31.3 万台，1998 年底已增加到 4 300 万台，年平均增长率高达 17 倍多，这意味着与因特网相连的电脑数量不到一个月就要翻上一番。如果“不到一个月就翻一番”的说法成立，以1990年底的31.3万台为基数，到1991年7月底，连入因特网的电脑数就可达到4 006.4万台；8月底，这个数字就会翻成8012.8万台；用不着等到1998年底才达到4 300万台。如果“年平均增长率高达17倍多”的说法成立，1991年底连入因特网的电脑就该有583.4万台；1992年底这个数字就要达到10 141.2万台。其实，如果31.3万台和4 300万台两个数字可靠，从1990年到1998年底的年递增速度只能推算为85%。一个简单的统计数字尚且如此，更不用说那些把对网民总体的抽样含糊说成对公民总体的抽样，把对网民总体的方便抽样含糊说成对网民总体的随机抽样，把对一城一地甚至不过是对一个网吧的网民的调查含糊说成是对全国、全世界的网民的调查等一类的研究成果了。

所以，在因特网传播研究中，对实证方法的采用应持十分谨慎的态度，对有关成果的适用范围、适用程度应做到心中有数。

二、科学技术批判观照下的网络传播

法兰克福学派一方面把科学技术视为第一位的生产力，另一方面又把科学技术视为一种晚期资本主义特有的非政治的新形式的意识形态。科学技术注重的是工具合理性（instrumental rationality）或工艺合理性（technological rationality），它扩大了人的活动空间，提高了人的活动效率，但也扩大了人对人的奴役，就像马尔库塞所给出的等式所描述的那样：技术进步＝社会财富的增长（国民生产总值的增长）＝奴役的扩展。科学技术在使奴役扩展的同时，还具有麻痹批判意识、遏制社会质变的作用，使人们丧失觉察奴役的能力和反抗奴役的愿望。

多媒体技术、电脑网络都是科学技术发展的新成就。人们在谈及这些技术成就所带来的传播变革，乃至人们生活方式的变革时，倾向于采取一种礼赞的方式，而不太注意揭示其消极方面。法兰克福学派的科学技术批判正可在这个问题上给我们以深刻的启示。

事实上，人们对网络传播所带来的负面效应已有所警觉。例如，我国台湾地区就有“网络十大罪状”的说法。这十大罪状是：网络外遇、垃圾邮件、网络谣言、网络上瘾症、网络色情、网络并发症、网络赌博、网络购物狂、网络疏离症、网络假民主。一般说来，科学技术越发达、网络普及程度越高的国家和地区，这十大罪状的表现就越严重。对于科学技术欠发达、网络普及程度低的国家和地区来说，提高科学技术水平和网络普及程度，跟上信息技术革命前进的步伐是首要的当务之急，但是对诸如“网络十大罪状”之类的问题，也应有清醒的估计，并采取超前的预防措施。

三、大众文化批判观照下的网络传播

法兰克福学派所批判的“大众文化”是“现代大众文化”。“现代大众文化”不是按“大众”的字面来望文生义地理解的“大众化”、“通俗化”的文化，而是现代社会中的信息化、商品化、技术化、产业化的文化；法兰克福学派的学者径直将这种现代大众文化称之为“文化工业”，并指出文化工业具有广告文化的性质。

阿多诺指出：“文化工业体系之所以出身于自由主义的工业国家，是因为自由主义的工业国家中成功地制造出来了一切先进的文化手段，例如电影、无线电广播、爵士音乐和杂志。当然，这些进步之所以出现，是因为遵循了资本的普遍规律。”马尔库塞则进一步指出：“如果大众传播媒介能把艺术、政治、宗教、哲学同商业和谐地、天衣无缝地混合在一起的话，它们就将使这些文化领域具备一个共同特征——商品形式。”在因特网时代，因特网成为文化工业体系使用的最新的先进文化手段，因特网作为第四媒介，以我们分析过的信息流、资金流、物质流合一的形式，更完美地“把艺术、政治、宗教、哲学同商业和谐地、天衣无缝地混合在一起”。

因特网上的信息传播服务，看起来是免费向网民提供的，但网络服务商的免费服务，在所谓“注意力经济”的机制下，实质上仍是一种商业行为。“注意力经济”是以注意力资源的生产和分配为基础形成的一种商业模式，可直观理解为争夺“眼球”的经济。从注意力经济的视角看来，因特网上的文化传播不过是广告活动的铺垫。在广告学中有一个理论，认为广告活动发生作用的机制遵循所谓的AIDMA模式，即吸引注意（attention）—诱导兴趣（interest）—激发欲望（desire）—强化记忆（memory）—促成行动（action）。在AIDMA模式中，“注意”是启动广告作用机制的首要环节，循此而下，才有人们对广告讯息的“兴趣”，对广告所宣传的商品、服务的占有、享用“欲望”，对广告所传递的商业讯息（CM：Commercial Message）的“记忆”，最终导致人们对商品、服务的购买“行动”。归根结底，注意力经济并不是什么新的商业模式，新的经济形态，只不过是市场经济中的广告促销模式，以及把对消费者欲望的满足当作经济行为的出发点和归宿的思想的又一种说法。值得指出的是，这种说法是在因特网大行其道的背景下，由搜狐网站的创建者、美国《时代》周刊于1998年推出的全球50位“数字英雄”之一的张朝阳首先引入中国的。注意力经济的这一渊源是对网络文化的商品化本质的有力说明。

产业化的因特网是商品化的因特网的逻辑结果。因特网的产业生态链有四个层次：网络基础设施（电信服务产业）、因特网接入（IAP：电信网络的增值服务产业）、门户和内容（ICP：商业网站产业）、电子商务。电子商务是集信息流、资金流、物资流于一身的因特网产业，是因特网产业的最高层次。从某种意义上来说，担负着因特网文化传播任务的ICP产业不过是电子商务产业的一个铺垫。“文化搭台、经济唱戏”的模式，在因特网产业的发展上照样存在。

因特网文化，不仅是商品化文化、产业化文化，而且是技术化文化。对因特网文化的技术化层面的批判，是与批判理论的科学技术批判联系在一起的。这方面的内容，我们已在前面“科学技术批判观照下的网络传播”部分有所涉及，兹不赘述。

后　记

上个世纪的最后几年，我们承担了国家“九五”社科基金重点课题“多媒体技术与新闻传播”的研究任务，研究成果反映在《网络新闻传播导论》一书中。跨进新世纪，经过“十五”的又一个五年，十分有必要对网络传播的新情况、新问题进行鸟瞰、加以梳理，作出新的概括、新的评述，乃至构建适当的理论框架。华中科技大学新闻与信息传播学院网络传播研究梯队的教师们就此任务迈出了自己探索的步伐，撰写了这部《网络传播概论》，具体的分工是：

第一章 网络传播技术与网络传播媒体——鲍立泉（讲师，硕士，在读博士）；

第二章 网络传播类型——李萌（在读博士）；

第三章 网络传播的传者和受众——史旻昱（讲师，硕士，在读博士）；

第四章 网络传播行业——史旻昱（讲师，硕士，在读博士）；

第五章 网络传播与社会

第一节 中国社会转型时期的网络舆论的局限和潜力——余红（副教授，硕士，在读博士）；

第二节 网络 BBS 的议题特征及议题建构——钟瑛（教授，博士生导师，博士）；

第三节 因特网的传播功能——以在中国重大疾病控制中的表现为例——刘瑛（讲师，硕士）；

第六章 传统传播理论观照下的网络传播——屠忠俊（教授，博士生导师）。

全书由屠忠俊组织撰写并统稿。统稿中，统一了体例，修订、润饰了文字，调整、补充了部分内容。

作为湖北省社科基金课题“湖北数字产业与数字媒体产业研究”的一项预备性的基础研究，全书的撰写得到该课题基金的支持。

余红就该书的第五章“网络传播与社会”的撰写做了前期组织工作；这一章的撰写还得到金马传播研究院的课题资金的支持。

普通高等院校网络传播系列教材

书目

网络传播概论

网页制作与PHP语言应用

网络传播法制与伦理

网络新闻编辑教程

网络信息管理概论

电子商务教程

网络动画创作与编辑

多媒体制作教程

图书在版编目(CIP)数据

网络传播概论/屠忠俊主编．—武汉：武汉大学出版社，2007.1(2023.1重印)
(普通高等院校网络传播系列教材/吴廷俊主编)
ISBN 978-7-307-05366-3

Ⅰ.网…　Ⅱ.屠…　Ⅲ.计算机网络—传播媒介—高等学校—教材
Ⅳ.G206.2

中国版本图书馆 CIP 数据核字(2006)第 153041 号

责任编辑：陶洪蕴　　责任校对：程小宜　　版式设计：支　笛

出版发行：**武汉大学出版社**　(430072　武昌　珞珈山)
(电子邮箱：cbs22@whu.edu.cn　网址：www.wdp.whu.edu.cn)
印刷：武汉邮科印务有限公司
开本：720×1000　1/16　印张：18.25　字数：301 千字　插页：1
版次：2007 年 1 月第 1 版　2023 年 1 月第 8 次印刷
ISBN 978-7-307-05366-3/G・932　定价：25.00 元